城市轨道交通运营组织与风险管控研究及实践

成都轨道交通集团有限公司
交通运输部科学研究院　编著

西南交通大学出版社
成　都

图书在版编目（CIP）数据

城市轨道交通运营组织与风险管控研究及实践 / 成都轨道交通集团有限公司，交通运输部科学研究院编著. —成都：西南交通大学出版社，2022.3
ISBN 978-7-5643-8572-9

Ⅰ. ①城… Ⅱ. ①成… ②交… Ⅲ. ①城市铁路 – 交通运输安全 – 安全管理 – 研究 Ⅳ. ①U239.5

中国版本图书馆 CIP 数据核字（2022）第 004493 号

Chengshi Guidao Jiaotong Yunying Zuzhi yu Fengxian Guankong Yanjiu ji Shijian
城市轨道交通运营组织与风险管控研究及实践

成都轨道交通集团有限公司 交通运输部科学研究院 / 编著	责任编辑 / 周 杨 封面设计 / GT 工作室

西南交通大学出版社出版发行
（四川省成都市金牛区二环路北一段 111 号西南交通大学创新大厦 21 楼　610031）
发行部电话：028-87600564　　028-87600533
网址：http://www.xnjdcbs.com
印刷：四川煤田地质制图印刷厂

成品尺寸　170 mm×230 mm
印张　15.75　　字数　260 千
版次　2022 年 3 月第 1 版　　印次　2022 年 3 月第 1 次

书号　ISBN 978-7-5643-8572-9
定价　68.00 元

图书如有印装质量问题　本社负责退换
版权所有　盗版必究　举报电话：028-87600562

编委会

主　任　　沈卫平　杨新征
副主任　　刘　毅　饶　咏　谢富刚

编写组

主　编　　徐安雄　贾文峥
副主编　　黄　嘉　丁　超　陈　辉
　　　　　李向红　唐　涛　廖理明
编写人员　熊振兴　刘　悦　魏立源
　　　　　张大吉　冯旭杰　陈　英
　　　　　孙　斌　张　平　刘书浩
　　　　　刘泽君　杨远舟　王　鑫
　　　　　孙　琼　周维江　刘骄阳
　　　　　杨　磊　姚伟国　杨　川
　　　　　唐相营　宋晓敏　杨　伟
　　　　　刘芩瑜　李松峰　贺科瀚
　　　　　胡雪霏　王　洋　胡　昊
　　　　　沙　茜　刘从岗　黄振东
　　　　　赵　娜　魏　波　冯利涛
　　　　　龚云海

我国城市轨道交通在过去10年发展迅速,运营和在建规模均位于世界前列,在未来一段时间仍将处于快速发展阶段。2019年,中共中央、国务院印发了《交通强国建设纲要》,推动交通发展由追求速度规模向更加注重质量效益转变,由各种交通方式相对独立发展向更加注重一体化融合发展转变,由依靠传统要素驱动向更加注重创新驱动转变,构建安全、便捷、高效、绿色、经济的现代化综合交通体系。实现城市轨道交通运营高质量发展,是当前和未来长远发展的永恒目标。据交通运输部统计数据显示,不包含港澳台数据在内,2020年底我国已有44个城市开通城市轨道交通运营服务,线路合计233条,总里程达7545.5公里,其中北京、上海、成都和广州的运营规模均超过500公里,全国合计9座城市的运营规模超过300公里。总体来讲,我国城市轨道交通已进入网络化发展阶段。

行车组织、客运组织、设施设备维护等运营组织工作是城市轨道交通运营生产管理的主要内容,承担着乘客进站乘车、列车运行以及保障设备设施状态良好等工作,实施好运营组织既直接关系到每日的运营生产,又影响企业的长远可持续发展。安全风险防控是做好运营组织工作的基本要求,尤其是随着网络规模的不断扩大,运营规模、客运量以及设施设备总量快速攀升,引发许多新问题,运营管理的作业面和工作量也成倍增加,加之城市轨道交通运营生产是常年不间断运行,安全风险防控工作面临巨大压力和挑战。因此,在保障安全风险可控的前提下,如何更好实施城市轨道交通运营组织工作,实现企业健康可持续发展,是我国城市轨道交通运营领域面临的普遍问题。

2010年9月27日,成都地铁1号线开通试运营,标志着成都正式进入轨道交通时代,也是中国西部地区开通的首条地铁线路。10年来,成都轨道集团开拓创新,奋发图强,尤其是2015年至今开启城市轨道交通加速成网建设，利用 10 年时间运营线路总规模跃升至 558 公里，日均客流由 10 万人跃升至 400 多万人，公共交通出行分担率超过 50%。在城市轨道交通快速建设过程中，成都轨道一直高度重视运营管理和科技创新，从最初关注的新线开通、组织架构、人才培养、客流管理、车辆在线监测等问题，逐步发展到关注和实施运营管理网络化、客流管理精准化、设施设备维护智能化等课题。

2016 年，成都轨道集团联合交通运输部科学研究院，承担了交通运输部《城市轨道交通运营组织与风险管控科技示范工程》项目，该项目历时近四年，围绕城市轨道交通运营安全风险管控方法和技术不完善、运营组织方法系统性不强等问题，依据成都轨道交通开通运营和在建线路，开展网络条件下城市轨道交通运营组织技术、运营设施设备风险管控技术、运营客流风险管控技术等方面的示范应用，为城市轨道交通企业运营提供技术支持，为行业监管提供技术支撑。2018 年以来，成都轨道集团围绕车辆段自动化作业、全自动运行、市域快轨等领域，开展了大量技术研发和实践，为保障安全运营和高质量发展提供了强大的技术支撑。

本书是依据《城市轨道交通运营组织与风险管控科技示范工程》成果提炼加工形成的，系统介绍了成都轨道在网络化运营组织、客流组织、车辆运用维护及其风险防控等方面开展的技术研发和实践经验。同时，还对成都轨道在全自动运行、车辆段自动化管理等方面的运营组织与风险防控成果加以提炼，是成都轨道近年来科技研发成果和应用的全面总结。

本书在编写过程中，得到了中国城市轨道交通协会运营管理专业委员会以及北京、上海、广州、深圳、南京、厦门等城市轨道交通企业同仁和专家的大力支持，在此表示衷心感谢。由于时间仓促，不足之处，还请读者批评指正。

编写组
2021 年 11 月

第一章 概 述 … 001
- 第一节 运营组织与风险防控的重要意义 … 002
- 第二节 面临的主要困境 … 004
- 第三节 开展的主要研究 … 005
- 第四节 本书主要内容 … 007

第二章 国内外技术进展情况 … 009
- 第一节 网络化运营技术进展情况 … 009
- 第二节 设施设备风险防控技术进展情况 … 018
- 第三节 客流风险防控技术进展情况 … 027
- 第四节 司机规范化操作技术进展情况 … 029
- 第五节 小 结 … 031

第三章 网络条件下运营组织技术与风险防控 … 033
- 第一节 影响要素及特征分析 … 033
- 第二节 运输组织场景 … 040
- 第三节 网络化行车组织示范 … 057
- 第四节 本章小结 … 081

第四章 客流风险管控技术 … 082
- 第一节 客流风险影响要素及辨识 … 082
- 第二节 客流风险评估方法 … 087
- 第三节 客流风险管控技术 … 093
- 第四节 客流风险管控应用及实践 … 106
- 第五节 本章小结 … 143

第五章　车辆系统设备风险管控技术 …………………………… 145
第一节　车辆风险影响要素 ………………………………… 145
第二节　风险辨识评估 ……………………………………… 149
第三节　风险管控技术 ……………………………………… 152
第四节　车辆系统风险管控应用及实践 …………………… 178
第五节　司机行为风险管控及应用 ………………………… 195
第六节　小　结 ……………………………………………… 203

第六章　总　结 ………………………………………………………… 205
附　图 …………………………………………………………………… 218
参考文献 ………………………………………………………………… 228

第一章 概述

"十三五"期间,我国城市轨道交通快速发展,据交通运输部统计数据显示,2015年底,全国有25个城市开通了轨道交通,车站2 092座,其中换乘站180座;运营车辆19 941辆;运营线路105条,运营线路总长度3 195.4公里,其中地铁线路85条、2 722.7公里;全年城市客运量1 303.17亿人次,其中城市轨道交通完成客运量140.01亿人次,占比10.7%,完成运营里程3.74亿列公里。北京、上海、广州等城市的轨道交通占公共交通的分担率超过了50%,呈稳步增长态势。2015年至今,城市轨道交通建设、运营均取得了巨大进步,在城市公共交通中发挥了骨干作用,而且还将持续发挥越来越重要的作用,2015—2020年我国城市轨道交通运营主要情况如表1-1所示。

表1-1 2015—2020年我国城市轨道交通主要运营情况

年份/年	城市/个	线路 数量/条	线路 长度/公里	客运量/(亿人次) 城市客运总量	客运量/(亿人次) 轨道运量	比例 占比	比例 增长率	运营里程/(亿列/车公里)
2015	25	105	3 195.4	1 303.17	140.01	10.7%	10.5%	3.74
2016	30	124	3 727.5	1 285.15	161.51	12.6%	15.4%	4.33
2017	32	149	4 484.2	1 273.40	183.05	14.4%	13.3%	5.07
2018	35	171	5 295.1	1 262.24	212.77	16.9%	16.2%	35.26
2019	41	190	6 172.7	1 279.17	238.78	18.7%	12.2%	41.43
2020	44	233	7 545.5	871.92	175.9	20.17%	-26.33%	45.5

数据来源:根据2015—2020年交通运输行业发展统计公报整理;运营里程数据中,2015—2017年数据为亿列公里,2018—2020年数据为亿车公里。

从表 1-1 可知，2015 年以来，我国城市轨道交通持续增长，2019 年线路长度比 2015 年底增长了 93.2%，客运量年均保持 10%以上的增长。

从客运量占比情况来看，如图 1-1 所示，城市轨道交通客运量在城市客运总量中的占比持续增长，从 2015 年的 10.5%增长到 2019 年的 18.2%，接近城市客运总量的两成。分析来看，一方面是由于城市轨道交通规模持续增长，客运量呈持续增加态势；另一方面是由于城市客运总量总体呈现微弱下降趋势，城市轨道交通客运量占比逐年增加。2020 年，受新冠肺炎疫情影响，城市轨道交通客运量较 2019 年有了较大幅度的下降，但是在提供公共出行服务中发挥了重要作用，占城市客运总量的 20%以上。

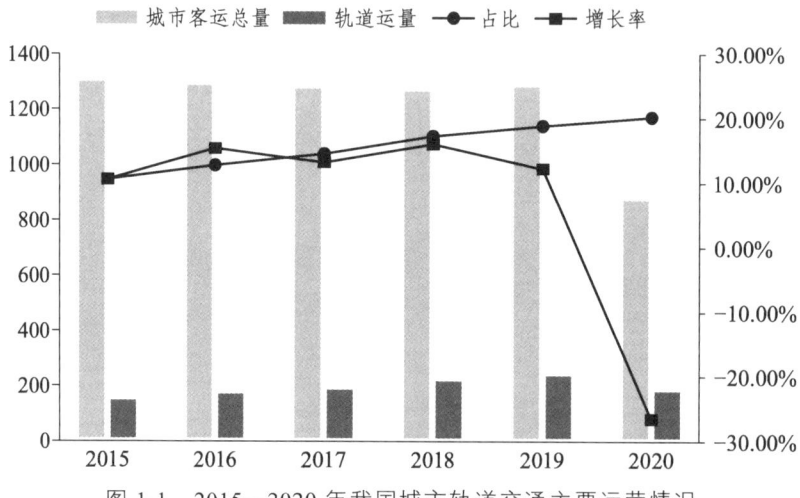

图 1-1　2015—2020 年我国城市轨道交通主要运营情况

另外，值得注意的是，城市客运总量是全国 300 多个城市公共交通的客运总量，只有其中很小一部分城市拥有城市轨道交通。从单个城市来看，北京、上海、广州、深圳、武汉、成都、南京、郑州等城市的轨道交通客运量占比和增长率趋势更加明显。

第一节　运营组织与风险防控的重要意义

城市轨道交通运营组织包括行车组织、客运组织、设施设备维修维护等内容，做好运营组织风险防控是保障城市轨道交通运营安全的基本要求。

同时，随着城市轨道交通线网规模的不断扩大，城市轨道交通的服务范围越来越大，伴随着城市居民出行需求不断多元化，给城市轨道交通行车组织和客运组织工作带来极大挑战。总体来讲，做好城市轨道交通运营组织与风险防控工作对保障城市轨道交通健康和可持续发展具有重要意义。

保障居民出行安全，是保障社会安全的最基本需求，也是城市轨道交通企业生产经营的最根本要求。城市轨道交通运营是一个复杂系统，保障运营安全同样是一项艰巨而复杂的任务，需要从技术、管理以及各岗位的协同考虑。运营安全风险具有隐蔽性、顽固性和反复性的特征，进行有效的风险防控不仅需要配套的技术手段，更需要行之有效的管理措施。同时，运营安全风险是动态的，随着各项条件的变化不断变化，没有哪项措施是一劳永逸的。

2015年以来，交通运输部不断建设和完善城市轨道交通运营管理体系，在法律法规、规章制度等方面不断深化要求，持续推进运营管理监督工作。2019年，为深入贯彻落实《国务院办公厅关于保障城市轨道交通安全运行的意见》（国办发〔2018〕13号）、《城市轨道交通运营管理规定》（交通运输部令2018年第8号）及相关规范性文件要求，交通运输部发布了《城市轨道交通风险分级管控和隐患排查治理管理办法》（交运规〔2019〕7号）、《城市轨道交通设施设备运行维护管理办法》（交运规〔2019〕8号）、《城市轨道交通运营险性事件信息报告与分析管理办法》（交运规〔2019〕10号）以及《城市轨道交通行车组织管理办法》（交运规〔2019〕14号）等管理办法和配套文件，其中《城市轨道交通行车组织管理办法》（交运规〔2019〕14号）明确了行车组织基本要求、正常行车、非正常行车以及施工作业的行车组织规则和安全防护要求等内容。近年来，交通运输部组织有关省（市）城市轨道交通运营主管部门，组织开展运营安全交叉调研交流，加强行业互动，督促问题发现和整改，推进经验共享，保障城市轨道交通安全运行。

总体来讲，城市轨道交通运营组织与风险防控工作是城市轨道交通运营管理的压舱石，更是生命线，是维护行业良好形象和保障城市基本公共服务的基础性工作，做好城市轨道交通运营组织与风险防控工作是政府监督和保障基本公共服务的根本要求，更是企业健康可持续发展的有力保障。

第二节　面临的主要困境

在城市轨道交通运营组织与风险防控领域，从1863年世界第一条地铁在英国伦敦开通运营以来，就始终面临这些问题，而且随着新技术应用、客运量变化、设施设备状态变化以及行业监管政策、运营单位组织架构变化等影响因素的不断变化，这些问题的表现和难点也在不断发生变化。

概括来讲，近年来，我国城市轨道交通运营组织和风险防控领域面临的困境主要表现在客流适应性、运营绩效以及安全风险防控等方面。

一是如何实现网络化运营，实现运力与运量的精准匹配。2015年至今，我国城市轨道交通规模持续增长，网络化运营城市逐年增多，但是总体上仍然是单线运营模式，通过城市换乘实现网络化运营。城市交通具有明显的潮汐客流特征，按照城市轨道交通全天运行18个小时计算，通常每天早晚高峰4个小时运送了全天60%以上的客流，另外14个小时承担了全天40%的客流，运力与运量矛盾突出，如何实现精准匹配，实现行车组织与客运组织协同，是我国城市轨道交通面临的一大难题。近年来，北京地铁6号线、上海地铁11号线、广州地铁3号线等线路实施了快慢车、直达列车等运营组织模式，一定程度上缓解了运力与运量的矛盾，但总体上在如何实现网络化运营方面仍然面临根本性的问题。

二是如何提升实施设备维护水平，实现高水平绩效。城市轨道交通运行需要车辆、供电、信号等设备以及车站、桥梁、场段等基础设施的正常运行，为保障设施设备运行正常，运营单位就需要投入大量人力物力进行设施设备运行维护工作。但是整体来看，我国城市轨道交通设施设备维护的全员生产率不高，造成维护成本居高不下，对运营可持续发展构成挑战。近年来，我国城市轨道交通行业在尝试开展车辆、信号、供电等专业的智能运维和健康管理等工作，但仍处于尝试阶段，尚未形成行业统一的做法和相关规定。

三是如何实现系统性安全保障，消除致命性风险。运营安全保障工作高度依赖设施设备状态，更离不开基层人员实际作业，是一项系统性工程。近年来，我国城市轨道交通发生过列车相撞、列车脱轨、轨行区冲突、保护区破坏等险性事件，有些还造成了人员伤亡和列车损坏。如何从系统安全角度，消除致命性风险，保障城市轨道交通运营安全在可控范围内，是我国城市轨道交通运营管理面临的突出问题，是一个系统性问题，也是我国城市轨道交通行业治理的基础性和长期性任务。

第三节　开展的主要研究

2015—2020 年，成都轨道交通经历了飞速发展，线网规模从 2015 年的 66.193 公里增加到 2020 年的 557.84 公里，增长率为 742.75%，年均增长率达 148.55%，这一发展速度不论是在中国还是在世界，都是令人瞩目的。轨道交通年客运量从 2015 年的 33 932 万人次增加到 2020 年的 121 962 万人次，增长了约 4 倍；占城市客运总量的比例从 16.40% 增加到 50.17%，年均增长率达 51.89%，已成为成都市公共交通的骨干。随着客流培育的不断成熟，预计在未来的几年，成都轨道交通的客运量还将逐年攀升，占城市客运的比例也将继续攀升，在成都发挥越来越重要的作用。2015—2020 年成都轨道交通主要运营情况如表 1-2 所示。

表 1-2　2015—2020 年成都轨道交通主要运营情况

年份/年	车站/座	线路数量/条	线路长度/km	客运量/(万人次) 城市客运总量	客运量/(万人次) 轨道运量	比例 占比	比例 增长率	运营里程/万列公里
2015	54	2	66.193	206 883	33 932	16.40%	20.74%	942.80
2016	87	4	108.552	208 587	56 217	26.95%	64.32%	1 552.74
2017	138	6	179.588	220 038	78 212	35.54%	39.12%	1 939.46
2018	183	7	239.895	256 281	115 755	45.17%	48%	2 865.15
2019	257	8	341.542	313 831	140 011	44.61%	20.95%	3 398.85
2020	373	13	557.84	243 090	121 962	50.17%	-12.89%	4 661.10

数据来源：根据成都轨道交通数据和相关数据整理形成。

从线路规模来看，成都轨道运营线路数量从 2015 年 7 月的 2 条增加到 2020 年的 13 条，线路长度逐年攀升，2016、2017 和 2020 年的增长率均超过 60%，具体如图 1-2 所示。

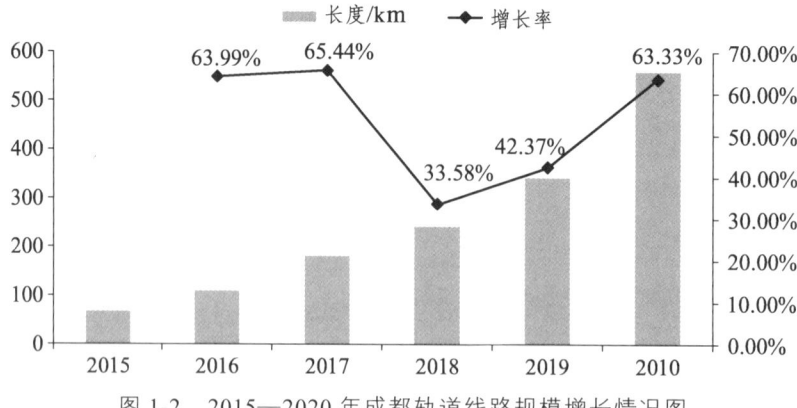

图 1-2 2015—2020 年成都轨道线路规模增长情况图

从客运量规模来看，2015—2019 年，成都轨道客运量逐年攀升，2020 年由于新型冠状病毒肺炎疫情造成的影响，客运量较 2019 年下降了约 13%，占城市客运中的占比呈上升趋势。值得注意的是，2018 年以来客运量的增长率呈下降趋势，如图 1-3 所示。

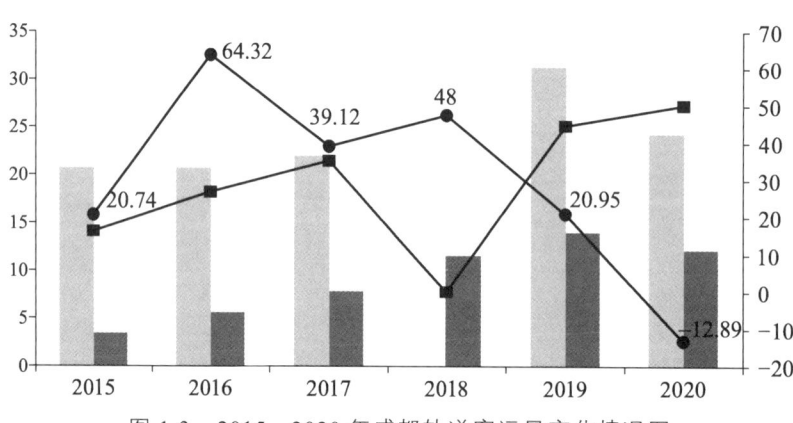

图 1-3 2015—2020 年成都轨道客运量变化情况图

2015 年以来，成都轨道交通在运营规模快速增长的同时，面临以下几个方面的突出问题。

一是大规模线网下运营的问题。截止 2020 年底，成都轨道已经开通 13 条线路（含有轨电车）557.84 公里，单日客运量最高达到 568 万乘次，成都轨道已面临大规模线网下高密度下行车组织、复杂条件下客运组织、高质量乘客服务，以及新旧线路和新旧设备的维修技术标准等诸多困难。

二是多种制式线路的协同运营问题。成都轨道已运营12条地铁线路、1条有轨电车，未来还将与干线铁路和城际铁路融合。目前成都轨道具有6B、6A、8A等多种车辆编组（采用4A编组的S线，预计在2024年开通），有人驾驶线路和全自动驾驶线路并存，对车辆维保、司机技能、行车调度、客运组织等方面提出了新的挑战，管理难度极大。

三是运营安全风险管控系统性不强的问题。成都轨道既有的安全风险管控技术和相关方法，在运营组织方面系统性不强，已不能适应大规模和超大规模线网下的运营安全与规范管理，亟需对网络条件下城市轨道交通运营组织技术、运营设施设备风险管控技术、运营客流风险管控技术等方面开展研究和应用。

为全面解决发展过程中遇到的突出问题，保障成都轨道交通健康发展，从2016年至今，本书编写组依托交通运输部《城市轨道交通运营组织与风险防控科技示范工程》《车辆段MIDAS研发与应用》等科研和工程项目，围绕网络化运营组织、客流组织、车辆运用维护及其风险防控等方面开展了大量技术研发和工程实践。同时，还对全自动运行、车辆段自动化管理等方面的运营组织与风险防控进行了研发、应用和总结。

第四节　本书主要内容

本书系统总结和概括了成都轨道集团在运营组织风险防控领域开展的主要研究和实践经验，主要内容如下。

第一章为概述，主要介绍了本书的写作背景、成都轨道集团发展过程中面临的主要问题、开展的主要研究工作以及本书框架结构和主要内容等。

第二章为国内外技术进展情况，主要对比分析了近年来国内外城市轨道交通企业在行车组织、客运组织、设施设备运行维护等领域开展的技术研发和实践应用情况。

第三章为网络条件下运营组织技术与风险防控技术研发及应用，主要介绍了成都轨道在形成网络化过程中出现的典型运营组织场景，研究提出了行车组织技术和应用条件。

第四章为客流风险管控技术研发及应用，主要分析了短时客流监测预警技术，新建系统对车站滞留人数或进站客流进行实时统计和预警，配合车站管理人员进行客流风险管控等方面的成果。

第五章为车辆系统设备风险管控技术研发及应用，主要分析了成都轨道在车辆设备运用维护与风险防控方面的成果，同时还总结了列车驾驶方面的主要风险与防控措施。

第六章为总结，归纳了本书在运营组织与风险防控领域取得的主要成果，同时结合成都轨道交通发展实际，对下阶段将持续开展的研究和实践进行了展望。

第二章 国内外技术进展情况

本章主要介绍国内外城市轨道交通运营组织与风险防控领域的研究进展和技术应用情况。在城市轨道交通运营组织管理理论与方法方面，主要总结了网络化列车运行组织方式、列车运行与客流需求精准匹配以及列车晚点传播与运行图恢复等方面的研究进展和应用情况。在设施设备风险防控技术进展情况方面，主要总结了国内外铁路以及城市轨道交通运营领域的风险管理方法，总结了定量风险分析的主要做法和实践经验，以及设施设备维护、风险水平与成本控制相互关系的相关研究进展，同时还总结了风险管理与隐患排查方面的相关政策法规情况。客流风险防控方面，主要分析了城市轨道交通运营过程中的客流采集与短期预测、乘客站台等候时间预测以及车站客流疏散与仿真等方面的研究与应用情况。在司机规范化操作方面，主要总结了司机规范化操作影响因素分析和司机规范化操作胜任能力分析两方面的主要技术进展情况。

第一节 网络化运营技术进展情况

2010年以来，随着城市轨道交通建设进程加快，国内北京、上海、广州、深圳、成都等城市已进入网络化运营阶段，从而产生了线路管理网络化、客流出行需求多元化以及行车组织需求多样化等挑战。根据城市形态、网络规模、出行特征的不同，在网络化形成和发展过程中还会不断涌现新的需求。网络化运营可以概括为三个特点：一是运营规模和设施设备总量增加，主要表现为线路、车站、车辆基地、控制中心、变电所等设施规模扩大，车辆、信号等设备增多，且新旧设备并存，管理难度大；二是实现车流与客流灵活匹配的难度增大，主要表现为成网后覆盖范围广、吸引乘客多、客流需求更加多元，协同解决高峰期通勤客流与平峰期日常客流的难度增大；三是风险防控工作面临更大挑战，设施设备故障、突发大客流、自然灾害、运营环境破坏以及公共安全等，会造成更大范围的影响和舆情影响。2014 年，何霖等探讨了城市轨道交通网络化运营的组织体系，概括了网络化运营特点及挑战，总结了网络化运营阶段组织体系的架构及管理模式，并结合广州地铁探索与创新，就若干关键问题提出了解决方案。2017 年，毛保华等分析了网络化运营的物理环境及其客流基本特征，指出了网络化运营管理面临的三大主要问题：断面负荷均衡、车站负荷均衡及换乘衔接改善，基于既有的多交路、多编组、快慢车及过轨运营等主要网络化运营技术，分析了不同方法的特征和适用性。

网络化运营要解决的核心问题是在合理利用资源的条件下，如何通过灵活的组织方法和运营技术，更好满足多元化客流需求，实现更好服务品质。概括来讲，网络化运营技术主要包括网络化行车计划与时刻表编制技术、行车组织技术、短时客流预测技术、客流疏散技术、票务清分技术、设施设备运用技术、设施设备维护和更新改造技术、应急指挥技术等。关于这些技术的研究和应用，有很多相关的专著和论文，这里主要介绍与行车组织相关的技术应用情况。

一、网络化列车运营组织方式

如果将一条线路的列车只在本线运营的模式称为单线运营，列车和运营线路的关系是相对固定且唯一的，而网络化列车运营不再固定列车和运营线路的唯一性关系。列车是移动设备，线路是固定基础设施，线路构成的网络是路网，列车可以在路网内不止一条线路运营的方式，就是网络化列车运营。根据基础设施和技术装备的设计、建造和标准化程度不同，网络化列车运营有很多种表现形式和实现方式，根据线路设计和建设条件以及设备条件不同，国内外关于网络化运营的行车组织技术实现方式通常有五种形式。

1. 互通运营

互通运营是指不同线路的列车可以在一条线路或一条线路的部分区段实现运营的方式，实现互通运营的轨道交通系统可以是相同制式的，也可以是不同制式的。典型应用代表是东京都市圈内私营铁路、地铁和干线铁路等不同制式之间的互通运营，我国城市轨道交通领域正在探索和实践互联互通运营，也正在探索城市轨道交通和市郊铁路的互通运营。互通运营要求车辆、供电、车站、线路等设施设备具有互用性，同时还高度依赖轨道交通列车运行控制系统，也是国内外近年来通信和信号控制领域的热点。2020 年，冯浩楠等以重庆和纽约为例，从总体系统、通信协议和认证测试 3 方面对互联互通 CBTC 系统标准进行了对比研究，二者均为通过 CBTC 系统间接口标准定义的方式实现互联互通功能，不同之处在于重庆互联互通 CBTC 系统建立在新建线路，对系统设计和工程应用进行了详细规定；纽约互联互通 CBTC 系统是在改造既有控制系统基础上实现的，需兼容旧的辅助轨旁系统。2021 年，万勇兵等针对不同厂商研制的 CBTC（基于通信的列车控制）系统，定义了互联互通型 CBTC 系统架构，分析了 CBTC 系统互联互通的测试需求、验证平台的技术要求。

2. 共线运营

共线运营是指两条或两条以上线路，在某一区段共用同一条轨道的运输方式。采用这种方式时，通常要求共线段和非共线段的客流规律较为稳定。共线运营时，共线段的行车组织较为复杂，需要根据两条线路的客流情况对共线段列车进行灵活安排，非共线段的列车运行间隔受共线段的能力制约。从巴黎地铁、伦敦地铁以及上海地铁等城市的共线运营情况来看，共线运营方式可以节约新线建设时的投资，但是随着客流变化，调度指挥和客运组织工作较为复杂，尤其是列车运行发生晚点时的调整和恢复工作较为困难。2015 年，王家琦分析了城市轨道交通共线运营的实施条件及运行方案。2017 年，周竞基于上海轨道交通 3、4 号线共线运营特点，分析了共线运营在行车组织上存在非共线段运能不足、共线段运营中断时运营调整难度大的问题。2019 年，王玉珠对城市轨道交通共线运营开行方案优化进行了研究。

3. 跨线运营

跨线运营是指将两条线路通过联络线进行衔接，列车可以通过联络线从一条线路进入另外一条线路运营，列车在两条线路的信号、供电等设备系统要具备互用性，还要求联络线的曲线半径、道岔、坡度等满足列车双向运营的需求。从目前情况来看，通过联络线实现不同线路之间列车转线或者施工列车利用联络线在不同线路之间运行等非载客运行方式较普遍，载客跨线运营要求线路、车站、车辆、牵引供电及信号控制等方面具备兼容性。两条线路客运量差异较大，一条线路列车数量不足而另一条线路列车数量充足时，跨线运营可以实现列车的均衡使用。高峰时段两个不同线路的车站之间直达客流大、但没有直达线路时，可以采用跨线运营方式配备直达列车，减少乘客换乘。跨线运营的行车组织方式复杂，对两条线路的调度指挥有很高要求，同时还需要有效的乘客信息系统和高效的客运组织引导乘客做好乘车、换乘等活动。2020 年，乐梅等讨论了重庆轨道交通 4 号线与环线跨线运营的配线设计，指出跨线交路受限于渡线设置不够灵活等问题，并对跨线运营的配线设置方案进行了分析。

4. 主支线运营

主支线运营是指以一条线路为主，从某个节点延伸出一条或多条支线，支线与主线贯通运营的方式，共线段和非共线段根据客流量不同安排不同比例的列车运行，这种方式在国内外均比较常见，也称为 Y 形交路运营。2017 年，叶敬贤针对厦门市轨道交通 4、8 号线 Y 形线路特点，对列车在共轨段及支线运行的控制方案进行了研究。2018 年，艾文伟以上海地铁 11 号线运营案例为基础，对 Y 形交路交汇站设计要求、行车组织、客运组织、应急处置等方面的特点进行分析，指出 Y 形交路存在相互制约、灵活性差、存在运营风险等问题，提出提升 Y 形交路应用效果的建议。2019 年，韦子文对城市轨道交通 Y 形交路列车开行方案优化进行了研究。2020 年，邓爱平分析了广州地铁 14 号线及知识城支线乘务组织风险问题。

5. 快慢车运营

快慢车运营是指列车在同一条线路上，通过在车站设置辅助线，同时开行站站停车的普通列车和部分车站不停车的快速列车，实现一条线路上慢车和快车共同运营的运输方式。这种方式在国外轨道交通系统中应用较为成熟，目前在我国城市轨道交通设计和运营中采用较少，北京、上海和广州的部分线路进行了尝试和探索。快慢车运营对列车运行图编制和调整的要求较高，需要灵活的配线设计做基础，还需要精准客流分析作为支撑。2019 年，陈虹兵以广州地铁首条快慢车运营线路 14 号线为例，对快慢车线路设计与实际运营对比进行分析，提出了优化策略。2020 年，宋嘉雯等分析了城市轨道交通快慢车运营模式下故障列车停车线设计方案，并以广州地铁 14 号线、18 号线、21 号线和 22 号线为例进行了分析。杨婧等分析了重庆轨道交通 10 号线快慢车运营组织方案，并提出了实施快慢车运营的意见和建议。

国外城市轨道交通在快慢车运营、可变编组、多交路以及共线运营等方面有比较灵活的组织方式，与我国城市轨道交通通常为单线相比，纽约、东京等城市的轨道交通有大量复线，在行车组织方面拥有更灵活的资源配置。在 Y 字形交路组织方式方面，国内线路有上海、广州、杭州、昆明、南京、重庆等城市，其中南京地铁 1 号线在三期工程开通后，线路延伸变为两条独立命名线路；杭州市杭港地铁 1 号线开通初期采用主、支线独立运营交路的方式，后续因换乘客流较大、乘客投诉等原因改为 Y 形贯通运营交路；广州地铁 3 号线在客流平峰和低峰时段主要采用主线、支线独立运营的方式，高峰期为缓解换乘压力组织加开上线列车贯通运营。

目前，我国正在进行互联互通网络化运营方面的应用研究和探索实践，重庆地铁实现了 4 号线、5 号线、10 号线和环线的互联互通工程应用，满足网络化运营和运营维护资源共享。国内外城市轨道交通网络化运营的主要运营方式和典型线路及特征如表 2-1 所示。

表 2-1 城市轨道交通网络化运营方式及主要特征

序号	国家	城市	开通时间/年	运营方式	典型线路与技术特征
1	英国	伦敦	1863	共线运营、快慢车、主支线	Hammersmith & City Line
2	法国	巴黎	1900	共线运营、快慢车、主支线	RER 线
3	美国	纽约	1904	共线运营、主支线、快慢车	线路 3 线或 4 线
4	日本	东京	1927	互通运营、共线运营、跨线运营、主支线、快慢车	东京地铁与 JR 东日本公司互通运营
5	中国	香港	1979	快慢车、主支线	东铁线、西铁线
6	中国	北京	1969	快慢车	地铁 6 号线

续表

序号	国家	城市	开通时间/年	运营方式	典型线路与技术特征
7	中国	上海	1993	共线运营、快慢车、主支线、直达车	3、4号线共线运营；10号线主支线；11号线快慢车、直达车
8	中国	广州	1997	快慢车、主支线	3号线主支线
9	中国	重庆	2005	互通运营	4、5、10号线

数据来源：根据各城市相关轨道交通企业官方网站数据整理。

从表 2-1 可以看出，国外伦敦、巴黎、纽约、东京等城市开通运营轨道交通的时间较早，其中伦敦地铁接近 160 年，巴黎地铁 121 年，纽约地铁接近 120 年，东京地铁接近 100 年，我国除北京地铁运营时间超过 50 年外，香港、上海、广州等城市的运营时间在 20～40 年，更多城市在 10 年或 5 年时间。从网络化运营模式来看，国外几个城市普遍具有共线、快慢车、主支线等模式，其中东京的地铁与私铁等还实现了互通运营，而且应用已非常成熟；国内城市尽管运营时间相对国外城市较短，但在网络化运营模式方面进行了大量的探索和实践，实现了国外几乎所有的网络化运营模式。

二、列车运行与客流需求精准匹配

随着城市轨道交通线网规模扩大，服务范围也在不断扩展，包括市中心和郊区等，通勤需求是城市轨道交通的主要客流来源，其通勤时间相对固定，出行需求集中，尤其是郊区和市中心之间的客流需求，通常通过乘客在不同线路之间换乘实现，当乘客需要换乘多条线路时，乘客换乘时间会成为整个出行时间的重要部分。在客流需求不高的情况下，乘客在不同线路之间的换乘损失的是时间，而当客流需求短时间内极其旺盛的情况下，乘客换乘带来的不仅是时间损失，更有不可预期的客流拥挤、踩踏、跌落站台等风险，这一问题尤其在郊区线路与市区线路成网、早晚客流高峰等条件下表现突出。因此，如何通过网络化行车组织实现列车运行与客流需求的精准匹配，是城市轨道交通成网以后网络化运营面临的一大技术难题，相关研究成果如表2-2 所示。

表 2-2 列车运行与客流需求匹配相关研究成果

序号	时间/年	作者	研究对象	主要结论
1	1996	G. R. Cichy	华盛顿地铁市区和郊区动态客流需求	通过在不同线路之间建造连接轨道,提供郊区到郊区列车直达服务
2	2010	陈春娇	上海轨道交通网络乘客导乘多元需求	运营服务标识系统、网络运营智能化信息服务系统可优化乘客导向
3	2012	张黎璋	深圳地铁 3 号线客流需求	调整工作日早晚高峰和休息日全天运行图实现客流匹配
4	2017	李思杰	列车运行图对动态客流的适应性	提出能力匹配度的概念
5	2018	代存杰	西安地铁 2 号线动态客流需求	非固定间隔时间列车时刻表和大小交路措施,是解决动态客流需求的有效手段
6	2019	陈星	动态客流下列车运行计划协同编制问题	客流进出站刷卡记录数据是一种有效的动态客流数据来源
7	2020	尹永昊	列车运行供给与客流需求不均衡问题	提出了混合周期运行图概念

　　针对华盛顿地铁如何适应市区和郊区动态客流需求,G. R. Cichy 在 1996 年探讨了如何利用智能分析技术安排和指挥列车运行,包括快慢车运行组织等,满足市区目的地转向郊区目的地或边缘城市目的地的出行,提出了在现有固定轨道系统基础上,在不同线路之间建造连接轨道,实现不同车厢到达不同的目的地,减少乘客换乘活动,从而提供郊区到郊区的列车直达服务。2010 年,陈春娇针对上海轨道交通形成网络后乘客导乘信息多元化需求,介绍了上海地铁运营服务标识系统、网络运营智能化信息服务系统等,对完善上海轨道交通网络运营的乘客导向等提出了建议。2012 年,张黎璋通过分析深圳地铁线网客流及 3 号线客流特点,制定了工作日早晚高峰及休息日全天运行图调整措施,探索实现运能匹配和成本控制。2017 年,李思杰等为衡量列车运行图对动态客流的适应性,提出能力匹配度的概念,以上海轨道交通 9 号线为例进行验证,可为定量优化列车运行图质量提供理论支撑。2018 年,代存杰等以西安地铁 2 号线的实际运营数

据为例，对列车开行方案进行优化，表明根据动态客流需求设计非固定间隔时间的列车时刻表、适时采用大小交路，可有效满足乘客和运营企业双方利益需求。2019年，陈星以城市轨道交通客流进出站刷卡记录为动态客流，探讨了网络化动态客流导向下城市轨道交通运行计划协同编制方法问题。2020年，尹永昊针对城市轨道交通供需不均衡现象，从供给侧、需求侧以及供需协同三个层面出发，结合周期运行图和非周期运行图特点，提出了混合周期运行图概念，构建了考虑车底运用计划的客流驱动混合运行图模型，以上海市金山线运营数据证了方法有效性；从需求侧出发，提出了考虑公平性与均衡性的协调客流控制优化模型，并以北京市八通线运营数据验证了方法有效性。

节能运行也是列车运行控制策略的一个重要指标，尤其是在非客流高峰时段，综合考虑列车运行时间与节能运行策略，也是近年来的研究焦点。2016年到2018年，东京地铁对ATO模式下直线电机列车节能运行技术进行了研究和实践，依托日本地铁协会（Japan Subway Association，JSA）2013年至2016年关于节能运行策略项目研究成果，通过增强动力加速度设计惰性节能运行，在大阪市一条地铁线路上测试节能性能。2020年，Bai等人为实现多列地铁列车实时协同控制，提出了一种基于列车加速、停站以及列车切换运行方式位置的模型框架。

另外，控制中心设置和功能定位等直接影响城市轨道交通路网规划实施，对运营管理和应急处置产生重大影响，也是国内外研究探索的焦点问题。2008年，梁强升探讨了集中式、分散式和区域式等三类控制中心，从工程建设和运营管理两方面对运营控制中心设置方案进行了比选。2014年，栾文波从调度指挥架构、人员编制、主要工作职责等方面对上海、广州、深圳的地铁线网指挥模式进行分析，研究提出了建设符合南京轨道交通运营特征的线网运作指挥模式。2017年，罗情平探讨了青岛地铁线网管理与指挥中心系统架构和功能定位，阐述了控制中心、五大平台、五个辅助系统和线网通信系统等子系统及模块功能需求。2020年，王建文等分析了城市轨道交通网络化运营需求，探讨了线网监控与线网应急的关系、线网指挥中心与线路控制中心的关系以及线网指挥中心与企业信息中心的关系，从平台基本构成及接口设计等角度论述了线网指挥中心系统平台建设方案的设计要点。

三、列车晚点传播与运行图恢复

城市轨道交通成网运营后,当列车因扰动发生晚点时,列车运行时间间隔会增加,线路运营变得紊乱;同时,任何一个车站运营中断,造成车站乘客聚集和等候时间增加,不仅会影响单个线路正常运营,还会影响整个网络正常运行,需要实施客流引导与列车运行调整措施,逐步恢复列车正常运营秩序,满足乘客出行需求,相关研究成果如表 2-3 所示。

表 2-3 列车晚点传播与运行图恢复相关研究成果

序号	时间/年	作者	研究对象	主要结论
1	2008	汪波	北京轨道交通路网末班车延误调整	提出了换乘冗余时间概念
2	2015	M. Park	列车晚点造成运行图不稳定的问题	通过优化停站时间和运行时间,对列车运行间隔进行有效控制
3	2016	黎茂盛	列车易晚点区间的识别方法问题	基于列车区间旅行时间理论分布的方法可以有效识别
4	2017	Yang	线路运营中断条件下的备选线路选择问题	得出合理的备选线路,并评估最脆弱的车站,供乘客决策
5	2019	陶毅骏	上海地铁 5 min 晚点管理问题	分析车辆设备故障与维修对晚点的影响
6	2020	K. Gkiotsalitis	高峰期列车晚点造成的晚点传播问题	以华盛顿地铁红线为例对恢复列车运行进行了实证分析

2008 年,汪波等根据北京城市轨道交通路网末班车衔接特点,提出了换乘冗余时间概念,对路网线路末班车延误调整进行了研究,探索了北京轨道交通路网末班车延误后的列车运行衔接和调整方法。2015 年,M. Park 等人针对列车晚点造成运行图不稳定的问题,提出了一种对列车运行进行时间间隔控制的规则和算法;该方法根据连续列车之间的时间间隔偏差确定被控列车,并利用离散交通模型设计了停站时间和运行时间的控制算法,以确保连续列车之间的最优时间间隔,并利用计算机仿真验证了算法有效性。2016 年,黎茂盛等基于列车区间旅行时间理论分布,提出了城市地铁

列车易晚点区间的识别方法，并以深圳地铁为例验证了方法有效性。2017年，Yang 等人针对运营中断条件下如何利用每一对站点之间的可选线路信息，重新安排乘客路线，将中断影响降至最低，重点讨论了在正常运行或中断情况下，任意两个车站之间有多少合理线路可供乘客使用，以及哪些车站是最脆弱的。2017 年，刘梦佳针对突发中断下城市地铁网络的脆弱性开展研究，找出其薄弱环节并加以保护，保障运营稳定性。2018 年，苏晓声探讨了东京地铁的晚点问题及其对策。2019 年，陶毅骏针对上海地铁车辆 5 min 晚点管理问题，探讨了车辆设备故障与维修车辆对列车运行晚点的影响。2020 年，宋雨洁针对发布晚点信息的策略问题进行研究，以广州地铁为例，分析存在的问题和困难，提出按照乘客实际感受发布晚点信息、优化晚点信息发布预案、引导乘客绕行晚点地点等措施，有效减少故障影响。2020 年，K. Gkiotsalitis 等人针对高峰期列车晚点可能造成的晚点传播问题进行研究，探索如何尽快恢复计划列车运行图，并以华盛顿地铁红线为例进行了实证分析。

第二节　设施设备风险防控技术进展情况

风险管理起源于 20 世纪 30 年代美国的保险业，相关理论、技术和方法来源于欧美、日本和澳大利亚等国家，目前已经形成了非常完整的理论和方法体系。同时，这些国家也将风险管理最早应用于商业、经济和工业生产控制等领域，并且很早就注意到风险管理对于航空、铁路和城市轨道交通安全运营的重要性，广泛应用于设计、加工、制造、运营和维护等各个方面，建立了较完善的风险管理制度或通过运营授权证书及审查等制度，要求运营企业进行安全风险评估，提升风险管理水平。同时，还研究制定评估标准、细则、指南等，增强风险评估的可操作性和行业的风险管理应用能力。

一、国外研究应用情况

这一领域的国内外研究成果较为丰富，对风险辨识、风险评估、风险沟通以及风险文化等进行持续研究和应用，在工业生产和技术研发领域等都普遍采用风险管理方法。从 20 世纪 90 年代开始，美国研究并推进编制安全风险认证计划和公共交通风险分析手册，出台了城市轨道交通项目安全评估指南。1995 年，Thaggard 分析了 NASA 总部开发的包括风险评估、可靠性、可用性和可维护性等内容的数据库体系结构，并且讨论了与铁路运输风险管理的密切联系。Haile 讨论了量化风险评估（Quantified Risk Assessment，QRA）在铁路运输系统设计和运营领域的应用，以英国伦敦 Cross Rail 系统为例进行了论证，强调高质量的 QRA 主要来自于良好过程管理，并非最终的风险数字，并提出了在铁路系统开展 QRA 的一系列建议。2002 年，Muttram 论述了英国铁路安全风险模型及分析工具，根据运营安全表现，利用该模型分析当前安全水平，以及应用控制措施后的剩余安全风险水平，从而生成安全风险公告，铁路基础设施供应商和运营商利用该风险公告更新其安全生产活动。2006 年，Jeffcott 等人以英国铁路运营公司为例，讨论了组织安全文化以及个人在考虑和应对危害和风险方面的态度和行为问题，实际调查结果分析表明，1993 年的铁路私有化及英国铁路工业组织重组对安全文化和信任关系都有重要的影响。2007 年，Mazouni 等人论证了初步危害分析法（Preliminary Hazard Analysis，PHA）在铁路、地铁等轨道交通系统安全管理和风险防控的应用。欧盟研究和建立了欧盟铁路安全指令，规定了建立共同安全指标、安全方法和安全目标，以及相关的计算方法和实例，规范了欧盟铁路安全评估的方法和程序。欧洲标准 EN50126、50128、50129 等用来规范城市轨道交通电子电气工程设计、建造与运用过程中的风险防控，2007 年，Vintr 等人以轨道交通车辆牵引系统为例，分析了可靠性、可用性、可维护性和安全性（Reliability, Availability, Maintainability and Safety，RAMS）综合方案，并对初步危害分析、失效模式及影响分析、故障树分析和可靠性试验等方法的应用条件和彼此联系进行了充分探讨。2012 年，Miltos 等人研究了城市轨道交通系统事故苗头及风险之间的关系，并开发了一种安全成熟度模型，用以降低系统的风险水平。近年来，国际标准化组织（ISO）也研究制定了风险管理的相关通用技术标准和评估指南。

对设施设备运用进行风险防控研究的核心是为了解决资产维护成本与运营安全之间的关系，在保障风险可控的情况下进行设备运用和维护，从而保障轨道交通系统的正常运营，实际上是在寻求安全投入与安全保障之间的最佳平衡。开通运营时间较长的城市轨道交通企业，例如伦敦地铁、纽约地铁、巴黎地铁、东京地铁等，以及车辆、线路等大多数基础设施的供应商，都面临对设施设备进行资产维护和风险防控的问题，通过良好的资产管理手段进行设施设备管理风险防控，主要研究和应用成果如表 2-4 所示。

表 2-4 轨道交通风险防控与应用相关研究成果

序号	时间/年	作者	研究对象	主要结论
1	2002	Muttram	英国铁路安全风险模型及分析工具	利用该工具可以生成安全风险公告，为运营商和维护单位提供决策
2	2006	Chi	牵引系统维修周期与风险水平和维护成本关系问题	在随机寿命模型基础上，开发一种通用评估工具，运营商可以用来分析维护成本与风险的关系
3	2007	Mazouni	初步危害分析法	初步危害分析法可用于轨道交通的系统安全管理与风险防控
4	2010	Kumar	瑞典国家铁路轨道缺陷与列车脱轨的风险关系	提出一种钢轨缺陷风险评估方法
5	2012	Miltos	轨道交通事故苗头与风险的关系	开发了一种安全成熟度模型
6	2018	伦敦交通局	设施设备生命周期管理的方法和工具问题	出台了资产管理政策，建立了相关工具，实现直接管理与其资产相关的风险

2006 年，Chi 等人针对轨道交通牵引系统维修周期与风险水平和维护成本的关系问题开展研究，在随机寿命模型基础上提出一种通用评估工具，使运营商在满足服务水平的约束下，分析故障、维护成本和风险水平的关系。2010 年，Kumar 等人针对瑞典国家铁路的轨道缺陷可能导致列车脱轨的风险，提出了钢轨缺陷风险评估方法，为钢轨检测和打磨频率决策提供依据，在不影响安全的情况下降低维护成本。2018 年，伦敦交通局出台了资产管理政策，提出了设施设备采购、建造、运行、维护、更新、报废全过程应遵循的原则和要求，通过建设资产管理系统实现设施设备生命周期管理，为乘客满意度最大化、维持高安全水平、有效管控风险、最小化生命周期成本以及在当前和未来约束条件下的运营交付提供技术保障。为确

保这一政策落实，要求充分与企业内部生产部门和外部的设计、建造、维护等供应商进行沟通，了解设施设备管理需求，将其纳入资产管理和风险防控的目标、策略和实施计划。在风险防控方面，伦敦交通局直接管理与其资产相关的风险，对于可能直接影响伦敦交通局正常经营活动的由第三方造成的风险，做到及时了解和跟踪其风险状况。

以伦敦地铁为例，从1863年第一条地铁线路开通至今，其运营时间已将近160年，设施设备运营维护面临巨大压力，需要提高运营效率和效益，同时还要维持合理的运营成本，资产管理和风险防控在实现这一目标方面发挥着重要作用。近20年来，伦敦地铁一直在监测资产维护的单位成本，识别不同线路之间可靠性和成本的差异；以信号维护为例，伦敦地铁研究开发了用于跟踪成本趋势的数据系统，将这些系统与其他相关实践进行分析比较，从而获得更多关于资产维护与风险防控的经验教训。2014—2015年，伦敦地铁完成8 000万车公里和13.05亿人次客运量，利用的设施设备主要包括619列车、14座车辆段、270座车站、427个自动扶梯与自动人行道、196个电梯以及桥梁、隧道等设施和通讯、电力、防灾等设备系统，这些设施设备的维护和更新费用每年大约需要24亿英镑，约占全年预算的60%，其中主要用于列车以及车站和车辆段的维护管理。

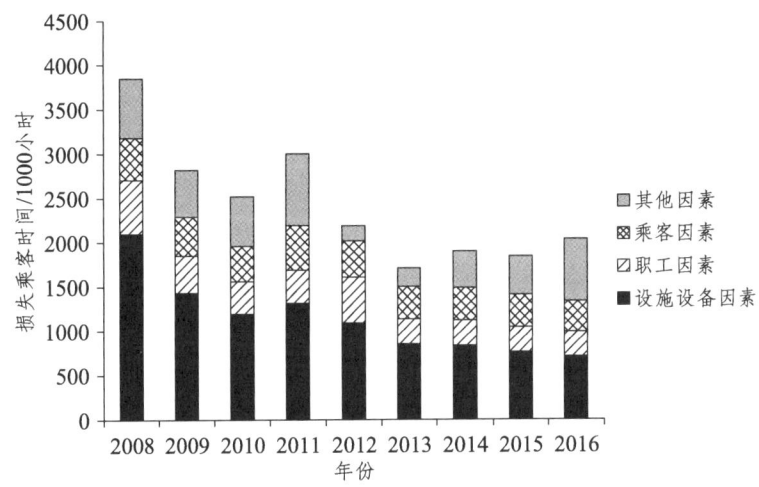

图2-1　伦敦地铁乘客年度损失时间与致因情况

数据来源：London Underground Asset Management Strategy Summary（June 2016 Version 1.2）

伦敦地铁通过实施有效的设施设备维护和风险管控措施，对减少乘客延误发挥了重要作用，如图 2-1 所示，2007—2016 年这 10 年间的数据分析表明，因设施设备因素造成乘客延误的时间总体呈下降趋势。另外，列车运行平均无故障距离（Mean Distance Between Failure，MDBF）由 0.5 万公里增加到 2.4 万公里。但是，需要说明的是，设施设备原因造成的乘客晚点时间仍占 50%左右，需要继续对设施设备风险进行有效防控，从而减少晚点和不断提高乘客满意度。

二、国内研究应用情况

我国各级政府高度重视生产领域的风险防控工作，尤其是在食品卫生、煤矿安全、铁路运输、公共卫生、公共安全等直接关乎人民生命财产安全的重点领域，持续强化政策法规和标准化建设。从 20 世纪 90 年代起，我国一些学者对铁路和城市轨道交通运营安全风险评估进行了系统性研究，这些研究多集中在评估指标系统构建以及采用事故树法、模糊数学、层次分析和神经网络等评估方法对系统或局部风险进行评估，力图采用定量分析、定性分析或者定性定量相结合的分析方式探究铁路和城市轨道交通的运营风险评估理论与方法。

我国铁路运输领域一直高度重视安全生产和风险管控工作，尤其从 2010 年以来，利用风险矩阵法、层次分析法、模糊数学、潜在失效模式及后果分析等方法，对行车调度、客运组织、车辆维护等持续开展风险防控相关研究和实践应用，近年来还对高速铁路安全风险进行了大量研究。2012 年，高岩等人分析了正确处理好安全风险管理与传统安全管理的关系，讨论了全面推行铁路安全风险管理所必需的重要支撑条件。Claire 等人阐述了国际铁路机构采用风险管理方法的原因，探讨如何将风险管理方法应用到中国铁路建设和运营中。2013 年，王令朝根据我国铁路安全管理现状，研究提出构建铁路安全风险管理框架、改善铁路安全制度管理、打造铁路安全风险管理信息化平台，以及建立铁路安全风险管理标准化体系等建议。彭宇拓等人基于层次分析法和模糊数学理论，构建铁路运输安全风险评估指标体系，对车轴探伤岗位的冷切轴和人身伤害风险进行了量化评估。2014 年，黄钢研究指出，实施铁路安全风险管理的关键是建立科学规范的安全风险管理体系等。2015年，李晓宇等人通过分析我国铁路线路已有和潜在的危害事件，提出以年度发生次数为频度量化指标、人员伤亡和直接经济损失为损失量化指标，建立了风险评价矩阵。2017年，李速明等人对当前我国铁路安全风险管理现状进行分析，提出建立并持续维护安全事故数据库、深化对人为因素影响分析两方面的改进建议。佘振国研究指出，在深化铁路安全风险管理应用中，面临风险分类不清、缺乏趋势预测、风险量化评价和预警技术等问题。何建华以行车风险为对象，指出铁路安全风险辨识主要集中在现场作业环节，管理层面的风险辨识需要高度重视；量化风险值所需的发生频率和严重程度等统计数据搜集与分析工作尚不完善，站、段等生产单位风险评估的定量化工作较为困难，主要采用定性评估方法，并结合太原铁路局现场实际，讨论了强化安全风险控制的措施。2019年，张鹏等人以列车脱轨为案例，论述了风险分析及隐患排查治理双重预防模型的应用情况。

我国城市轨道交通工程建设和运营管理领域都高度重视风险防控工作。近年来，在城市轨道交通运营领域，各级主管部门和城市轨道交通企业采用多种措施进行运营风险防控的研究应用工作。2007年，郑有业等介绍了广州地铁运营风险管理的做法，以行车和客运业务为主线确定风险事件，安全稽查部针对涉及跨部门、多系统的风险进行管控，相关部门进一步识别所属车间或工班的风险，建立涵盖总部、部门、车间和工班的运营风险管控机制。2008年，钱七虎论述了地铁工程安全风险管理实践问题，包括缺乏规范安全风险管理体系、安全风险管理责任主体不够合理以及安全风险管理专业队伍不够规范等问题。黄宏伟等对比了英国、美国和我国城市轨道交通运营风险管理的主要做法，分析了我国城市轨道交通运营风险管理存在的主要问题，指出缺乏专门人员和机构实施风险管理活动，仍属于被动式管理，缺乏系统、科学的风险评估方法指导以及定期复核和评估机制等。2012年，徐田坤论述了城市轨道交通网络运营安全风险评估理论与方法研究，将可拓理论、层次分析法、熵权法等理论与方法相结合，建立了基于可拓理论的网络化运营安全风险评估模型，以北京地铁运营实际为例进行了实证分析。2016年，为进行定量化风险评价，Zhang等人提出建立地铁运营事故数据库，包括类型、原因、时间、严重程度等信息，并且以上海地铁为例进行分析，确定了 24 个事故苗头，结果表明利用该数据库可以分析不同类型的事故发生趋势以及作为定量风险评价的工具。2017 年，吴海涛等以国内外 134 起地铁运营事故为对象，提取 25 项风险因素及其作用关系，应用解释结构模型构建风险因素演化的解释结构图，对风险因素及其演化路径进行了分析。2019 年，曾明华等利用多态贝叶斯网络和模糊集理论，将定性评价语言变量转化为概率信息，进行风险评估，并以实际案例表明了该方法对地铁运营风险评价的有效性。

（一）建立健全设施设备维护保障体系

设施设备维护保障体系是实施风险防控和保障行车安全的重要支撑，尤其是在大规模成网运营以后，网络化维护保障的特征和需求与单线运营、小规模网络阶段发生了巨大变化，近年来，我国城市轨道交通企业在建立和完善设施设备维护保障体系方面进行了积极探索与实践。2014 年，俞光耀以上海轨道交通网络大型专用检测维护装备体系为例，提出网络集中统筹、专业化维修、多模式整合的维护保障策略。2016 年，于柯等论述了北京地铁对信号维护支持系统的功能需求，包括监测信号设备运行状态、故障诊断与报警以及辅助故障处置等。陈爱丽等结合西安地铁设备运维管理现状以及检修模式存在的问题，提出建立设备运维管理系统的框架。2018 年，黄荣祖利用风险矩阵和层次分析法，对深圳地铁运营风险进行了系统研究。2019 年，袁雪源针对广州地铁 1 号线信号系统及设备更新改造，从设计、施工、调试、运营等方面分析了存在的风险及管控措施。2020 年，袁志骞对大规模城市轨道交通网络下通信系统运营和维护策略进行研究，提出了以网络化、集约化原则进行管理规划、优化业务体系和人员组织，支撑城市轨道交通大规模网络化运营的开展。刘样平等探讨了深圳地铁车辆智慧运维平台建设思路，分析了图像智能检测、轮对尺寸动态测量、作业标准化监控系统等方面的应用情况。

（二）不断完善以风险防控为核心的安全管理体系

近年来，我国城市轨道交通企业持续加强风险防控工作，北京地铁依据《北京市轨道交通运营安全条例》，定期对安全运营情况开展评估，针对评估中发现的问题和隐患，提出合理可行的安全技术措施和管理措施，有效控制和降低风险。对线路、车站、车辆段等重要场所和关键设备设施进行隐患检测和排查，包括车辆、通信、信号、线路、供电、机电设备等方面。同时，根据评估结果，针对运营管理办法、安全管理规章制度、操作规程、应急预案、应急救援设备等方面，梳理安全管理制度，完善安全管理体系。

京港地铁主要通过建立全生命周期的危害登记册管理系统进行风险防控，采用具有前瞻性、事先主动采取防护措施的安全管理手段。借鉴香港地铁运营几十年的经验积累的各类事故、事件数据库，结合公司采用的设备设施实际情况，在策划、招标阶段就将设备设施的可靠性指标、可用性指标、可维护性指标等纳入招标要求，并在建设期就拟定危害登记册，在后期的建造和运营维护阶段不断回顾和更新、验证危害登记册，保证其动态更新，确保每一条危害实现闭环管理。在运营前结合相关地铁运营表现识别出的危害，重点跟进减轻措施及落实，避免类似事故发生，保证日常安全运营。

广州地铁通过将运营发现的问题反馈到项目前期，在设计和建设阶段进行风险前期防控。在监造和检验阶段，对设备安装工艺、各部位的安装质量进行综合性风险排查。在安装调试阶段，跟踪各专业设备的安装，系统排查设备风险，验证各系统设备之间协同运作是否满足设计的要求并满足运营需求。运营阶段运用"常态+动态"辨识方式对风险进行分级管控，常态辨识是每月对某一个类别风险进行重点辨识，动态辨识是发生影响较大事件时，溯查目前风险源识别是否到位，补充完善风险源管控的措施，如检修规程和检修工艺等。

深圳地铁建立了设备设施的资产管理系统，对设备故障诊断、维修等活动进行登记，积累设备故障信息，进而分析设备故障趋势，依托资产管理系统进行风险识别和风险防控。同时，组织相关咨询机构，对安全管理系统、管理程序、人为因素和设备设施现状等进行评估，并分析安全文化建设、外部环境、线网建设时序等对运营安全的影响。

以车辆运用风险防控为例，为保证列车正线高效安全运营，各个城市轨道交通企业在车辆运行监测方面都进行了积极的探索。成都、东莞、长春、哈尔滨等轨道交通运营企业采用了列车控制和管理系统（Train Control And Management System，TCMS）进行车辆运行监控，或基于 TCMS 系统增加故障预测等先进数据分析功能的运行监测技术。TCMS 系统主要负责列车中央控制和牵引控制,基于TCMS系统的车辆运行监控系统则可以实现对网压、牵引、辅助设备、制动系统、车门、PIS等各系统的运行状态监视,在发生故障后可以及时自动判别故障位置和故障类型,辅助维修人员对故障进行处理。

除此之外,我国城市轨道交通企业还针对受电弓、轮对以及轴温等影响城市轨道交通安全运营的关键设施设备开发了监测技术,研制了相关的信息系统。长沙、南宁等运营企业与第三方企业合作,开发了受电弓状态检测、轮对动态检测以及轴温状态检测系统,重庆市轨道交通企业针对跨座式单轨开发了跨座式单轨列车无线胎压监测系统。目前,城市轨道交通车辆在线监测与风险管控的实践应用仍存在一定问题,例如海量数据的处理与应用,特别是如何将运行大数据进行挖掘和分析,指导车辆系统的维修和保养,辅助车辆系统更新决策,为实现车辆系统全生命周期的管理提供基础。

(三)我国逐步建立风险分级管控和隐患排查治理制度

2018年,《国务院办公厅关于保障城市轨道交通安全运行的意见》(国办发〔2018〕13号)指出,建立健全运营安全风险分级管控和隐患排查治理双重预防制度,全运营全过程、全区域、各管理层级实施安全监控。2019年,交通运输部印发了《城市轨道交通运营安全风险分级管控和隐患排查治理管理办法》(交运规〔2019〕7号),对城市轨道交通运营设施以及车辆、信号、供电等运营设备维护情况,提出了安全风险防控和隐患排查的具体要求。同时,对风险防控和隐患排查执行情况进行年度检查和评估,发现存在的问题,对落实不力的情况进行全行业通报,促进共同提升。随着这一制度的落实和不断深化,将逐步建立起我国城市轨道交通运营行业的风险数据库和各个专业领域的风险基准值,从而更好指导和规范全行业的风险防控工作。

2020年,为全面掌握我国自然灾害风险隐患情况,提升全社会抵御自然灾害的综合防范能力,2020—2022年开展第一次全国自然灾害综合风险普查工作,《国务院办公厅关于开展第一次全国自然灾害综合风险普查的通知》(国办发〔2020〕12号)提出,通过开展普查,摸清全国自然灾害风险隐患底数,查明重点地区抗灾能力,客观认识全国和各地区自然灾害综合风险水平，为中央和地方各级人民政府有效开展自然灾害防治工作、切实保障经济社会可持续发展提供权威的灾害风险信息和科学决策依据。

第三节　客流风险防控技术进展情况

吸引客流选择城市轨道交通出行是城市轨道交通运营的本质需求，更好满足客流出行需求是城市轨道交通运营服务的根本。客流数据还是安排运力、组织列车运行、实施客运组织和评价运营效果的基础。收集、分析和研究客流数据在城市轨道交通网络化运营中的应用，是提高服务水平、优化运营组织方式的重要前期。2010 年，杜世敏等结合北京城市轨道交通运营管理实际情况，分析了客流数据在路网列车运行计划编制、网络化运营组织协调和应急指挥工作中的应用。日常运营中，车站客流超负荷、对客流规律认识不足等是运营中的风险源，我国城市轨道交通客流密集特征较为明显，早晚高峰时段的关注重点在于客流风险水平及其防控措施，平峰时段的大客流风险较低，主要关注乘客意外伤害等风险。国外城市轨道交通对客流风险防控重点在于乘客因素可能导致的列车晚点、乘客意外伤害以及乘客故意破坏等。

国外大部分城市与我国城市轨道交通的客流特征不完全相同，实施的风险防控措施也有所差异。总体来看，为有效管控城市轨道交通大客流站点运营组织风险，集中体现在以下两个方面：一是需要充分利用先进的信息化技术手段，实现客流数据采集、分析、预警及发布功能，以此达到对客流进行实时监测，并结合实时或短时预测客流数据以及相关的历史参考数据进行风险分析，发布大客流预警，实现客流风险管控；二是需要掌握准确的客流数据，并结合站型结构及车站设备能力，对车站客运组织中的设备能力瓶颈进行分析并加以改善，对现场客运组织措施及管控方式进行优化。通过上述两方面，有效应对城市轨道交通大客流情况，为车站客流风险管控起到积极的推进作用。

一、客流采集与短期预测

客流采集和短期预测是城市轨道交通运营管理的重要问题，可用于客流风险防控、客运组织以及支撑行车调度智能化等工作。由于地下空间的复杂性、不规则性，以及乘客的多方向流动性，对车站、站台和列车内的客流情况进行精准采集和短期预测的难度很大，单靠某一技术手段或单一计算方法，不能很好解决这一问题。北京、上海、广州、成都等运营企业均在探索采用新技术采集线网实时客流信息，并建立相应的预测模型，对未来客流进行预判，用以指导行车及客运工作，降低客流风险。广州地铁主要借助 AFC 数据和视频采集技术，上海地铁在 AFC 数据的基础上，还在探索使用 WIFI、蓝牙等手段采集客流。

2015 年，孙宇星针对如何实时引导乘客选择出行路径，合理降低早晚高峰期间轨道路网核心线路区间客流运营压力，基于北京轨道交通路网基础客流数据，研究了短期客流预测、客流密集度指数等。2019 年，成都地铁以 AFC 刷卡数据为基础，应用线网部分重点车站的中国移动手机信令数据为辅助手段，初步建成线网运营信息分析系统（NOIS），用以提升客流监测与预测模型的精准度。2019 年，张琳采用深度神经网络和机器学习方法探索短期客流预测问题。2020 年，Chen 等人提出了一种基于神经网络的混合算法，提高短期客流预测的性能和精度。

二、乘客等候时间预测

乘客从进站到购票、安检、刷卡进站到站台的步行时间，以及从到达站台到上车的等候时间是评价城市轨道交通服务能力的重要技术指标，对这一指标的调查和计算是近年来的一个研究热点。2015 年，邓璟慧探讨了等候时间在公共服务与设施设计中的应用研究，并以公共交通系统为例进行了分析。2019 年，陈艳艳等基于乘客进站刷卡数据对轨道交通站点候车时间特征进行了分析，并以北京地铁为例进行了分析。2020 年，Li 等人提出了基于智能卡出行数据的乘客到列车分配方法，估计车站乘客步行时间和等待时间，根据旅行时间，持卡人类型和社会人口统计，对不同组乘客步行时间进行估算，探索了乘客在始发站的等待时间，结果表明，当乘客数量较低时，列车运行间隔会显著影响等候时间，乘客数量超过一定水平时，它成为导致等待时间增加的主要因素。Xu 等人提出一种结合贝叶斯网络、结构方程建模和重要性-性能分析的方法，从服务组件的角度评估和提高服务质量,结果表明,安检和等候时间对整体满意度影响最大。

三、客流疏散与仿真

针对运营状态动态性、不确定性及多因素关联性,利用路网运营仿真技术,基于路网客流分布状态变化及其动态特征,可以对客流动态、疏散行为等微观特征进行研究分析,从而对客运管理、行车组织以及网络化资源分配提供借鉴。2013 年,商金涛等人探讨了 Vissim 在城市轨道交通车站客流仿真中的应用,选取北京地铁崇文门站早高峰客流进行模拟仿真,确定客流瓶颈部位,以走行速度和走行时间为指标,验证了优化措施。2014 年,杨森炎等人应用 AnyLogic 仿真软件,对北京地铁 2 号线西直门站进行仿真,从乘客舒适性和通道时效性两方面评价仿真结果。2015 年,蒋熙等从网络角度研究运营协调性定量分析方法,分成资源配置、服务设计和客流控制三个层次,利用运能需求匹配度将不同层次协调性进行关联分析,从运能需求匹配度的均衡性和换乘服务效能两方面构建网络运营协调性分析指标,建立面向协调性研究的路网仿真实验流程,并以北京地铁为例进行案例分析。2018 年,孙娜娜采用 AnyLogic 仿真软件,对北京地铁大客流通行设施处的客流疏散进行了仿真研究。2019 年,邹德龙基于系统动力学模型对地铁客流分析与仿真进行了研究,对列车到发、安检、自动检票机等环节进行建模,并分析调控措施与乘客聚集和风险水平的关系。2020 年,刘汉英采用 Anylogic 仿真软件,对地铁车站进行客流优化研究,以乘客平均排队人数、平均逗留时间及区域密度 3 项指标分析和评价客流组织方案,并以兰州地铁为例进行了验证。

第四节 司机规范化操作技术进展情况

司机规范化操作是保障城市轨道交通行车安全的重要环节,出乘前检查、试车、列车驾驶以及应急处置等,均关系到列车运行安全,也是发生运营突发事件时实施应急处置的现场关键岗位。司机规范化操作主要关注人因风险的监测、识别、防控和跟踪,这一领域也是铁路、水运、民航以及公共交通等交通运输领域的研究热点问题,一直以来受到社会的广泛关注。从实际情况来看,纽约、东京、伦敦等地的城市轨道交通线网规模多年来变化不大,司机队伍相对稳定。我国城市轨道交通建设速度快,轨道列车司机普遍经验不足,尤其是随着自动化程度的不断提高,更加依赖设备支持,因此更加需要重视司机规范化操作,尤其是应急条件下的协同处置能力。

一、司机规范化操作影响因素分析

2016年,Kartikeya等人利用驾驶模拟器,探讨了在要求司机准点运行的压力下对其执行安全程序的影响,结果表明,服务目标与安全目标之间存在冲突,而且安全目标与安全目标之间也存在冲突。2019年,Aleksandrs等人利用眼动追踪技术,探讨地铁系统设计与司机行为的联系,包括车站、站台、客流量、信号等要素对司机行为影响的主要表现。Aston等人利用人体工程学方法,对葡萄牙波尔图地铁司机室布置进行了研究,探讨了座椅、手柄等对司机操作的影响,从而评估和确定可能改善司机操作体验的关键要素。2020年,Seyed等人针对伊朗德黑兰地铁,探讨了影响地铁司机职业问题的因素,提取影响司机满意度的重要参数,包括心理因素和休息场所等。

二、司机规范化操作胜任能力分析

2018年,方一凡以Swain & Guttmann的行动型人因失误模型为基础,建立了地铁司机人因失误模型。2020年,张梦琦探讨了全自动运行条件下司机技能衰退分析及应对策略;王新栋针对全自动运行条件下人机功能转移与分配问题进行了探讨,分析了突发状况时的人机交互与应急处置问题。叶鹏君基于图像识别技术,研究司机驾驶行为监测系统,判断司机正线驾驶行为,对违规行为进行预警,包括人脸识别、疲劳监测和上部肢体识别等。于颖慧等对司机胜任力素质进行专业测评,包括决断力、反应力、协调能力、外周知觉能力、注意警觉性及持久性注意能力等,并开发了司机评估辅助系统。孙孟毅总结分析了青岛地铁2015至2017年运营突发事件处置数据,讨论了司机在突发事件应急处置过程中的应急能力评判标准等。2021年,解熙等以上海地铁13号线为例,探讨了地铁工程车在场内开展调车作业时的司机操作依靠经验、目视信号等风险，并研究设计了工程车操作的智能安全监控系统。

第五节 小 结

本章主要总结了在城市轨道交通网络化运营、设施设备风险防控以及客流风险防控等领域开展的主要技术研究、行业政策和企业应用情况等，同时针对我国城市轨道交通实际情况，分析了亟待解决的主要问题。

在网络化运营技术领域，核心问题是解决列车运行与客流需求的精准匹配问题，东京地铁、华盛顿地铁、纽约地铁、伦敦地铁等从 20 世纪 80 年代就开始关注这一问题，在我国北京、上海等城市以及近几年快速成网的广州、成都、南京等城市该问题也不断凸显，通常采用对线路、车站等基础设施以及车辆、信号等进行更新改造和技术升级来解决。近年来，我国在探索互联互通技术方面取得了突破，通过建立可实现互通性的信号系统技术标准，在新线建设过程中实现互通运营。如何缓解高峰期个别区段的拥挤度，以及提升平峰时段列车的满载率，是当前我国城市轨道交通网络化运营面临的关键问题。

在设施设备风险防控领域，设施设备运用、维护和风险防控是城市轨道交通、电力、航空航天等领域一个非常普遍的需求，涉及材料科学、工程机械、电气工程等专业领域，贯穿设施设备的设计、制造、运用、维护和更新改造全过程。伦敦地铁、纽约地铁等主要通过建立资产管理系统，对设备维护和风险状况进行管理，注重分析设备状态与运营服务水平之间的联系。近年来，我国城市轨道交通企业正在积极探索车辆、供电、信号等技术领域的智慧运维工作，希望借助大数据、云计算等手段，探索合理的设备维护周期，在保障风险可控的情况下，尽量减少设备运用和维护成本。总体来看，进行智慧化的运用维护和风险防控需要大量运营数据和相对完善的设计、测试数据，这需要从设施设备设计阶段就开始积累，持续关注从设计到运营过程的性能指标，从而制定更加合理的维护策略，完善管理手段和强化技术措施将会是今后的重点工作。

在客流风险防控领域，近年来我国在该领域的研究和应用非常广泛，尤其是在先进的客流监测技术应用、短期客流预测、客流引导、大客流疏散等方面，城市轨道交通企业建立了"一站一预案"，加强对大客流车站、换乘站的客流监测和风险防控工作。近年来，我国城市轨道交通企业在通过实施客流引导缓解站台、列车的乘客聚集风险，建立与短期客流预测相适应的行车组织等方面进行积极探索和实践。

值得注意的是，城市轨道交通线网规划以及建设阶段设备选型对后期运营影响深远，尤其是在成网以后，要实现有效的网络化运营和设施设备风险防控，都离不开前期规划和建设的影响。2000年，全永燊就提出了在进行线路建设前如何做好线网布局规划的问题，结合当初国内地铁线网规划实践，探讨了线网合理规模论证、线网空间形态与构架以及线网与城市其他交通方式衔接等重大问题。2012年，史海欧等阐述了广州地铁客流成长历程和发展规律、线网客流特征和特殊性以及运营存在的问题，对现行设计标准与实际运营状况进行了对比和研究，分析设计中存在的不足，并对设计标准及参数进行了探讨。2015年，仲建华等提出基于网络化运营设计建设轨道交通的思想，构建互联互通的网络化运行，指出实现网络化运营的基本条件是车型、制式的统一、线路间轨道的互联互通、信号系统的统一以及建立全网指挥中心。近年来，我国各城市轨道交通企业对规划设计和建设等前期问题进行了充分分析，有些还形成了各专业的运营需求导则，这都为后续线路的规划、设计、建设和运营创造了更好的条件。

第三章
网络条件下运营组织技术与风险防控

网络化运营，是指在由多线路组成的城市轨道交通线网上建立的、旨在高效满足出行者需要的安全、可持续的运输组织方法与经营行为的总称。网络化运营并不是单线运营的简单叠加，而要求通过建立安全、高效、系统的运营管理体系，统筹安排既有资源，统一协调线、网间关系，实现线、网的安全、可靠和有效运营。本章将从影响要素及特征、运输组织场景及网络化行车组织示范分析网络条件下运营组织技术与风险防控。

第一节 影响要素及特征分析

城市轨道交通线路成网条件下，在运营组织方面发生了诸多变化，对网络化运营影响要素及特征分析如下。

一、网络化运营影响要素

（一）网络客流规律及预测

随着城市不断发展，其轨道交通线路增多，线网规模越来越大，形成了大客流网络架构，在大客流网络构架下客流规律相比单一线路或网络化成型阶段下的客流更加复杂。网络客流在客流分布、换乘关系等方面均呈现出与单一线路阶段或网络化成型阶段不同的特点。研究和掌握城市轨道交通大客流网络客流规律是进行网络化运营的工作之一，是实施客流统计分析、客流预测、运输计划编制、客运组织与应急处置等工作的重要基础。

客流预测是进行城市轨道交通网络规划、设计、建设和运营的重要依据，客流预测手段的可靠性与预测结果的可信性直接关系到线网的投资建设、运营效率和经济效益。网络化运营条件下，影响客流变化的因素更多，网络上某处的客流变化，或新线开通都可能整个网络客流产生较大影响，客流预测的难度将越来越大。

（二）网络化列车运输计划编制

列车运输计划是利用多交路运行、快慢车运行等措施，适应网络化客流需求、提高运营效率的有效手段，是城市轨道交通运营组织的重要工作之一。

城市轨道交通网络是由相对独立的城市轨道交通线路通过换乘节点衔接而成的。各条线路由于周边发展及线路定位不同，其客流与时空分布特点各异。随着城市轨道交通网络化的形成，这种差异更加明显。因此，单一线路的列车运输计划不一定适用于网络化运营中的城市轨道交通。网络化运营条件下的运输计划，在满足本线客流特点的同时还要考虑换乘客流对车站运营组织的影响，对运输计划编制提出了更高的要求。

由于网络客流需求不尽相同，需要研究灵活且精细化的网络化运输计划，以便适应线网各线路不同的客流特点，满足不同乘客的乘车需求。国外网络化运营程度较高的城市均采用了多种网络化开行方案，如针对同一线路客流断面差异较大的特点，开行多交路列车；根据车站客流特点，采用部分列车不停车通过某些中间站的快慢车结合的运营模式等。

（三）网络化换乘组织及动态运行图

城市轨道交通网络化运营中换乘车站是线网重要站点之一，对线网的网络效应和客流效应，以及线网的运营效率和运转情况起着重要的作用，另外，换乘车站也是客流较大的站点，具有集中性、多方向性、短时冲击性较高的特点，多为线网客流的瓶颈点之一。因此，换乘站客流的快速换乘，直接影响了城市轨道交通网络的综合运营效率，也决定了城市轨道交通在市民心目中的形象。若能较好地解决换乘车站的运营组织问题，其将在整个线网中发挥支点作用，改善网络运行效率。

目前换乘车站是城市轨道交通网络化运营中最为突出的矛盾点，换乘站换乘时间长、站台设置不合理、换乘设施面积不足、站内客流交叉干扰、便捷性差等是换乘站普遍存在的问题，严重影响城市轨道交通的集客效率。为提高城市轨道交通换乘站的服务水平和运营效率，提升线网运营水平，通过借鉴较为先进的国内外城市轨道交通网络化运营经验，引入全新的运营组织理念和技术，为发展中的轨道交通网络提供网络化较高的运营组织方案。

在网络化运营条件下，现阶段列车运行图仍按照传统绘制系统完成，在大客流、行车故障等运营突发事件情况下，需要调度员灵活分配不同区段的运能，快速缓解大客流拥堵，在应急情况下人力及时间成本浪费明显。若运行图能够根据实时情况进行动态调整，精准匹配客流与运输能力，将大大提升网络化运营的服务水平。因此，随着未来技术进步以及全自动运行系统的投入使用，可以为动态运行图创造条件。

（四）网络运营资源共享

城市轨道交通建设资产规模庞大，建成后直接影响城市公共交通利用效率，在城市建设中起着举足轻重的作用，是城市基础设施的重要组成部分。因此，城市轨道交通网络的资源共享具有尤为重要的意义。

从国内外各个城市轨道交通网络发展阶段看出，在建设初期，因线路较少，运营规模较小，资源共享程度相对降低；随着线路的发展，线网各线路影响越发紧密，网络运营初具规模，资源共享程度随着网络运营的规模越来越高。另外，网络运营的资源共享也与线路建设呈现相辅相成的关系；资源的共享可使资源分配最大化，有效减少城市轨道交通的投资和运营成本，提高运营效益。如在新线的建设中，可利用既有线设备对新线各项设备设施进行调试，有效利用空置资源，加快新线调试进度，节省新线建设中不必要的各项成本。

二、网络化运营特征分析

由于我国大部分城市轨道交通仍处在单线建设中，网络运营程度较低，故不同的线路存在设备设施、运营管理等标准的不统一，为保障网络化完成后线网运营标准的一致性，城市轨道交通网络化行车组织主要表现出以下几方面特征和行车组织的管理需求。

（一）网络化行车组织特征

在城市轨道交通网络化运营条件下，线网逐渐呈现出客流特性复杂化、行车组织多样化的特点。其中，网络化行车组织是网络化运营的重点，其核心是通过提供列车运行服务解决客流在线网内有序流动问题，同时结合各线路的特点，形成线间联动关系，统筹协调线网资源，实现城市轨道交通运营社会效益和经济效益最大化。网络化行车组织的特点和变化主要体现在以下几个方面：

1. 列车运行计划编制协同要求日益提高

运行计划编制工作在科学规划运营指标和绩效目标的同时是向乘客提供更好、更安全的乘坐体验及服务，以客流为基础制定科学合理的运输计划，是网络化行车组织的基本要求。在单线列车运行计划编制中，考虑因素较少，仅考虑本线客流特点即可，但在网络化运营中，需要结合网络客流分布特点和客流需求，各线路不断细化编制适用不同运营需求的列车运行计划。例如，在工作日运行计划基础上结合客流需求单独给出周一和周五的客流需求特征和计划类型，结合运营服务时间和乘客出行规律等因素编制双休日、节假日等专门的列车运行计划等，适应客流在空间、时间上的分布特点，最大限度与客流特征匹配。扩大正线备车功能，弥补目前多条线路高峰时段运力不足问题。在高峰时段的客流高峰区段，利用备车在正常间隔开行列次间加开列次，有效地缓解站台客流压力。根据线路功能定位和客流出行特点，各线运营服务时间不仅要满足本线客流出行需求，路网内线路间的服务时间衔接性要求越来越高。各线路设置首末班车时间时，需从整个线网的效益最大化角度出发，以最大化方便乘客出行和最大限度地减少无法到达目的地客流数量为目标，统筹规划，协调设定。

专栏 3-1　成都地铁 1 号线列车运行计划编制协同

成都地铁 1 号线为南北走向，贯穿成都中心城区，由于城市发展，越来越多的企业将公司设立在城市南端，造成工作日潮汐客流现象非常明显，通过客流数据分析并结合现场调研发现，周五通常为一周客运量最大的一天，具有晚高峰客流提前、交通枢纽及商圈客流明显增大的特点，故对工作进行了细分，分别制定了周一、周二至周四、周五列车运行计划，以匹配不同的客流特点，并且成都地铁根据市民在双休日、节假日的出行特点制定不同的列车运行计划，进一步保障市民的出行需求。另外，针对长大线路，若采用传统首班车开行方式，线路中间区段的首班车服务时间将受到影响，成都地铁设置首末班"多点发车"、末班车多点匹配等方式，延长了部分区段的运营服务时间，最大程度方便市民出行。

2. 换乘站列车时刻表衔接匹配协调难度大

随着城市轨道交通网络的不断发展，各线路在区间和方向上互相影响，换乘站有效衔接使得轨道交通的通达性增强，轨道交通优势日益显现。其中，线网换乘车站衔接线路间的列车开行需要在运力配置和换乘站列车到发时刻两方面予以匹配。在列车运行计划编制过程中，一方面需根据客流的时间变化情况，在满足基本客运需求的条件下，确定各线路各时间段合理列车运力配置，避免换乘站客流滞留等待；另一方面，需考虑协调换乘站列车到发时刻，减少乘客等待时间，提高乘客出行便捷性。

> **专栏 3-2　成都地铁中医大街站列车时刻表设置**
>
> 　　成都地铁 2、4 号线换乘站中医大站位于中心城区，早高峰换乘客流较大，并且由于车站站台设置为 2、4 号线同方向同站台换乘，若 2、4 号线行车间隔较大或不一致，则可能造成站台乘客积压。成都地铁根据换乘站的换乘时间、客流量等因素在早高峰设置相同行车间隔 2 min 15 s，方便乘客换乘的同时也减小了车站站台乘客滞留压力。

3. 行车组织方式需求的灵活性增强

在线网网络化运营的条件下，结合各线线路特点、客流特征、车辆配属、运能配置等因素，为匹配线路客流时间及空间的分布，线网行车组织方式呈现多样化发展趋势，现阶段大小交路、Y 形交路、不等间隔发车、不均衡运输等方式已在国内城市轨道交通行业中投入使用，同时结合线网客流具有随时间、天气、节假日等因素动态变化的特征，一些突出问题主要表现在早晚高峰时段的个别断面，需要在有限时间内（例如早高峰期间的 1 个小时内）在某个区段进行高密度的列车开行，而后续区段需要逐步减少运能以避免客流不足带来的运能浪费，这就要求更加灵活的行车组织方式，例如快慢车运输、跨线运营、区段加密运行等，列车运行调度指挥和调节的难度也逐渐增大。

> **专栏 3-3　成都地铁 1 号线行车组织方式调整**
>
> 　　在 2010 年 9 月首条开通的成都地铁 1 号线运营初期，行车间隔为 8 min 30 s，由于城市发展及地铁快速、准点的优势，1 号线通勤客流增加明显，随着 1 号线二期世纪城至五根松区段，三期升仙湖至韦家碾、四河至科学城区段陆

续开通，1号线形成了 Y 字形线路，为满足线路南段主支线客流的直达性需求，采用韦家碾至科学城、韦家碾至五根松 Y 形交路运行，最小行车间隔 2 min。随着线路的增多成都地铁进行大量研究，始终以服务乘客出行为目标，优化大小交路的开行时间、提升线间运营衔接，不断提升运营服务水平。今后，网络化运营的客流也将进一步增加，越来越多的乘客希望提供"定制化"服务，因此计划还将在部分线路应用跨线、共线等复杂运营组织模式满足乘客不同的乘车需求。

4. 行车指挥和调整难度不断增大

列车延误因素多样化、高峰小时运力需求与运力供应矛盾突出、部分线路设施设备开始老化、部分列车长期超负荷运作、新技术新设备的不断投入使用等因素给正常运营带来较大影响。另外，受线路条件限制，可能会带来运营调整弹性较差，线路通过能力接近极限无法提升，快慢车混跑线路因越行而产生能力浪费等问题。列车一旦发生故障，难以实施有效的调整手段，同时延误具有线路传递性，某条线路上若发生列车延误，若不能快速恢复，不仅会导致该线路后续列车连带产生延误，而且往往会通过换乘客流波及整个轨道交通网络，从而产生网络蝴蝶效应。网络运营协调与应急中心需要不断调整与各分线运营控制中心、区域抢修中心、票务中心等部门的业务处置流程，修改完善重大事件的应急预案。网络化维修保养呈现线路特征个性化、技术水平差异化和设备制式多样化特征。各线路的信号、车辆、供电设备制式、技术水平等均有所不同，设施设备难以兼容或共享。

专栏 3-4　成都地铁"一网三中心"模式设置

现成都地铁共计开通 12 条地铁线路，COCC 与世纪城 OCC、中环 OCC、新苗 OCC、武青 OCC、郫温 OCC 联合运转，形成"一网五中心"模式。各 OCC 分别负责各自管辖的多条地铁线路的调度工作，COCC 负责整体协调五个 OCC。若某一线路发生故障延误或暴雨积水等恶劣条件，在 COCC 的统一指挥下，可通知各 OCC 相关线路控制关键线路行车间隔，调配关键物资，实现全市地铁线网的资源共享，各条线的行车组织、电力控制、设备维修、信息收发、施工组织等在一个"大脑"的运转下统一调度与指挥。

（二）线路运能匹配特征分析

受早期地铁设计标准、工程概预算限制、技术条件及外部规划环境等影响，部分地铁线路客运量增长速度远超客流预测，线路设计最大运输能力无法满足快速增长的客流需求。具体问题如下：

1. 各线路客流不均衡性较大

运量需求的时间、空间分布不均衡，运能匹配难度加大，调整时效性滞后。如单一线路在不同时段、不同区段客流的差异性较大，需权衡乘客服务及运营成本方面精准安排运力。

成都地铁1号线早高峰小时断面客流量南北分布呈现明显的方向不均衡性，4号线前往西河方向客流明显高于万盛方向，双方向断面最大客流量出现区间和形态分布差异均十分明显，如表3-1所示。在信号系统受限、运营车不足等情况下，通过开行"大站空车"、设置不均衡运力配置等方式科学、精准地匹配运力，实现运能的精准配置以及运用车的高效利用。

表3-1 2、4号线拥挤度比较

线别	区段	区间	最大断面客流/人次	拥挤度
2号线	小交路内	塔子山—东大路	26 991	87.55%
2号线	小交路外	成都行政学院—大面铺	4 265	24.21%
4号线	上行	清江西路—文化宫	34 170	97.52%
4号线	下行	玉双路—市二医院	19 034	62.08%

2. 客流不均衡性与运能匹配矛盾突出

受市区线与郊区线之间换乘客流影响，结合不同时段的客流特征，需协调好二者之间的运能匹配关系。通过数据显示，成都地铁2号线成都行政学院以东客流较其以西客流差距明显；另外，城市的发展不均衡，同一线路的方向不同，客流也会有较大的差异，4号线上行方向客流远高于下行方向。如表3-1所示，2号线通过设置犀浦至成都行政学院、犀浦至龙泉驿大小交路套跑的模式运行，4号线采用上下行不均衡间隔的方式，匹配运能供需提高了线网整体服务水平。

3. 运用车不足问题凸显

以成都地铁为例，目前 4 号线电客车共计 54 列，线路可用车数（上线+备用）为 48 列，线路列车可用率为 89%。目前早高峰最大上线车数 47 列，备用车 1 列，后续随着客流增长，运用车不足问题将更加凸显。为应对运用车不足的问题，成都地铁根据早晚高峰客流潮汐式分布特点，采用上下行不均衡运力方案，局部加密行车间隔，不同峰期不同全周转时间等方式，以减少上线列车数，提高线路运能利用率。

4. 设备能力亟待提升

以成都地铁为例，目前 1 号线最小行车间隔 2 min，已是系统设计最小间隔，线路折返能力、出入段（场）能力已成为行车间隔压缩的瓶颈。信号系统亟待升级，以提升各线路设备能力，以确保折返能力、段（场）连续能力等满足正线行车间隔的需要。

5. 局部区段高峰小时拥挤度极高

成都地铁火车南站由于 1 号线、7 号线客流叠加，导致早高峰期间，火车南站以南方向客流高度集中。在当前最短间隔 2 min 的运力条件下，火车南站至高新区段高峰小时拥挤度仍达到 100%以上，为全线网最高。为应对倪家桥、火车南站客流集中的情况，根据乘客出行规律，成都地铁在工作日早高峰开行"大站空车"，缓解倪家桥、火车南站等站客流积压问题。

第二节 运输组织场景

城市轨道交通线路成网条件下，根据客流及线路特点，现分析多种运输组织场景。

一、单线不均衡客流场景

成都地铁 4 号线由于潮汐客流明显，如图 3-1 所示，早高峰期间上行方向拥挤度为 95%以上，下行方向拥挤度不足 80%，为提高线路运能利用率，可采取不均衡客流组织的方式，在满足客流需要的情况下，有效节约运营成本。

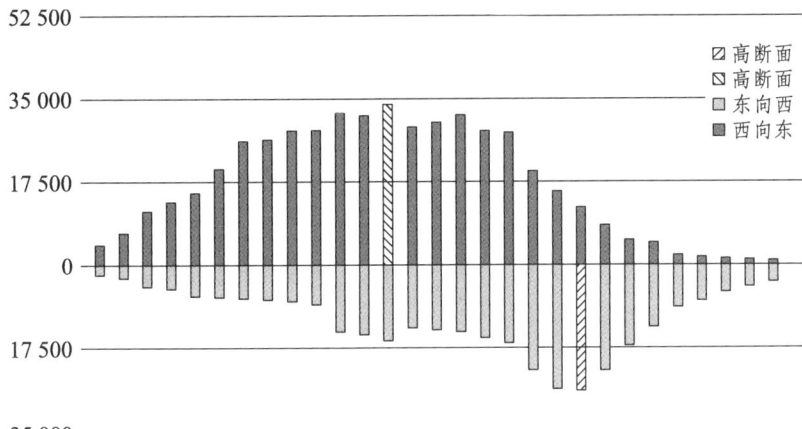

图 3-1　4 号线上下行各区间断面客流

(一) 单线不均衡客流组织形式与原则

单一线路单向客流突出，局部时间段不均衡客流，局部区段不均衡大客流等情况，通过上下行匹配不同运能，局部加密重点时段，大小交路套跑等方式，科学合理配置运能，在满足客流需要的情况下，有效节约运营成本。

在轨道交通线路上，由于客流走向的差异，不同区段的客流通常是不相等的，因此可以引入不均衡系数指标对不同区段的客流差异性进行量化。轨道交通线路不均衡系数公式可表示为：

$$\delta = \frac{P'_{\max}}{P_{\max}}$$

式中　δ ——不均衡系数；

$P'_{\max}$ ——某一区段最大断面客流量，人次/小时；

$P_{\max}$ ——线路最大断面客流量，人次/小时。

> **专栏 3-5　成都地铁单线不均衡客流场景实例**
>
> 　　在成都轨道交通网络中，由于客流走向、断面客流的差异，成都地铁的 2 号线、3 号线、4 号线都采取了大小交路的运营模式，增加了小交路区段的行车密度；7 号线由于内外环客流需求差异，通过调整运能，工作日早高峰内环上线 15 列，外环上线 17 列，通过上下行运力的不均衡配置，完成了运力的合理利用。
>
> 　　以 3 号线为例，小交路区段外的团结新区—锦水河区段为 P'_{max}，断面客流为 0.7 万人次/小时，而线路最大断面客流红星桥—市二医院区段为 P_{max}，断面客流为 2.6 万人次/小时，由此可计算不均衡系数 δ 为 0.27，大小交路的组织方式符合实际客流情况。
>
> 　　同样，局部时间段的不均衡同样可以采用该方法，1 号线早高峰客流集中在 8:00—9:00，该时段为 P_{max}，最大断面客流为 5.0 万人次/小时，7:00—8:00 的 P'_{max} 为 1.2 万人次/小时，计算可得不均衡系数为 0.24，采用局部加密的方式能够满足客流，同时也能节省一定的运营成本。

（二）不均衡运能配置技术

　　城市轨道交通客流随时间动态变化，并伴随着一定规律，其中较为突出的特点是乘客通勤客流带来的时间与空间上的不均衡现象，即在早晚高峰期间，线路单向客流突出，局部时间段不均衡客流，局部区段不均衡大客流等情况。如表 3-2 所示为某日成都地铁早高峰（08:00—09:00）4 号线上下行区间断面客流量。

表 3-2　成都地铁 4 号线部分区间早高峰断面客流量情况表

区间	上下行	断面客流/人次	拥挤度
清江西路—文化宫	上行	33 169	94.66%
成都西站—清江西路	上行	30 005	85.63%
玉双路—市二医院	下行	16 224	65.37%
市二医院—太升南路	下行	14 089	56.76%

　　由上表可以看出由于客流不均衡的特点，同一线路不同区段，不同上下行客流差异明显，可根据客流的不同特点，利用大小交路、上下行不均

衡及局部时段加密的措施有效提升运输能力，如表3-3所示。

表3-3 不均衡运能配置技术要点表

序号	技术要点	技术描述	实现方式
1	大小交路	线路中间区段客流密集，两端客流较小的情况，采用全程大交路、中间区段小交路，并按一定开行比例设置的交路组织方式	根据客流、线路配线等客观条件，并综合考虑服务水平，并通过不均衡系数的计算，设置小交路的位置及大小交路开行比例
2	上下行不均衡	上下行断面客流存在差异，采用不同的运能进行匹配的方法	按照小时断面客流，高峰按照不超过100%的拥挤度进行匹配，并通过出收车来实现不均衡的运力配置
3	局部时段加密	在高峰时期内，局部时间段客流尤为集中，采用加密该时段行车间隔，从而提高局部运输能力，满足客流需要	在不增加上线列车数量的情况下，针对客流密集的时间段和区段，通过集中加密某时段行车间隔提升局部时间的运输能力

（三）运用条件

1. 不同区域

针对线路不同区域而言，某一区段相比线路的不均衡系数 δ 越小，则线路不同区域最大断面客流的不均衡程度越大。在不均衡系数 δ 较小的情况下，即线路不均衡程度较大时，单一交路要做到经济合理地配备运力比较困难。因此，当某一区段不均衡系数 $\delta \leqslant 0.5$ 时，可考虑在线路不同区域安排不同运力的措施，即采取大小交路套跑的方案。而不均衡系数 $\delta > 0.5$ 时如采用大小交路，则需要考虑增加大交路的开行比例，根据不均衡系数组织大小交路需同时考虑服务水平和经济合理性。

2. 不同方向

针对线路不同方向而言，早晚高峰客流潮汐式分布差异越明显，则断面客流较小的方向与断面客流较大的方向比值，即不均衡系数越小，反映出线路不同方向断面客流的不均衡程度越大。

当线路不同方向不均衡系数 $\delta \leqslant 0.8$ 时，若采用不同方向均衡运力的方式，则会造成断面客流较小的方向运力浪费，断面客流较大的方向运力不足的现象，可考虑在线路不同方向安排不同运力的措施，即采取分方向不均衡运能配置的方案。线路不同方向不均衡系数 $\delta > 0.8$ 时，其客流不均衡性相差并不大，采用不均衡运能并不能节省上线列数、开行列次，或有少量减少，且随着客流的变化，其相互关系也会发生变化，故在不同方向不均衡系数 δ 在 0.8 之内，客流相差不明显的情况，不建议进行不均衡运能配置。

（四）评价指标

单线不均衡运力配置是否合适，主要评价指标为线路平均拥挤度，若平均值相差不大，则不均衡运能配置较为成功。

表 3-4　评价指标表

序号	指标名称	指标定义
1	平均拥挤度	小交路区段内拥挤度平均值和小交路区段外拥挤度平均值

专栏 3-6　成都地铁单线不均衡客流组织运用

成都地铁 2 号线犀浦至行政学院区段最大拥挤度超过 90%，而若采用相同运力配置，行政学院至龙泉驿区段最大拥挤度不到 30%，不均衡系数 δ 小于 0.5，拥挤度差距较大，根据线路客流特点及线路特点，2 号线在工作日采用犀浦至龙泉驿、犀浦至行政学院大小交路套跑运行，在满足乘客通勤需求的同时，节约了公共成本消耗。

二、网络不均衡客流场景

成都地铁线网客流潮汐分布明显，换乘客流方向性突出，主要为潮汐型客流，早高峰期间以向南走向的客流为主，主城区与郊区客流出行差异化等情况，通过线网运能衔接配置，实施线网行车组织联动措施，分时段配置主城区和郊区运能，各线路运能错峰衔接等方式，科学合理配置线网错峰运能，在满足客流需要的情况下，有效提升线网衔接匹配。

1. 运营场景描述

在城市轨道交通线网内,由于各线路换乘客流走向差异,不同线路不同方向的换乘客流是不相等的,因此可以引入不均衡系数指标对不同区段的客流差异性进行量化。轨道交通线路不均衡系数公式可表示为:

$$\beta = \frac{\alpha'_{max}}{\alpha_{max}}$$

式中 β ——不均衡系数;

α'_{max} ——各线路分方向最大换入客流量,人次/小时;

α_{max} ——各线路单向平均换乘客流量,人次/小时。

专栏3-7 成都地铁网络不均衡客流场景实例
成都市轨道交通网络运营的过程中,受客流走向、运力安排、车辆编组等因素影响,运力需求呈现出不均衡的现象。成都地铁早高峰客流走向主要是由北至南,客流由各连接线路汇聚至1号线向南端行进,向南的最大换入客流量为1.2万人次/小时,早高峰线网各线路单向平均换乘客流量约为0.5人次/小时,不均衡系数大于2。成都地铁通过提前各连接线路出车时间、早高峰开始时间,推迟大小交路开始时间至08:20以后,降低对超高峰时段1号线的客流冲击,并由于7号线火车南站换乘1号线客流压力较大,通过行车组织联动措施控制7号线火车南站上下行列车不同时到达,避免突发客流,减缓站台压力。同时1号线通过增开临客、延长早高峰持续时间等手段,缓解换入1号线的客流压力,持续疏导客流。

2. 不均衡运能配置技术

与单线不均衡运力配置技术相似,主要技术有行车组织联动措施、主城区与郊区运能配置、线路运能错峰衔接,如表3-5所示。

表3-5 运能衔接配置技术要点表

序号	技术要点	技术描述	实现方式
1	行车组织联动措施	延长大客流车站站停时间,避免上下行列车同时到达车站	结合列车运行图列车到发时间优化及调度指挥联动调整等方式,避免上下行列车同时到达车站,延长上客需求明显的车站停时间,减缓站台客流压力

续表

序号	技术要点	技术描述	实现方式
2	主城区与郊区运能配置	根据主城区和郊区线路不同的客流特点,采用优化小交路开始时间、开行比例、出收车组织等方式,实现运能衔接配置	通过在早高峰期间组织加密郊区的列车提前上线,并适当延迟在郊区开行的小交路列车开始时间,以及在晚高峰期间组织回线路中部场段的列车延迟收车等方式,适当提前郊区早高峰时段、延迟晚高峰时段,以满足郊区市民出行需要,一定程度也能降低超高峰时段对主城区最大断面区段的客流冲击
3	线路运能错峰衔接	根据线网客流潮汐分布明显的特点,优化客流主要换出的线路运能,优化其与客流主要换入的线路衔接匹配	在高峰时期内,减缓大客流线路换入客流压力,适当延长其他换出线路的峰期时间,降低超高峰时段的线路运能

3. 运用条件

针对线网不同线路和换乘方向而言,某一线路单向换入客流相比线网换乘客流的不均衡系数越大,则该线路该方向的换乘客流不均衡程度越大。若线网各线路间采用均衡运能,在客流差异较大的情况下,线网运能衔接匹配度则越低。因此当某线路某一方向换乘不均衡系数≥2时,可考虑在线网各线路间组织错峰运能匹配的措施。

同时成都地铁针对长大线路主城区和郊区高峰客流出行的差异性,采用早高峰提前出车和推迟大小交路时间,晚高峰中间场段延迟收车的方式,实现了2、3、4号线主城区与郊区线路运能衔接配置,以满足不同区域的市民出行需要。

4. 评价指标

网络不均衡运力配置是否合适,主要评价指标为线网平均拥挤度及线网开行列次,如表 3-6 所示。若平均值相差不大,且线网开行列次较采用不均衡运力配置前减少,则网络不均衡配置较为符合线网客流情况。

表 3-6 评价指标表

序号	指标名称	指标定义
1	线网平均拥挤度	各个区段的拥挤度平均值
2	线网开行列次	全日开行列次

专栏 3-8 成都地铁网络不均衡客流组织运用

成都地铁 2 号线,由于中医大站、成都东客站为换乘大站,δ 值接近 2,根据不同时段各区段的拥挤度及全日开行列次,统计出主城区内部分区段拥挤度较高,且工作日全日开行列次较高,故 2 号线在高峰期延长大客流车站站停时间 3~5 s,并通过编制运行图,避免上下行列车同时到达车站,降低大客流对车站造成的冲击。

三、全周转时间优化

地铁全周转时间定义为列车在运营线路正线上从起点站发车到终点站,经终点站折返后返回,又回至起点站后折返至发车状态的这一全过程所运行的时间。随着成都地铁线网化运营的发展,线路长、站点多的特点逐渐凸显,线网各线路客流特点差异性越发明显,针对线路客流在全天各个时段的分布差异相对明显的情况,可以考虑从列车运行等级、站停及折返时间调整等方面着手,优化不同峰期的全周转时间。

1. 高峰期全周转

在高峰期线路客流量较大,站停时间不宜进行压缩,因此可以采用提高列车运行等级、适当延长大客流车站站停时间的方式,优化高峰期的全周转时间。

2. 平低峰期全周转

平峰期和低峰期持续时间较长,但客流量却相对较小,同时考虑提高列车运行等级对列车负荷相对较大,起停加减速对乘客的乘车舒适性有一定影响等因素,可以采用降低列车运行速度,同时减少上下车客流较小的车站站停时间的方式，优化平峰期和低峰期的全周转时间。

通过提升列车运行等级对各峰期的全周转时间进行优化，既能提升全天的运能利用率，又能做到节能降耗，实现运输组织精细化管理。

专栏 3-9　成都地铁 4 号线全周转时间优化
目前，成都地铁 4 号线已采用不同峰期不同全周转调整手段。通过压缩高峰时期区间运行时间，万盛至西河单程运行时分上行减少 2 min 1 s，下行减少 25 s，平峰期通过压缩客流小站站停时间，万盛至西河上下行单程站停减少 2 min 20 s，提高了 4 号线运行效率，高峰期减少了上线列车数，合理安排运能。

四、Y 形交路客流场景

成都地铁 1 号线作为 Y 形线路，是有别于直线型线路的一种线路形状，主支线在某一节点站进行并线，在交路的选择中，根据线路的线路特点、客流走向特征、运力匹配等方面综合考虑交路运营方式，确定了 Y 形线路分开后的主支线区段客流低于共线区段客流 50%时，采用 Y 形交路组织的模式。成都地铁 1 号线根据线路特点，将四河站作为支线与主线连接的换乘车站，采用了韦家碾至科学城，韦家碾至五根松 1∶1 方式运营，合理匹配了乘客出行需求。

1. 运营场景描述

一般由主线和支线组成，通常有两种运营方式，主支线独立运营和主支线贯通运营，如表 3-7 所示。"Y"型线路客流在共线段可以根据出行需求自行选择乘坐主线/支线列车，在主线/支线区段衔接的车站实现分流。

表 3-7　运营场景表

序号	运营场景		场景描述
1	主支线混跑	共线加密	组织共线列车在主/支线衔接点按比例分流运行，无列车单独在主线/支线运行
2		主/支线加密	组织共线列车在主/支线衔接点按比例分流运行，同时组织部分列车在主线/支线内部小交路运行，以加密主线/支线列车
3	主支线独立运营		组织主线/支线列车独立运营，在高峰期视客流情况可以加开贯通交路列车

Y形线路是有别于直线型线路的一种线路形状,主支线在某一节点站进行并线,在交路的选择中,应根据线路的线路特点、客流走向特征、运力匹配等方面综合考虑交路运营方式。

(1)Y形线路的节点车站需同时配备主线和支线列车站线及相应辅助线,以满足主/支线列车在节点车站正常运行及折返功能。

(2)若节点站的站台和折返线设置能让分支线路的列车进行站内折返,则该线路可以采用独立分段交路。

(3)若节点站未设置折返线或前后渡线,或者该节点站因折返线设置过于简单,无法进行过多的列车折返,则该线路非共线段无法进行小交路列车开行,只能采取贯通式交路。

(4)Y形线路的场段设置应尽量与各终点站相连,共线、主线及支线尽头站适宜各设置一个车辆段或停车场,以满足出收车需求。

(5)Y形线路主要都以客流分布特征为基础,重点参考节点站的配线设置,兼顾乘客的换乘需求来确定具体的交路方案。

(6)针对独立分段式交路方案直达性较差这一缺点,可通过高峰时段加开贯通交路来适应客流分布、降低换乘量。

(7)贯通式交路方案两交路行车比例方面,考虑到列车运行图铺画和实际运输组织的难度,适宜采取1∶1开行,在特殊时期可以根据客流分布特征,短时采用2∶1的开行方案。

2. 运用条件

根据客流预测结果,重点分析各时段各区间的断面情况,针对各区段断面客流分布不均的线路,通过分析不同峰期的客流不均衡系数指标,定位线路客流拐点区段。

结合线路客流拐点站的配线设置情况,确定折返站及交路形式,在满足科学、经济、便利的条件下合理选择交路开行方案,如表3-8所示。

表3-8 运用条件表

序号	运营场景		运用条件
1	主支线混跑	共线加密	共线区段与非共线区段客流交互明显,且共线区段客流密度较大,主支线区段客流密度相对较小

续表

序号	运营场景		运用条件
2	主支线混跑	主/支线加密	共线区段与非共线区段客流交互明显，且主支线区段客流密度较大，共线区段客流密度相对较小
3	主支线独立运营		主线/支线区段客流交互较少，或仅在高峰期时段客流交互相对有所增长

交路开行方案确定后，应对折返点进行客流乘降方向和客流聚集风险分析。

3. 评价指标

根据表 3-8 确定 Y 形交路运行方式，针对换乘比例、进站客流占比两方面评价指标判断运行方式是否合理，如表 3-9 所示。

表 3-9 评价指标表

序号	指标名称	指标定义
1	换乘比例	主支线列车在衔接车站的换乘客流量占衔接车站前后区间断面客流量的比例
2	进站客流占比	主线、支线进站客流占全线路进站客流的比例

专栏 3-10　成都地铁 1 号线 Y 形交路设置

成都地铁 1 号线韦家碾至四河共线区段拥挤度最大超过 100%，而四河至五根松支线区段及西河至科学城区段拥挤度低于 50%，且共线区段与非共线区段客流交互明显，故 1 号线采用 Y 形交路混跑，并在共线区段加密的方式运营，通过此种方式，增加了乘客的直达性。

五、单个站点大客流快速疏解场景

城市轨道交通客流较为突出的特点是乘客通勤客流带来的时间与空间上的不均衡现象，若采用单一运行组织方式可能会出现线路整体服务水平降低等情况，成都地铁 1 号线根据乘客出行规律，在工作日早高峰开行 3 列"大站空车"，缓解火车南站客流积压问题。

1. 运营场景描述

根据线路运力及客流分布特点，在运力无法继续提升的情况下，针对某个进站或换乘客流突出的车站远超设计能力急需疏解。

开行大站空车虽然能一定程度上缓解单个拥堵站点的客流压力，但也会导致沿途不停站通过的车站运力损失，导致沿途车站的乘客排队时间延长、拥挤程度增大。

2018年12月28日成都地铁7号线开通试运营后，成都地铁1号线客流压力进一步增大，虽然1号线行车间隔已达到了2 min，但运力与客运需求差距仍很大，在1、7号线换乘站火车南站，早高峰期间下行驶入列车满载率均超过了100%，同时受换入客流冲击影响，火车南站站台客流压力较大。为缓解站台客流压力，成都地铁工作日早高峰期间组织开行4列大站空车，由红花堰场段空驶至火车南站接载乘客，可缓解火车南站的客流压力。

2. 不连续的单点运能疏解技术

可以通过"开行大站空车"的方式，组织列车从始发站发出后沿途不停站通过，直接运行至大客流车站投入载客服务，以达到大客流车站单点运能疏解效果。

3. 运用条件

实施单点运能疏解方式时，需要深入研判线路客流情况，根据客流特点分析不同区域的乘客平均候车时间，把单个拥堵站点的候车时间分配至线路其他车站。

通过调整大站空车开行列数及开行时机等方式，研究线路乘客出行及线网换乘衔接的平均等候时间，并从中比选得出最优方案。

4. 评价指标

通过"开行大站空车"的方式，可利用乘客在车站的平均候车时间来判断，如表3-10所示。若平均候车时间较开行大站空车前有所降低，则单点运能纾解较为成功。

表3-10 评价指标表

序号	指标名称	指标定义
1	平均候车时间	乘客单次出行过程中候车时间的平均值（含换乘时间）

> **专栏 3-11　成都地铁火车南站客流疏解**
>
> 　　成都地铁 7 号线开通后，火车南站作为 1、7 号线换乘站，1 号线火车南站下行客流明显增大，站台客流积压明显，乘客平均候车时间为 25 min，严重影响乘客服务质量。成都地铁针对此现象，通过分析客流特点，在工作日早高峰定点开行 3~4 列"大站空车"缓解车站站台客流积压现象，在开行"大站空车"后，乘客平均候车时间为 10 min，候车时间明显较少，且站台客流积压得到明显缓解。

六、长大线路快速服务城区中心站点场景

对于线路较长的地铁线路，早班车若采用从始发站发车的方式，一个方向以一列车作为首班车，后续车站的首班车根据该列车的运行时分顺延，那么线路中间区段的首班车服务时间将受到影响。为有效将中间车站的服务时间提前，同时保障施工作业时间，根据线路客流出行习惯、地铁与其他交通工具在重要枢纽车站衔接等情况，在端头站发车时间不变的情况下，在中间区段的多个车站同时开行首班车，即为多点发车。

1. 运营场景描述

常规首班车开行方式中，首班车于既定时刻在线路两端站发车，长大线路首班车运行到中心城区时间较晚，中心城区获得最早的出行服务时间晚，乘客出行不便。

2. 多点发车技术

根据线路客流出行习惯、地铁与其他交通工具在重要枢纽车站衔接特点等情况，可以采用"多点发车"技术，有效延长部分车站的运营服务时间，提升客运服务质量。

常规首班车开行方式中，首班车于既定时刻在线路两端站发车，如图 3-2 所示。

图 3-2　首班车在线路两端站发车

"多点发车"首班车开行方式中,需在线路上提前布车,在既定组织多个车站同时开行首班车,如图 3-3 所示。

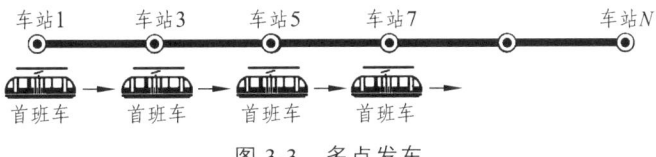

图 3-3 多点发车

目前阶段,成都地铁多条线路均采用多点发车技术,其中 2 号线首班车时间为 06:10,首发车站点上行为通惠门、蜀汉路东、羊犀立交、金科北路、百草路、犀浦,下行为牛市口、成都东客站、洪河、大面铺、书房、龙泉驿;7 号线首班车时间为 06:15,首发车站点上行为三瓦窑、龙爪堰、金沙博物馆、火车北站、崔家店,下行为九里堤、一品天下、高朋大道、成都东客站、崔家店。

如果未采用多点发车技术,2 号线首班车站点则上行为犀浦,下行为龙泉驿,7 号线首班车站点上行、下行均为崔家店,如表 3-11 所示。

表 3-11 未采用多点发车技术下的行车组织表

技术	线别	首班车时间		首班车站点	合计
多点发车	2 号线	06:10	上行	通惠门、蜀汉路东、羊犀立交、金科北路、百草路、犀浦	6
			下行	牛市口、成都东客站、洪河、大面铺、书房、龙泉驿	6
	7 号线		上行	三瓦窑、龙爪堰、金沙博物馆、火车北站、崔家店	5
			下行	九里堤、一品天下、高朋大道、成都东客站、崔家店	5
单点发车	2 号线	06:15	上行	犀浦	1
			下行	龙泉驿	1
	7 号线	06:15	上行	崔家店	1
			下行	崔家店	1

通过上表可知,采用多点发车技术后,2 号线首班车列车增加 10 列次,

7号线首班车列车增加8列次,通过首班车站点首班车日均载客计算可得知采用多点发车技术后,2号线首班车可日均多运载乘客约900人,7号线首班车可日均多运载乘客约700人。

多点发车技术要点如表3-12所示。

表3-12 多点发车技术要点表

序号	技术要点	技术描述	实现方式
1	线上存车	在正线存车线/站线夜间停放列车,分单双号调整列车的存放位置,节省出车时间	根据场段位置、首班车时间,通过计算施工作业时间和轧道时间,确定列车存放位置及数量
2	提前布车	根据施工作业时间及场段位置,提前发车到正线	通过首班车发车时间,反向推算需要出车的时间
3	优化施工	施工作业时间会制约运营服务时间,通过优化施工提高运营服务水平	(1)施工作业整合,按照区段划分施工作业,由一个单位负责统筹;(2)分段施工,根据列车收车情况,具备条件的区段先进行施工作业
4	分段轧道	为实现快速轧道,采用多列车同时轧道的方法	根据线路长度,结合场段、线上存车位置,按轧道车限速分别计算分段轧道的时间,确保各列车的轧道时间基本一致

3. 运用条件

(1)"多点发车"方式的首班车数量受运营开始前的空驶列车数量影响,若此类空驶列车数量≥2,则可以满足按"多点发车"方式开行首班列车的条件;若空驶列车数量<2,则可以考虑通过开行双首班车的方式提前始发站首班车时间。

(2)"多点发车"方式较常规首班车最多可提前的时间受第一列空驶列车始发和首班列车始发的时间差影响,若时间差≥15 min,则可以满足按"多点发车"方式开行首班列车的条件;若时间差<15 min,则可以考虑通过开行双首班车的方式提前始发站首班车时间。

4. 评价指标

采用"多点发车"后,评价指标为平均运营服务时刻、施工时间,如表 3-13 所示。平均运营服务时刻为全线车站从首班车开始到末班车结束运营的时间,服务时间越长,服务水平越高;施工时间为运营时间不变的情况下,可以组织天窗施工作业的时间,时间越长其组织效率越高,或者可用施工作业时间不变,通过其他方式提升全线或局部区段运营服务时间。

表 3-13 评价指标表

序号	指标名称	指标定义
1	平均运营服务时刻	指线路各个车站的首班车至末班车间的时间差
2	施工时间	指线路各个车站具备施工作业条件的时间

专栏 3-12 成都地铁 2 号线快速服务城区中心站点运用实例

成都地铁 2 号线是贯穿市区东西走向的线路,采用传统单一首班车方式开行,春熙路等线路中部车站首班车时间相对较晚,而早上到成都东客站乘坐铁路出行的乘客较多,对首班车提前有较大的需求,如果将始发站犀浦站的时间提前,则首班车时间需要提前到约 05:45,乘客需求很小,同时地铁员工的工作时间也需要相应提前,故只需要提前百草路站至龙平路站局部区段的首班车时间,使端头站与中间站首班车时间相差不大,既可以提升服务水平,满足大多数乘客的出行需要,也体现了地铁开行的经济合理性。

七、共线运营技术

1. 组织方式

市区区段采用小交路运行,提供高运能服务,远郊为达到资源整合利用的目的,采用较小运能的共线运营,既能满足乘客直达性需求,又能将线路资源整合。

2. 应用条件

线路贯穿市区及远郊线路,远郊区段运能需求远低于市区运能需求,两条及以上具备共同的远郊目的地(如机场),且共线运行线路的信号、车辆等设备具备互联互通的条件。

八、非正常情况下的运营组织

1. 设备故障组织

通过信号、车辆等设备设施在线监测设备,通过科学的方法,对地铁运营线路的各项设备进行检查及分析,对有可能影响运营的设备进行提前提示及预警,各设备专业根据设备状况及数据分析,向行车部门提出必要提醒或下线检修需求,控制设备发生故障的概率。

2. 大客流客运组织

客运组织的基本原则为安全、及时、有效;现场遵循"疏导优先"的原则,车站根据本站结构及设备布局、客流特点及设备能力,制定车站级大客流预案,做好一站一预案,充分利用车站设备和设施,尽量使进、出站客流不交叉,确保客流顺畅。

> **专栏 3-13　成都地铁打造站台双铁(铁路、地铁)同台无缝交互换乘模式**
>
> 　　成都地铁在犀浦站打造出全国首例站台双铁(铁路、地铁)同台无缝交互换乘模式。乘客不需出站即可实现地铁与铁路间的相互换乘,开创了不同交通方式之间的新型客运模式——"免检"换乘,乘客换乘时间由原来的 10 min 缩短为 2 min,换乘效率提升 80%,成为了轨道交通行业加强高品质公共服务供给的标准性典范;随后借鉴犀浦站同台换乘安检互信经验,成都东客站启用"铁路到达出站乘客换乘地铁免除二次安检"模式,对铁路旅客换乘地铁流线及安检流程进行了优化,乘客从铁路出站、购票后,可直接进闸乘车,不需再次进行安检。由此乘客将享受更加便捷的出行服务,出行效率提高 50% 以上。

在发生常态化和突发大客流冲击时,线网应按照"点、线、面"客流控制的原则,根据现场客流情况及时采取或申请启动客流控制措施。客流控制措施为站控、线控及网控 3 个级别。以成都地铁为例,在多次重大节庆活动保障工作的经验基础上,不断总结、优化再总结,形成全流程的大客流组织管理模式。该模式覆盖以信息获取、历史情况、需求对接、内部协调、方案发布为主的前期筹备流程,以行车匹配、客运优化、安保设备、宣传引导等为主的活动组织流程和后期总结提升流程,面向各层级大客流特点,制定细化措施:针对线网、线路大客流,制定《大客流应急处置程序》,指导主控、辅控车站客运组织;对车站大客流,量身定制细化的《车站客运组织方案》,做到设备能力匹配、人员定岗定责、岗位互联互控;针对应急处置,建立能力储备机制,应急支援人员及物资将在临时启用 30 min 内到位。多年的探索和实践证明,由粗到细、内外结合、多方联动的精细化管控方式是应对大规模线网大客流的必由之路。

3. 非正常情况行车组织风险防控

非正常情况的行车组织须遵从"统一指挥,逐级负责"的原则,严格按照上级机构指示执行。突发事件发生时,应根据事件的性质按照"逐级上报"的原则进行信息上报,本着协同配合的原则,尽快完成应急情况处置,降低对运营造成的影响。

非正常情况行车组织调整方法有扣车、变更列车进路、列车在站多停、组织列车限速运行、小交路组织、越红灯、列车在站通过等。

专栏 3-14　成都地铁提升行车突发事件处置

针对普通地铁线路、全自动线路及市域快线编制了不同制式下的《行车突发事件专项应急预案》,对地铁线路各类行车突发事件制定了不同的处置措施,为开展行车突发事件抢险救援提供了依据;同时结合各类应急处置方案,根据季节性、周期性特点,针对往期易发故障,推行演练全岗位覆盖,并持续做好事故事件分析,促进岗位业务技能提升。

第三节　网络化行车组织示范

现以成都地铁为示例,分析网络化行车组织。

一、成都地铁网络化运营组织现状

截至 2020 年 12 月底,成都地铁已开通 12 条线路,线路里程为 518.54 km,包括 338 座车站,包括骡马市、天府广场、省体育馆、春熙路、中医大省医院等 46 座换乘站,其中包含 5 座三线换乘站。截至 2020 年 12

月，工作日日均进站量约 333.23 万人次/日，自 2010 年 1 号线开通以来累计运送乘客近 62 亿乘次，是成都市公共交通的主干网络，如附图 1 所示。

成都地铁运营里程从 2010 年 9 月 27 日的 17.533 km，增加至 2020 年 12 月底的 518.54 km，线路里程平均每年增长约 25.8 km，成都地铁全线线路车站如表 3-14 所示。

表 3-14 成都地铁建设时序统计表

线 路	线路里程/km	车站数量/座
1 号线	41.0	35
2 号线	42.27	32
3 号线	49.89	37
4 号线	43.48	30
5 号线	49.01	41
6 号线	68.88	56
7 号线	38.625	31
8 号线	29.1	25
9 号线	22.18	13
10 号线	37.97	16
17 号线	26.15	9
18 号线	69.99	13
合 计	518.55	338

备注：以上各线路车站数量均包含换乘车站。

（一）线网客流情况

客运量现状分析将在年度、月度及日客运量统计的基础上，分工作日、双休日及节假日，按进站客流特征、换乘客流特征、出行距离特征、出行时段分布特征、断面客流特征等几个方面进行详细统计分析。

1. 成都地铁线网年度客运量

自 2010 年 9 月 27 日开通以来，成都地铁全网年度总客运量于开通当年的 1 200 万乘次增长至 2020 年 122 000 万乘次。日均客运量于开通当年的 3.25 万乘次/日增加到 2020 年的 333.23 万乘次/日，增长了约 103 倍，超过城市公共交通总量占比的 50%，成为了成都市公交主导力量。

尽管成都地铁客运量在过去的 10 年中有极其快速的增长，但通过对比客运量以及线网里程的增长，不难计算得出，里程年平均增长率为 19.9%，客运量的年平均增长率为 56.6%，高于线网里程的增长率。客运量的增长主要来自新线建设，如此可以看出，现阶段的路网建设尚处于建设初期的客流追随阶段，需依靠更多的建设才能大规模吸引客流，提高交通供给，2020 年客运量相比 2017 年增长了 56%。

2. 成都地铁线网日均进站量

成都地铁工作日线网全日总进站量为 333.23 万人次/日，如图 3-4 所示。

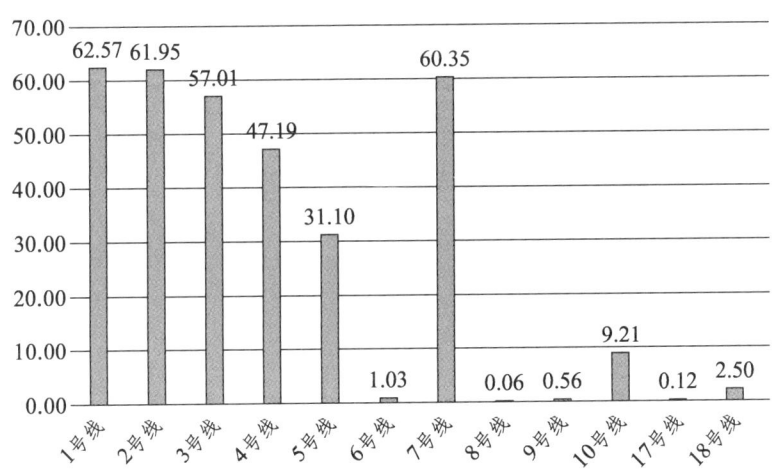

图 3-4　地铁各线工作日全日进站量统计（单位：人次/日）

其中，1、2、3、4、7 号线占比分别为 18.78%、18.59%、17.11%、14.16%、18.11%。其中 1 号线工作日占比最大，原因在于地铁 1 号线线路里程较长，车站数较多，覆盖的人口区域范围较广，地铁各线工作日全日进站量在全网中的比例如图 3-5 所示。

另外，通过对各线各站日均本线进站量分析可知，1 号线本线站均进站量最大，约 1.9 万人次/站，原因在于地铁 1 号线沿成都市发展主轴敷设，吸引范围内商业开发岗位数量较多，如图 3-6 所示。

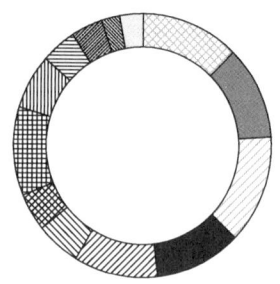

□1号线 ■1号线支线 ■2号线 ■3号线 ▨4号线
▧5号线 ▥6号线 ▦7号线 ▤8号线 ▨9号线
▨10号线 ▥17号线 18号线

图 3-5　地铁各线工作日全日进站量占比

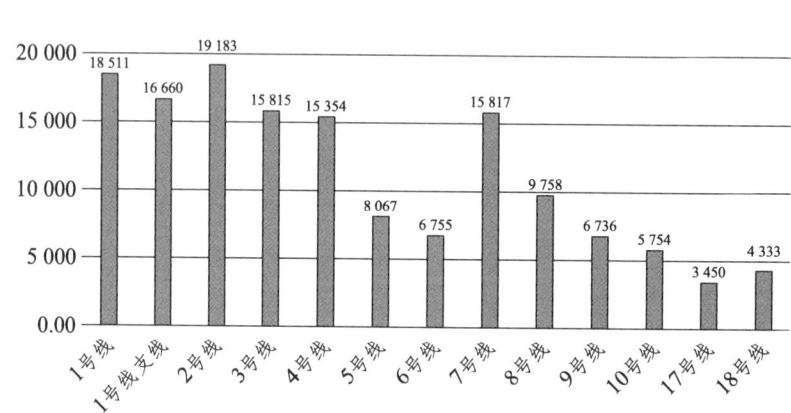

图 3-6　工作日全日地铁各线各站平均进站量统计（单位：人次/站）

3. 换乘量

根据工作日客流统计，现状工作日总换乘量为 291.08 万人次/日，各换乘站全日换乘量如表 3-15 所示。

表 3-15　全日换乘量　　　　　　　　　（单位：人次/日）

线路	工作日	双休日	节假日
1号线	353 313	224 180	252 322
2号线	319 165	246 389	280 512
3号线	373 369	307 401	348 956

续表

线路	工作日	双休日	节假日
4号线	328 458	260 094	294 810
5号线	221 532	177 727	186 141
7号线	486 954	381 358	419 356
10号线	71 669	72 872	75 503
6号线	287 480	246 393	266 042
8号线	192 369	149 860	153 209
9号线	176 821	134 546	139 674
17号线	30 124	27 241	27 579
18号线	69 543	42 639	45 520
合计	2 910 796	2 270 698	2 489 624

工作日线网总换乘量291万人次/日，换乘站站均换乘量6.2万人次/日，换乘量最大的车站为中医大省医院站，换乘量为225 812人次/日，换乘量最小的车站为回龙站，换乘量为2 268人次/日。换乘主要集中在中医大省医院、太平园、火车南站、省体育馆、天府广场、春熙路、市二医院、文化宫、孵化园、骡马市、前锋路、高升桥等12座车站，换乘集中度为49.23%。

4. 网络客运指标

结合线网各线客运量以及断面客流，统计并计算拥挤度指标如表3-16所示。

表3-16 地铁现状各线高峰断面及拥挤度汇总表　　（单位：人/小时）

线路	时段		最大运力（人次/小时）	最大断面（人次/小时）	拥挤度
1号线	早高峰		44 040	45 620	103.59%
	晚高峰	周一至周四	44 040	31 206	70.86%
		周五	44 040	31 660	71.89%
	平峰		20 552	11 850	57.66%
	双休日		24 956	11 628	46.59%

续表

线路	时段	最大运力 （人次/小时）	最大断面 （人次/小时）	拥挤度
2号线	早高峰	36 700	28 534	77.75%
	晚高峰	32 296	24 262	75.12%
	平峰	19 084	11 332	59.38%
	双休日	24 956	14 676	58.81%
3号线	早高峰	35 040	30 797	87.89%
	晚高峰	33 580	27 366	81.49%
	平峰	18 980	11 525	60.72%
	双休日	24 820	14 815	59.70%
4号线	早高峰	37 960	31 170	82.11%
	晚高峰	33 580	25 262	75.23%
	平峰	17 520	10 515	60.02%
	双休日	23 360	14 196	60.77%
5号线	早高峰	38 624	17 795	46.07%
	晚高峰	36 210	15 335	42.35%
	平峰	20 740	6 273	30.25%
	双休日	28 968	8 636	29.81%
6号线	早高峰	34 720	18 390	52.97%
	晚高峰	32 240	17 611	54.62%
	平峰	22 320	7 074	31.69%
	双休日	29 760	12 784	42.96%
7号线	早高峰	35 340	27 383	77.48%
	晚高峰	35 340	23 086	65.33%
	平峰	22 320	9 379	42.02%
	双休日	24 180	12 194	50.43%
8号线	早高峰	29 760	15 156	50.93%
	晚高峰	26 040	12 676	48.68%
	平峰	18 600	4 488	24.13%
	双休日	24 180	6 785	28.06%

续表

线路	时段	最大运力（人次/小时）	最大断面（人次/小时）	拥挤度
9号线	早高峰	31 650	11 657	36.83%
9号线	晚高峰	29 540	10 585	35.83%
9号线	平峰	23 210	3 714	16.00%
9号线	双休日	25 320	5 332	21.06%
10号线	早高峰	22 750	4 846	21.30%
10号线	晚高峰	19 250	5 772	29.98%
10号线	平峰	13 536	3 425	25.30%
10号线	双休日	19 250	6 329	32.88%
17号线	早高峰	19 932	2 825	14.17%
17号线	晚高峰	19 932	2 603	13.06%
17号线	平峰	12 684	891	7.02%
17号线	双休日	18 120	1 727	9.53%
18号线	早高峰	26 274	7 803	29.70%
18号线	晚高峰	25 368	7 730	30.47%
18号线	平峰	16 308	2 595	15.91%
18号线	双休日	18 120	2 796	15.43%

备注：上表早高峰为工作日 8:00—9:00，晚高峰为工作日 18:00—19:00。

（二）线网客流与运力匹配情况

（1）1号线情况分析。

1号线共配属列车 73 列，高峰最小行车间隔 2 min，运力已达到系统最大能力。目前 1 号线已采用 Y 形交路、局部时段加密、单点大客流快速疏解、多点发车技术。

（2）2号线情况分析。

2号线共配属列车 60 列，高峰最小行车间隔 2 min 15 s。目前 2 号线已采用大小交路、全周转时间优化、局部时段加密、行车组织联动措施、多点发车技术。

（3）3号线情况分析。

3号线共配属列车72列，高峰最小行车间隔2 min 30 s。目前3号线已采用大小交路、主城区与郊区运能配置、线路运能错峰衔接、多点发车技术。

（4）4号线情况分析。

4号线共配属列车54列，高峰最小行车间隔2 min 15 s。目前4号线已采用大小交路、主城区与郊区运能配置、局部时段加密、线路运能错峰衔接、行车组织联动措施、全周转时间优化、多点发车技术。

（5）5号线情况分析。

5号线共配属列车62列，高峰最小行车间隔3 min 50 s。目前5号线已采用大小交路、主城区与郊区运能配置、线路运能错峰衔接、多点发车技术。

（6）6号线情况分析。

6号线共配属列车108列，高峰最小行车间隔4 min 10 s。目前6号线已采用大小交路、主城区与郊区运能配置、线路运能错峰衔接、多点发车技术。

（7）7号线情况分析。

7号线共配属列车48列，高峰最小行车间隔3 min 10 s。目前7号线已采用行车组织联动措施、多点发车技术。

（8）8号线情况分析。

8号线共配属列车43列，高峰最小行车间隔3 min 10 s。目前8号线已采用行车组织联动措施技术。

（9）9号线情况分析。

9号线共配属列车25列，高峰最小行车间隔4min。目前9号线已采用行车组织联动措施技术。

（10）10号线情况分析。

10号线共配属列车45列，高峰最小行车间隔4 min 45 s。目前10号线已采用大小交路、主城区与郊区运能配置、多点发车技术。

（11）17号线情况分析。

17号线共配属列车20列，高峰最小行车间隔5 min 30 s。目前17号线已采用行车组织联动措施技术。

（12）18号线情况分析。

18号线共配属列车26列，高峰最小行车间隔4 min 10 s。目前18号线已采用大小交路、行车组织联动措施技术。

二、成都地铁网络化运营组织技术应用及效果

（一）不均衡运能技术应用

1. 应用效果

（1）区段不均衡。

成都地铁2、3、4号线主城区与郊区客流差异较大，不均衡度系数计算系数均小于0.5，因此采用大小交路套跑的运营模式，在保障最大运能一致的情况下，2号线上线列车数由54列降低至51列，3号线上线列车数由59列降低至58列，4号线上线列车数由54列降低至47列。

（2）局部时间不均衡。

以1号线为例，1号线早高峰下行断面约4.6万乘次/小时，上行断面约3.9万乘次/小时，拥挤度分别为104%、95%左右，晚高峰上行断面3.9万乘次/小时，下行断面2.3万乘次/小时，早晚高峰上下行客流差异明显。

早高峰采用局部不均衡运能。即最大运能保证不变，划分超高峰时段，将8—9点的运能保持到最大运能44 040，适当降低8点前，9点后的运能，满足客流的同时，各时间段的运能适配度更高，具体如表3-17所示。

表3-17 运力及拥挤度对比表

时段	运能匹配	开行对数	运输能力	小时断面	拥挤度
07:00—08:00	不均衡	22	32 296	14 297	44.27%
	均衡	26	38 168		37.46%
08:00—09:00	不均衡	30	44 040	49 032	111.34%
	均衡	26	38 168		128.46%
09:00—10:00	不均衡	24	35 232	34 655	91.62%
	均衡	26	38 168		84.57%

（3）上下行不均衡。

成都地铁1、3、4号线早晚高峰客流潮汐式分布明显，因此采用上下行不均衡运能配置的运营模式，在保障最大运能一致的情况下，1号线上线

列车数由 63 列降低至 60 列，3 号线上线列车数由 55 列降低至 50 列，4 号线上线列车数由 50 列降低至 43 列，具体如表 3-18 所示。

表 3-18 运力及拥挤度对比表 2

	高峰上线		行车间隔		运能		拥挤度	
	均衡	不均衡	均衡	不均衡	均衡	不均衡	均衡	不均衡
下行	50	43	2′50″	2′15″—2′50″	30 918	35 040	53.30%	47.03%
上行			2′50″	2′15″	30 918	35 040	107.28%	94.66%

以 4 号线早高峰为例，采用上下行不均衡运能。即由上下行均衡运能，调整为下行 30 660、上行 35 040 的不均衡运能，上行拥挤度降到 94.66%，减少上线列车数量的同时，能够满足客流需要，运能匹配更合理。

2. 适用条件及建议

成都地铁在多条线采用该技术，并根据不同的需求进行不同的不均衡运能配置，大小交路的不均衡运能配置满足不同区域的客流需要及运营成本控制，局部时段不均衡运能配置满足超高峰时段的客流需要及运营成本控制，上下行不均衡运能配置满足方向性潮汐客流的需要及运营成本控制，建议满足以下条件可参照实施：

（1）区段不均衡。

① 根据不均衡系数计算，系数不大于 0.5，且线路配线具备小交路折返的条件。

② 考虑到线路的直达性，非共线区段不宜超过全线的 1/3，如图 3-7 所示。

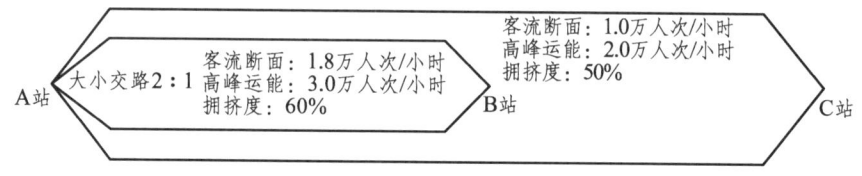

图 3-7 大小交路运力匹配

（2）局部时间不均衡。

① 其他高峰期与超高峰时段的不均衡系数不大于 0.8。

② 超高峰时段持续时间不长，一般不超过 1 h。

（3）上下行不均衡。

① 上下行不均衡系数不大于 0.8。

② 单向潮汐客流持续时间不超过 1 h。

③ 线路端头或靠近端头位置有车辆基地或短时停车能力足够的存车线，如图 3-8 所示。

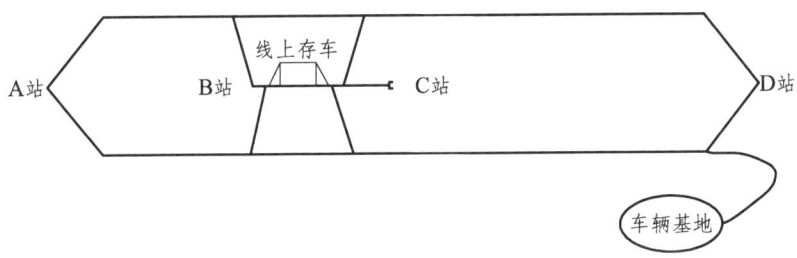

图 3-8　存车线及车辆基地配置

（二）网络不均衡运能配置技术应用及效果

1. 应用效果

目前成都地铁 3、4 号线已采用网络不均衡运能配置技术，如图 3-9 所示。由于 3、4 号线穿越主城区，并连接郊区，工作日主城区与郊区客流差异较大，不均衡系数计算大于 2，故均采用大小交路行车组织方式，研究优化列车运行图，通过客流分析，避开郊区客流密集时段采用小交路，提高郊区行车密度，小交路折返在 8 点后开始，将高峰列车拥挤度由原来的 60% 以上降至 50% 左右。

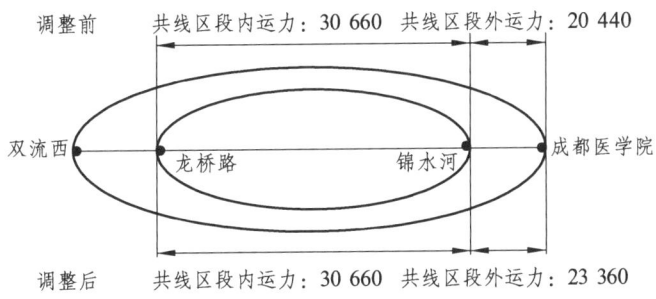

图 3-9　成都地铁 3 号线运能衔接配置

2. 适用条件及建议

网络不均衡运能配置技术适用于贯穿市区及郊区的长线路，同时采用大小交路的运营组织方式，可以通过调整小交路组织的时间及高峰上线列车的上线时机调整，达到满足市区、郊区不同时间段的出行需求。

（三）不同峰期不同全周转技术应用及效果

1. 应用效果

目前成都地铁 3、4 号线已采用不同峰期不同全周转时间的运营模式，从列车运行等级、折返时间及站停时间等方面着手优化不同峰期的全周转方案，充分利用上下行不均衡运能配置、优化调整出收车组织等方式，有效提高列车旅行速度，进一步提升列车周转效率。

如表 3-19 所示，3 号线全周转时间压缩了 2 min 06 s，在保障既有上线列车数的情况下，行车间隔由 3 min 压缩至 2 min 50 s；4 号线全周转时间压缩了 2 min 30 s，在保障既有行车间隔的情况下，高峰上线列车数减少 2 列，平峰上线列车数减少 1 列，实现了运输组织"公益+效益"的精细化管理。

表 3-19 不同全周转时间对比表

峰期	全周转时间		上线列车数		平均间隔
	优化前	优化后	优化前	优化后	
早高峰	145′	140′54″	44	42	3′22″
晚高峰	145′	140′54″	36	35	4′02″
平峰	145′	140′54″	25	24	5′48″

2. 适用条件及建议

通过成都地铁在 4 号线的试点实施，并逐步推广到其他线路，在不同的峰期采用不同的全周转时间可以满足不同的需求，即在高峰期满足站停时间长，平峰期满足列车运行的平稳性，而采用该项技术需要满足以下条件：

（1）信号系统设置不同的运行等级，且可以通过运行图进行实现。

（2）运行图编辑软件具备设置不同区间运行时间、不同站停时间的功能，且能在同一运行图进行编辑的功能。

（四）Y 字形线路行车组织技术应用及效果

成都地铁 1 号线为 Y 字形线路，正线全长 41.01 km，四河站—五根松站为支线，韦家碾站—科学城站为主线；四河站为主线、支线交汇站，主线对应的站线为四河主线上、下行站线，支线对应的站线为四河支线上、下行站线。

1. Y 形交路行车客运组织难点

（1）主支线客流不均衡。

主线线路长、支线线路短，客流不均衡性较明显。

一号线三期开通后，主线共有 11 个车站，运营里程为 14.07 km，支线有 2 个车站，运营里程为 2.43 km。根据客流预测，1 号线各设计年度高峰小时主、支线断面客流量级进一步细分。

各设计年度高峰小时最高客流断面均位于四河站以北（倪家桥站—省体育馆站），分别为 30 011、36 210、39 716 人次/小时。以四河站为界，在四河站主支线分岔后，各设计年度主支线量级均相差较大，其中主线四河站—科学城站与支线四河站—五根松站的客流量级比约为 4 : 1。即绝大部分的客流位于主线上，支线客流量级较小。

（2）出车收车难度大。

停车场位置与支线衔接，出、收车难度较大。1 号线共设置两座场段，红花堰车辆段位于共线，与升仙湖站接轨，电客车停放列位合计 27 个。红星路停车场位于支线，与广都站接轨，电客车停放列位合计 55 个。1 号线约 60% 的电客车均停放于红星路停车场，该车场同时为主支线提供列车停放功能。结合主支线线路长度的不均衡性，红星路停车场的出、发车组织难点在于：一是为确保主线上线列车的行车间隔，红星路停车场必然会提前发车，进一步压缩夜间施工检修作业时间；二是主线收车阶段，多列车在科学城清客后需空驶至四河换端回场，浪费运能的同时也增大了运营难度。

（3）应急处置难度大。

支线不具备独立运营条件，应急行车组织难度较大。由于车辆段和停车场设置等因素的影响，支线不具备独立运营的技术条件，一旦支线发生列车停运等故障，将需要主线列车进行救援，造成主支线上线列车数的不匹配程度加大，需要对主线列车进行均衡收车，加之客运组织困难，应急处置难度增大。

2. Y形交路行车客运组织措施及应用效果

（1）保障措施。

四河站作为支线与主线连接的换乘车站，早高峰客流主要以进站前往韦家碾方向的客流为主，晚高峰客流主要以出站客流为主。针对潮汐客流的特点，一是根据客流预测结果并结合车站周边信息，对1号线三期开通后新增换乘站（四河站）的客运组织方案进行专题研究；二是对站厅进出闸机布局进行优化调整，避免进出站客流交叉，同时在站厅付费区中部增加乘车方向导向指引，便于进站乘客第一时间清晰辨别乘车方向；三是提前进行1号线三期开通宣传，将"Y形"交路的行车特点及时向乘客进行宣传普及，引导乘客根据自己出行目的地乘坐线路列车。

（2）大客流应对措施。

因1号线行车间隔进一步压缩空间有限，针对节假日等特殊时期的大客流应对措施主要包括：

①为缓解1号线高峰时段车站大客流压力，开行大站空车缓解火车南站等重点车站客流压力。

②增加1号线火车南站站外公交接驳点、单车投放量，减小车站客流压力。

③针对火车南站等线网客运组织瓶颈车站，采取调整客流卡控点、优化乘客走行路径、合理调配人员等措施，进一步优化客运组织效率。

④高峰时段对线网重点车站进行客流控制，有序控制进站速度，缓解1号线客流压力。

⑤优化乘客广播及出行指引，在大客流情况下发生列车晚点时，提醒乘客改乘其他交通工具。

⑥进一步发挥成都地铁官方App信息发布、出行指引功能，及时更新拥堵情况，指引乘客合理规划出行方案。

（3）运能精准匹配。

针对1号线开通后早高峰断面客流不均衡的情况，将上行行车间隔由目前2 min，调整为2 min 10 s，下行仍保持2 min行车间隔，进一步提升运行图的匹配性。

① 共线段运能匹配。

从全日小时断面及运能匹配情况来看,通过采用不均衡运行图,提高了上行方向 8:00—10:00 运行图匹配度,如图 3-10 和 3-11 所示。

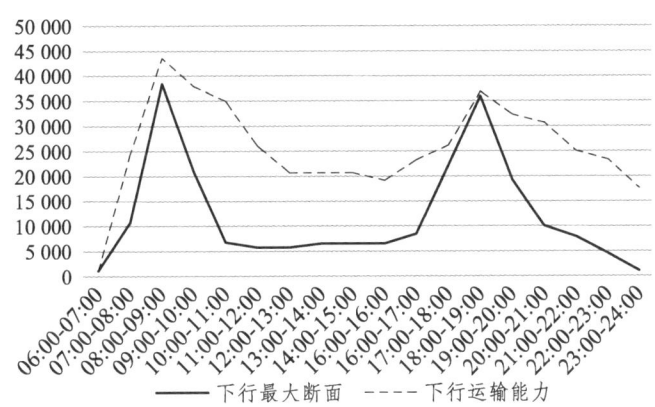

图 3-10　共线段运能匹配(8:00—10:00 未进行匹配)

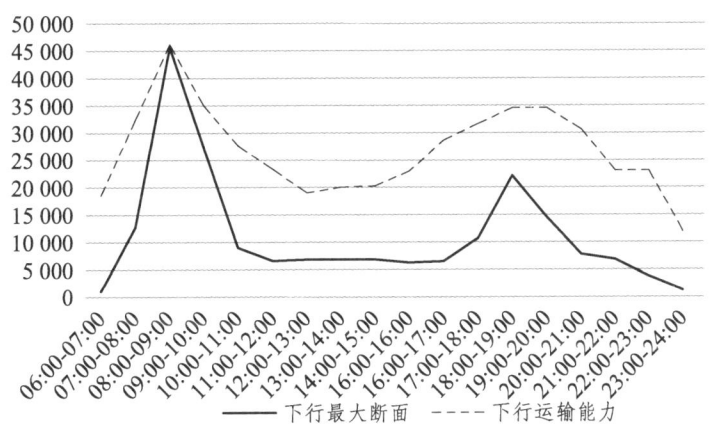

图 3-11　共线段运能匹配(8:00—10:00 进行匹配)

② 非共线段运能匹配。

1 号线三期开通后采用主支线 1∶1 的 Y 形交路组织运营,如图 3-12 和 3-13 所示,从断面客流来看,主支线断面客流差别不大,采用 1∶1 的比例是合理的。其中 7—8 点、17—18 点、20—21 点五根松方向运能富余量较大,主要原因是因峰期转换,列车需通过支线出、收车所导致的。

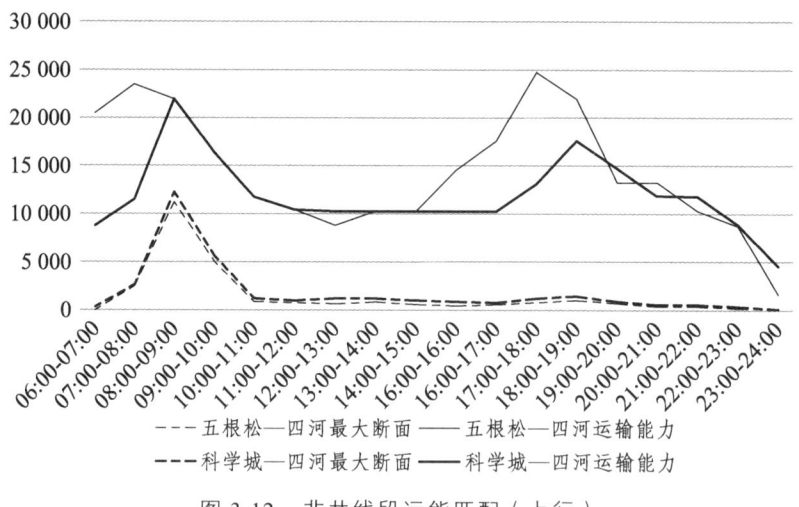

图 3-12 非共线段运能匹配（上行）

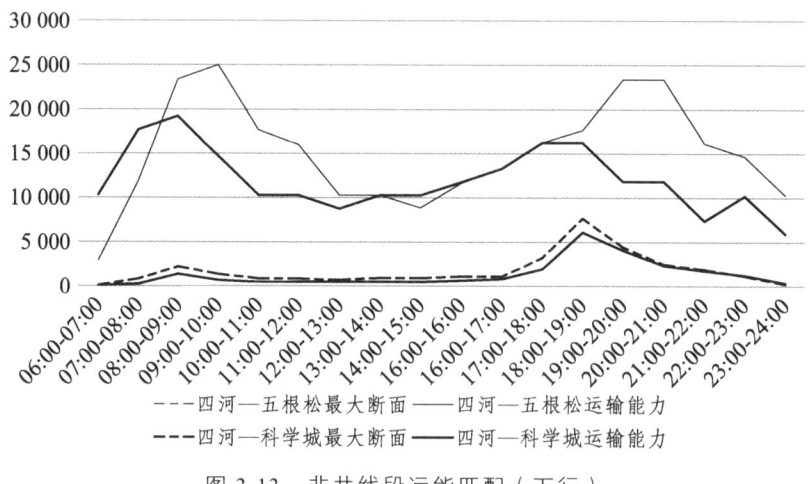

图 3-13 非共线段运能匹配（下行）

（4）故障情况下的行车组织措施。

1 号线三期线路以四河站为分界点，按照主支线"Y 字形"运行。前期结合空载试运行实际情况，编制道岔故障、电客车故障救援、信号联锁故障等相关预案，并针对不同地点、不同影响的故障制定应急处置基本原则：

① 当共线区段发生故障时，优先组织备用车上线填补间隔，根据故障影响可视情况在共线区段组织小交路维持最大限度运营。

② 主线区段发生故障时，可适当组织部分主线交路列车（开往科学城

方向)变更为支线交路(开往五根松方向),及时组织备用车上线填补间隔,根据故障影响可视情况组织列车在主线区段小交路运行维持最大限度运营。

③支线区段发生故障时,可适当组织部分支线交路列车(开往五根松方向)变更为主线交路(开往科学城方向),及时组织备用车上线填补间隔,根据故障影响可视情况组织支线列车按照四河—五根松独立交路运行维持运营,减小故障对线路及整个线网运营的影响。

(5)出收车方式优化。

因1号线红花堰车辆段停车列位仅有24列位,同时还要承担较重的车辆检修任务,故列车的出收车任务大部分均由红星路停车场承担,而红星路停车场与支线广都站衔接,故须提前制定列车的出收车方案。

①出车。

红花堰出车原则上由出段线至升仙湖下行顺向出收,同时在运营开始后,需考虑韦家碾至升仙湖间隔不宜过大,部分列车到升仙湖上行,在韦家碾折返后投入载客运营。

红星路停车场在下行列车到达四河支线前,可采用出入场线同时出车,入场线出车到广都下行,反向运行至四河支线,利用渡线运行到四河主线,向科学城方向运行,如图3-14所示。

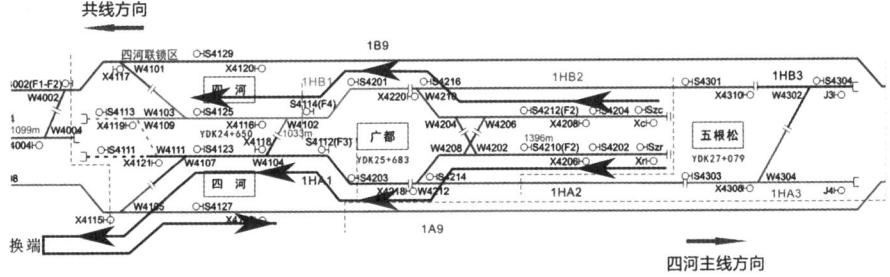

图3-14 支线场段出车至主线

②收车。

转峰期间收车,上行列车原则上由升仙湖上行清客回段,支线列车在广都下行清客回场,主线列车变更支线运营交路,到广都下行清客回场。

运营结束收车,原则上升仙湖上行、广都下行不能连续2列清客,部分列车分别到韦家碾、五根松折返后空驶回场;科学城方向列车回场需在科学城折返后空驶到四河站折返,利用支线上行线反向运行回场。

③ 轧道及线上存车安排。

运营结束后在科学城存放 2 列车，一是提高出车效率，可以有效节约轧道时间；二是能够保证足够的施工作业时间；三是减少科学城空驶回红星路停车场的列车数量，提高列车利用率。

3. Y 字形交路运营组织建议

（1）Y 字形交路的优缺点。

通过前期对国内多家具有 Y 字形交路运营经验的地铁行业调研，再结合成都地铁 1 号线 Y 字形交路运营情况，不难发现，Y 字形交路运营具有较为明显的优劣点，以此可作为后续开通线路可借鉴的经验成果，分析如下：

① 优点：主线、支线段乘客往共线乘坐时无需换乘，可直接进城，提高出行的便捷性与直达性；主、支线客流相互无冲击，既保证了较高的服务水平，又对交汇站台客流疏解有利。在高峰期共线段客流强度较大的情况下，便于局部加强运能，节约运营成本。主、支线设备互通，故障情况下行车调整手段灵活，可相互支援，也可临时调整为独立运营，如图 3-15 所示。

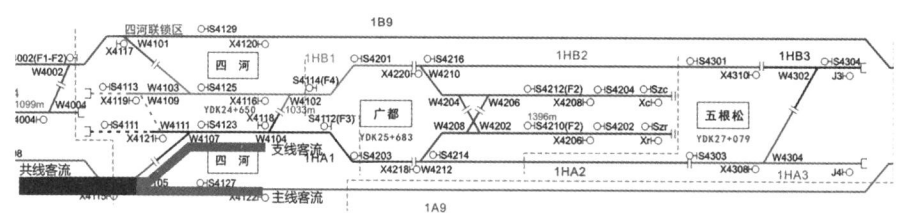

图 3-15 主支线同站台换乘

② 缺点：若按照合理列车对数开行，则会相应降低主、支线服务频率。前期需要做大量行车交路宣传工作，避免出现大量共线段乘客坐错车的情况。场段设置不合理时，易造成出收车组织困难。高密度行车时，主支线交汇处可能存在抢进路等情况发生，需提前做好设备进路冲突检测等功能配置。

（2）Y 字形交路运营设计建议。

为了实现 Y 字形交路建设，应该在客流匹配、线路的设计、设备建设和运营组织的各个阶段予以充分考虑。

① 客流匹配方面。根据客流特征，共线区段客流明显大于主、支线，同时主支线与共线的交互客流较大时，应考虑设置 Y 字形行车交路。如主

支线客流不均衡，则有限考虑采用独立运营，原则上客流小的分支线路独立运营，同时需考虑线路长度、场段位置等因素。主支线客流均较大，合计客流接近共线客流时，建议不设计 Y 形线路，如受地理位置、线路整体规划等因素限制确需设计 Y 形线路时，主支线均需具备独立运营的条件，同时主支线接续站需按换乘站进行设计。

② 线路配置方面。主、支线交汇站需满足线路贯通条件，列车均可顺向进入共线区段，贯通站应设计主线/支线站前、站后折返线路，如图 3-16 所示。共线区段折返站需满足远期行车能力情况下的折返能力，优先考虑站前渡线及站后折返线，如图 3-17 所示。场段的设置应与列车开行方案进行匹配。应提前预想小交路、存车等行车组织措施，并根据线路、客流等实际情况合理设置配线。

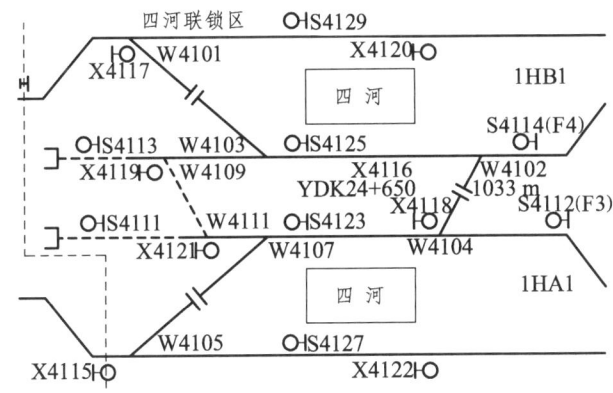

图 3-16 贯通站配线设置

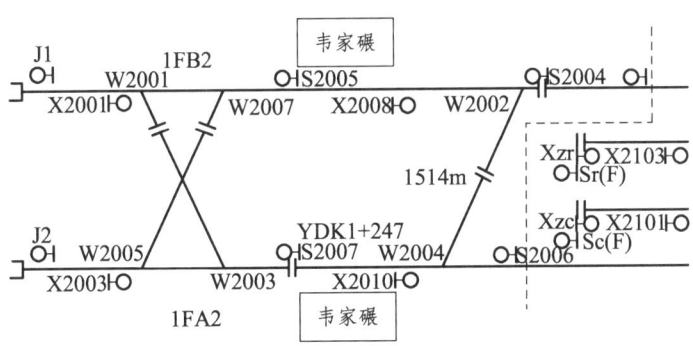

图 3-17 共线区段终点站配线设置

③ 车站站台方面。主支线交汇车站建议采用双岛式站型设置，便于主、支线乘客换乘及车站客流引导。

④ 设备方面。全线车辆、信号、通信、机电等设备做到互联互通，有利于后期的运营、维保工作。特别是对于信号保障方面，Y 字形交路在汇集点需要设置防冲突检测功能，同时设计正常情况按照列车运行图的顺序自动触发进路，故障、晚点情况按照 1∶1 的配比进行自动触发的信号机制。

⑤ 运营组织。可通过采用不均衡运行图、大站空车、多点发车、线上存车、大小交路套跑等手段科学合理地编制列车运行图，确保运输能力满足客流需要。

（五）单点运能疏解技术应用

1. 应用效果

以成都地铁 1 号线火车南站单点运能疏解为例。成都地铁 1 号线受换乘大客流及本线路客流叠加等因素影响，火车南站拥堵情况较为严重，因此组织 1 号线早高峰下行方向开行"大站空车"以达到单点运能疏解的效果。

目前成都地铁火车南站在 08:10 开始客流逐步积压，排队时间明显延长，因此在 08:10—09:00，根据客流情况组织 4~5 列车从始发站发车，沿途不停站通过，直接运行至火车南站投入载客服务。通过开行"大站空车"，火车南站拥堵情况明显缓解，乘客在该时段的平均候车时间也得到了大幅降低，如表 3-20 所示。

表 3-20　等候时间对比表

方案	大站空车	调整前
乘客候车时间	10 min	25 min

2. 适用条件及建议

针对单一或多个站点客流较大，且车内满载率较高的情况，可采用部分列车空车始发，仅停靠大客流车站的方式疏解车站客流压力，如图 3-18 和图 3-19 所示。成都地铁 1 号线通过实践证明其具有明显的效果，具体实施条件如下：

（1）单个或多个站点客流集中，正常运行列车满载率高，站台上车困难。

（2）高峰期的潮汐客流明显，下车车站在大客流车站远端。

（3）源头车站靠近车辆基地或有存车线且方便组织。

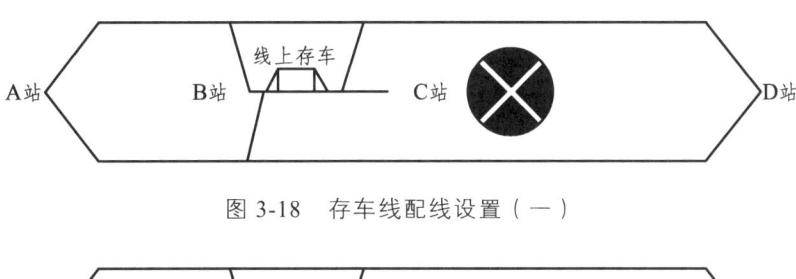

图 3-18　存车线配线设置（一）

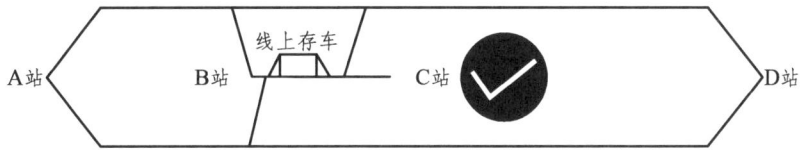

图 3-19　存车线配线设置（二）

（六）"多点发车"技术应用

成都地铁大多数线路超过 35 km 或单程运行时间超过 60 min 的线路为长大线路，传统的首班车单点发车方式从端头站开始，以某个时间点作为首班车发车时间，一个方向以一列车作为首班车，后续车站的首班车根据该列车运行至车站的时分顺延。针对长大线路，若采用传统首班车开行方式，线路中间区段的首班车服务时间将受到影响。

1. 应用效果

目前成都地铁 2、7 号线已采用多点发车的运营模式，2 号线上下行分别有 6 个车站实现 06:10 首班车同时载客，7 号线内外环分别有 5 个车站实现 06:15 首班车同时载客。按此方式，在满足员工乘坐早班通勤车的基础上，以 2 号线为例，对多点发车方案应用效果进行分析，如表 3-21 所示。

成都地铁 2 号线执行"多点发车"方案后，线路部分站点首班车最多可提前 31 min，其中成都东客站作为重要交通枢纽，上行首班车到点从 07:07 提前到 06:37，下行首班车到点从 06:29 提前到 06:10，将市民的出行时间提前。

一方面，随着线网的不断发展，市民提早出行的特点越发明显后，可以考虑调整"多点发车"方案为通勤车后的第 1 列车作为首班车，沿列车运行方向依次投入载客服务，以便进一步提高列车利用率及全线运营服务水平。另一方面，若采用此类"多点发车"方案，将会导致运营前检查及轧道车发现异常情况时预留应急处置时间较短，可能直接影响运营，因此建议在线网进一步拓展后，根据市民出行特点再视情况调整。

表3-21 多点发车方案应用效果分析

方案	首班车时间	较原方案提前	优点	缺点
按照现有运行图，首班车之前的空驶列车到达不同站点后与始发站首班车同时投入载客服务	上行：06:10 通惠门、蜀汉路东、羊犀立交、金科北路、百草路、犀浦 下行：06:10 牛市口、成都东客站、洪河、大面铺、书房、龙泉驿	上行：通惠门以东各站提前27 min 下行：牛市口以西各站提前31 min	（1）能够提高列车利用率； （2）能够提高部分区段的服务水平	仅提升中心城区服务水平，且提升幅度有限

2. 适用条件及建议

成都地铁在环形线路及长大线路采用首班车多点发车，能较大幅度提升服务水平，采用该方式需具备以下条件：

（1）线路有多个具备存车条件的存车线。

（2）部分列车可停放正线，车辆及其他设备检修符合检修规程要求。

（3）正线存车的站点有司机待乘的房间。

（七）共线运营技术应用

共线运营是由于城市轨道交通网络发展到一定程度后，在相邻的两条线路或多条线路中，运营线路从一条线路跨越到另一条线路，存在两条或多条列车交路共用某一区段的运营方式，其主要采用支线运营和非支线运营两种方式。该种运营组织方式显著的特点就是节约了建设成本同时提高了乘客输送效率。

1. 应用效果

目前成都地铁在1号线成功运用共线运营技术，进一步提炼和总结的基础上，第四期规划的 18、19 号线将继续采用，实现 200 km 时速运营。

18 号线连接火车北站—简阳南站，是连接成都市核心区、天府新区与天府国际机场的市域快线。目前 18 号线一二期工程正在实施，18 号线在天府新区站预留了 19 号线进入其天府新区—天府国际机场段贯通运营的条件。

根据规划报告，结合省市政府相关部门关于新老机场间 30min 快速直达的要求，本项目还需开行双机场间的直达车。鉴于 19 号线具有市域快线干线和机场线的复合功能，高峰小时开行两场间的直达方案会影响 19 号线的运输能力，故双机场直达车只在平峰时段开行。

19 号线与 18 号线贯通运营交路如图 3-20 所示。采用单一站站停列车运营模式。跨线运行交路的范围为：金星站—天府机场 1 号 2 号航站楼站。

18 号线采用"大站快车+站站停列车混跑"的模式，因此预留给 19 号线初、近、远期贯通运营大交路可开行的对数分别为 8 对/h、8 对/h、10 对/h，与 18 号线"大站快车+站站停列车"的总行车量保持一致。

2. 适用条件及建议

共线运营是城市轨道交通发展的一项重要技术，其目的是实现两条及以上线路的互联互通，实现乘客的多种出行路径选择，同时也能提供更加便捷的直达性服务，其适用条件：

（1）共线区段与非共线区段客流满足客流不均衡系数不大于 0.5。

（2）线路配线具备分段运行和贯通运行的条件。

（3）共线与非共线区段断开的车站具备方便的换乘条件，满足换乘客流的容量。

（八）线上存车技术应用及效果

1. 优缺点分析

采用多点发车，其优点是能够有效减少出收车的时间，增加施工检修作业的时间，同时减少开行列次，减少一定的能耗；缺点则是车辆、轨道等设备检修修程需进行优化，同时存车的车站要具备乘务出退勤及休息的条件。

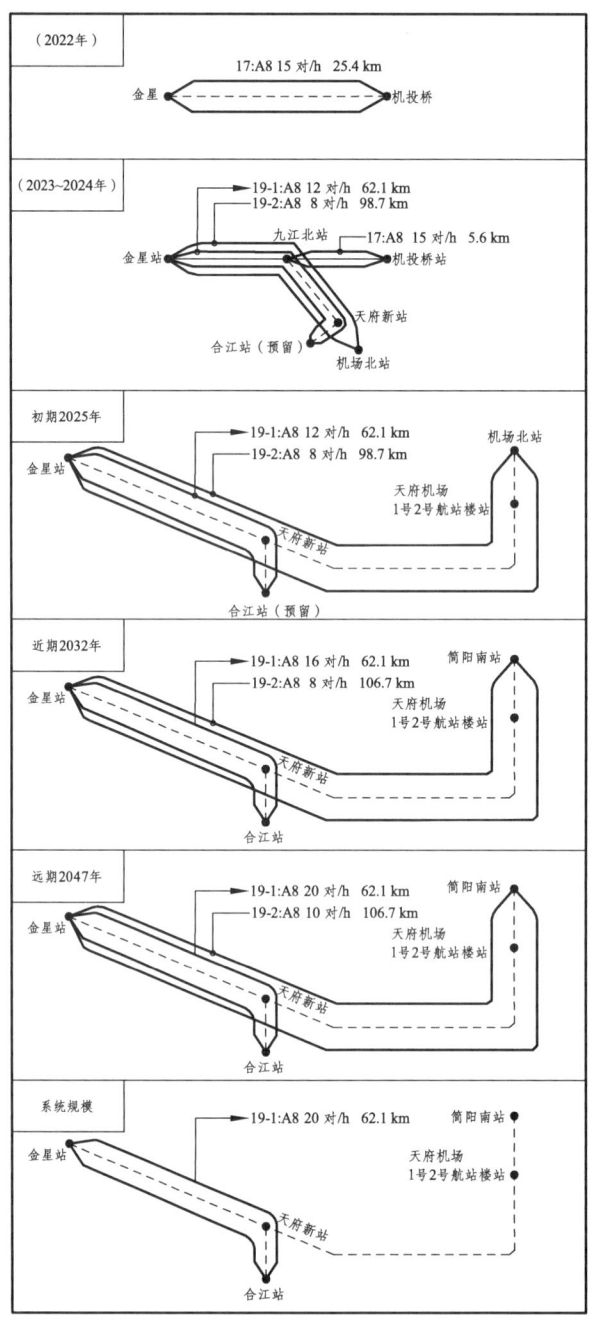

图 3-20　19 号线与 18 号线贯通运营交路

2. 应用效果

采用线上存车的目的主要是配合多点发车、增加施工作业时间。目前成都地铁 1、2、3、7、10 号线均已采用，为国内首个大规模运用该技术的地铁运营单位，车辆检修也采用了里程检代替隔日检，通过合理安排线上存车的车辆每天不同，从而实现了线上存车的目的。以 3 号线为例，在 3 号线二三期开通试运营后，随着线路长度的增加，若末班车载客从双流西上行运行至成都医学院上行折返后空驶回段，则列车从双流西上行开出至回段停稳时间为 111 min 28 s，末班车回段时间将在次日 00:42，对夜间施工检修作业有一定影响。

结合北郊车辆段中间场段收车的情况，采用线上存车，上行末班车于次日 00:12 到达成都医学院折返线存车，并于次日担任下行轧道任务；上行通勤车跟随末班车到达成都医学院上行站线清客后，组织列车运行至折返线存车，并于次日担任下行通勤任务，通过采用线上存车技术，节省 30 min 时间。

3. 适用条件及建议

正线夜间停车受设备检修的具体要求、各城市地铁对运营服务时间的需求等因素限制，在满足一定条件的情况下方可实施：

（1）场段能力不足，被动采用正线夜间停车的方式满足停车需要。

（2）列车、轨道等设备检修进行了调整，在正线停车能够满足检修规程的相关要求，能够提高早上轧道效率，从而进一步实现局部或全线运营时间提前的目的。

第四节　本章小结

我国城市轨道交通建设近年来快速发展，已逐渐成为城市公共交通系统的骨干。随着大线网形成，线网结构更加复杂化，针对客流变化及线路特点，成都地铁通过采取主城区与郊区运能衔接配置、不均衡运力、不同峰期不同全周转、特殊运力计划、换乘衔接、精准投放大站空车等行车组织技术，根据不同线路特点调整行车方案，精确化组织运力匹配客运需求，持续动态化调整网络化运营计划，实现安全、高效、便捷、舒适的运营服务。

第四章
客流风险管控技术

地铁运营作为客运服务行业，一旦出现故障或事故，将造成较大影响。在日常地铁运营过程中，车站客流超负荷、客流管控不到位、乘客堆积等问题都是运营风险源，为对大客流风险进行管控，以确保地铁安全运营，需要大力推广大客流运营风险管控组织技术。目前大客流主要依靠车站管理人员的经验判断，存在主观差异，且及时性不强。本章节研究拟采用车站静态与动态能力分析方法，短时客流监测预警技术，新建客流管控信息化系统对车站进站客流或滞留人数进行实时统计和预警，配合车站管理人员进行客流风险管控。

第一节　客流风险影响要素及辨识

在城市轨道交通客流风险管控过程中，经常会出现客流较大时设备设施能力不足、运能不足等问题，从而导致客流风险发生，因此需要现场人员采取一定的管控措施，如客流管控、车站设备改造、行车联动、信息化手段等，以此降低生产现场客流风险。在面对客流风险时，首先需要判断影响客流风险的要素，据此提出静态能力和动态能力两个概念。

城市轨道交通静态能力主要指车站的设备设施承载能力，包含购票能力、安检通过能力、进闸能力、出闸能力、进站通过能力、出站通过能力及车站有效容纳能力等要素。

城市轨道交通动态能力主要指断面、线路及线网单位时间的列车运输能力，影响要素包含列车车型、上线列车数、列车满载率、断面客流量及车站乘降量。

城市轨道交通当前或者未来预测客流量在与车站、线路及线网的静态和动态客流承载能力进行匹配分析时，当承载能力趋于饱和或不足时，则表示城市轨道交通客运组织存在一定的风险，需要采取相应的客流管控措施，从而降低客流风险，保证城市轨道交通安全平稳的运营秩序。

一、静态能力分析

城市轨道交通静态能力以单个车站客服设备设施能力为基础，运营单位在掌握客流数据的基础上，需结合城市轨道交通车站的客运组织方式，对客流数据与车站的设备能力进行匹配分析，从而甄别静态能力是否满足客运需求。

静态能力计算时应符合下列规定：

1. 单位时间半自动售票机能力

城市轨道交通站点单位时间半自动售票机能力，应在单个站点基础上确定，计算方法见公式（4.1）。

$$B = B_1 + B_2 + \cdots + B_n \tag{4.1}$$

式中　B——单位时间半自动售票机能力，人次；

　　　$B_{i=(1,2,\cdots,n)}$——各半自动售票机设备单位时间售票能力，人次。

2. 单位时间自动售票机能力

城市轨道交通站点单位时间自动售票机能力，应在单个站点基础上确定，计算方法见公式（4.2）。

$$T = T_1 + T_2 + \cdots + T_n \tag{4.2}$$

式中　T——单位时间自动售票机能力，人次；

　　　$T_{i=(1,2,\cdots,n)}$——各自动售票机设备单位时间售票能力，人次。

3. 单位时间预制票能力

城市轨道交通站点单位时间预制票能力，应在单个站点基础上确定，计算方法见公式（4.3）。

$$Y = Y_1 + Y_2 + \cdots + Y_n \tag{4.3}$$

式中　Y——单位时间预制票能力，人次；

　　　$Y_{i=(1,2,\cdots,n)}$——各预制票设备单位时间售票能力，人次。

4. 单位时间单程票售票能力

城市轨道交通站点单位时间单程票售票能力，应在单个站点基础上确定，计算方法见公式（4.4）。

$$Q = B + T + Y \tag{4.4}$$

式中　Q——单位时间单程票售票能力，人次；

B——单位时间半自动售票机能力，人次；

T——单位时间自动售票机能力，人次；

Y——单位时间预制票能力，人次。

5. 单位时间安检通过能力

城市轨道交通站点单位时间安检通过能力，应在单个站点基础上确定，计算方法见公式（4.5）。

$$A = A_1 + A_2 + \cdots + A_n \tag{4.5}$$

式中　A——单位时间安检通过能力，人次；

$A_{i=(1,2,\cdots,n)}$——各安检机设备单位时间安检通过能力，人次。

6. 单位时间进闸能力

城市轨道交通站点单位时间进闸能力，应在单个站点基础上确定，计算方法见公式（4.6）。

$$Z_{进} = Z_{进1} + Z_{进2} + \cdots + Z_{进n} \tag{4.6}$$

式中　$Z_{进}$——单位时间进闸能力，人次；

$Z_{进i=(1,2,\cdots,n)}$——各进站闸机单位时间进闸能力，人次。

7. 单位时间出闸能力

城市轨道交通站点单位时间出闸能力，应在单个站点基础上确定，计算方法见公式（4.7）。

$$Z_{出} = Z_{出1} + Z_{出2} + \cdots + Z_{出n} \tag{4.7}$$

式中　$Z_{出}$——单位时间出闸能力，人次；

$Z_{出i=(1,2,\cdots,n)}$——各出站闸机单位时间出闸能力，人次。

8. 单位时间进站通过能力

城市轨道交通站点单位时间进站通过能力为车站进站最小通行截面上涉及的通道、楼梯和扶梯通过能力之和，应在单个站点基础上确定，计算方法见公式（4.8）。

$$L_{进} = L_{通道} + L_{楼梯} + L_{扶梯} \tag{4.8}$$

式中　　$L_{进}$——单位时间进站通过能力，人次；

　　　　$L_{通道}$——单位时间进站最小通行截面上涉及通道的通过能力，人次；

　　　　$L_{楼梯}$——单位时间进站最小通行截面上涉及楼梯的通过能力，人次；

　　　　$L_{扶梯}$——单位时间进站最小通行截面上涉及扶梯的通过能力，人次。

9. 单位时间出站通过能力

城市轨道交通站点单位时间出站通过能力为车站出站最小通行截面上涉及的通道、楼梯和扶梯通过能力之和，应在单个站点基础上确定，计算方法见公式（4.9）。

$$L_{出} = L_{通道} + L_{楼梯} + L_{扶梯} \tag{4.9}$$

式中　　$L_{出}$——单位时间出站通过能力，人次；

　　　　$L_{通道}$——单位时间出站最小通行截面上涉及通道的通过能力，人次；

　　　　$L_{楼梯}$——单位时间出站最小通行截面上涉及楼梯的通过能力，人次；

　　　　$L_{扶梯}$——单位时间出站最小通行截面上涉及扶梯的通过能力，人次。

10. 车站有效容纳能力

城市轨道交通车站有效容纳能力为车站非付费区有效容纳能力与付费区有效容纳能力之和，应在单个站点基础上确定，计算方法见公式（4.10）。

$$R = R_{非} \cdot s_{非} + R_{付} \cdot s_{付} \tag{4.10}$$

式中　　R——车站有效容纳能力，人次；

　　　　$R_{非}$——车站非付费区单位面积容纳能力，人次/m^2；

　　　　$s_{非}$——车站非付费区面积，m^2；

　　　　$R_{付}$——车站付费区单位面积容纳能力，人次/m^2；

　　　　$s_{付}$——车站付费区面积，m^2。

《地铁设计规范》对城市轨道交通车站各部位的最大通过能力进行了定

义,例如将 1 m 宽楼梯作为单向下行使用时,每小时最多可通过 4 200 人次,具体内容详见表 4-1。

表 4-1 车站各部位的最大通过能力

部位名称			每小时通过人数/人
1 m 宽楼梯		下行	4 200
		上行	3 700
		双向混行	3 200
1 m 宽通道		单向	5 000
		双向混行	4 000
1 m 宽自动扶梯		输送速度 0.5 m/s	6 720
		输送速度 0.65 m/s	不大于 8 190
0.65 m 宽自动扶梯		输送速度 0.5 m/s	4 320
		输送速度 0.65 m/s	5 265
半自动售票机			1 200
自动售票机			300
自动检票机	三杆式	非接触 IC 卡	1 200
	门扉式	非接触 IC 卡	1 800
	双向门扉式	非接触 IC 卡	1 500

备注:表 4-1 中车站各部位的最大通过能力是按现行国家标准《地铁设计规范》GB 50157—2013 的有关规定执行,城市轨道交通运营单位可根据运营实际情况对表 4-1 中相关数值进行调整,其他未涉及的设备能力需城市轨道交通运营单位根据运营实际情况进行确定。

二、动态能力分析

城市轨道交通车站、线路、线网动态能力即列车的运输能力,主要受列车车型、上线列车数量、列车满载率以及断面客流等因素影响。

动态能力计算时应符合下列规定:

1. 单位时间断面列车运能

城市轨道交通动态能力应基于断面运能进行确定,断面运能计算方法见公式（4.11）。

$$C = T \cdot n \cdot \mu \tag{4.11}$$

式中　C——单位时间断面列车运能，人次；
　　　T——列车定员，人；
　　　n——单位时间通过该断面的列车数量，辆；
　　　μ——列车满载率，通常定义为100%，不宜大于120%。

2. 单位时间车站动态能力

单个车站动态能力受到断面客流、列车运能、下车客流影响，计算方法见公式（4.12）。

$$M = C - (D - X) \tag{4.12}$$

式中　M——单位时间车站动态能力，人次；
　　　C——单位时间断面列车运能，人次；
　　　D——单位时间断面客流量，人次；
　　　X——单位时间下车客流量，人次。

备注：D、X具体数值根据各城市轨道交通运营单位实际统计情况进行确定。

第二节　客流风险评估方法

城市轨道交通车站进行客流风险管控时，存在较多的风险源，在进行客流风险分析时，以车站静态能力及动态能力作为关键因素，并进行针对性分析，评价客流风险程度。

一、静态能力匹配

当车站客流过大，现场人员应结合统计时段客流情况，对静态能力进行分析匹配。

如某通勤站进站高峰客流为5 370人次/小时，出站高峰客流9 399人次/小时。对该站进行静态能力匹配分析，该站单程票使用率为27%，故该站进站高峰时段单程票购买量将达到 1 450 人次/小时，现有售票能力如表 4-2 所示，为 1 750 人次/小时，满足高峰期售票需求，但进站量大于安检能力，由此可知安检能力为该站客运能力瓶颈，车站至少应在高峰期增加 1 台快速安检机用于提升安检能力，应对早晚高峰大客流冲击，解决车站日常客运组织难点问题。

表 4-2 车站设备能力分析表　　　　（单位：人次/小时）

项目	设备	数量	实测能力	需求能力	是否满足
售票能力	TVM	9 台	1 350	1 450	是
	BOM	2 台	400		
安检能力	安检机	2 大 1 小	5 200	5 370	否
检票能力	进站闸机	10 台	13 000	5 370	是
	出站闸机	11 台	12 100	9 399	是
楼扶梯能力（进站）	双向步梯	2 部（1.2 m）	6 960	5 370	是

城市轨道交通车站进行客流风险管控时，需要对购票能力、安检能力、进站能力、出站能力、通过能力和有效容纳能力等静态指标进行计算，利用相关结果进行静态能力匹配分析。

车站设备设施静态能力计算应符合下列规定：

1. 单位时间单程票能力利用率

城市轨道交通车站单位时间单程票能力利用率，应在单个站点基础上确定，计算方法见公式（4.13）。

$$\beta = \frac{P_{\text{进}} \cdot \alpha}{Q} \qquad (4.13)$$

式中　β——单位时间单程票能力利用率；

　　　$P_{\text{进}}$——单位时间进站量，人次；

　　　α——车站单程票使用率；

　　　Q——单位时间单程票购票能力，人次。

2. 单位时间安检能力利用率

城市轨道交通车站单位时间安检能力利用率，应在单个站点基础上确定，计算方法见公式（4.14）。

$$\delta = \frac{P_{进}}{A} \tag{4.14}$$

式中　δ——单位时间安检能力利用率；
　　　$P_{进}$——单位时间进站量，人次；
　　　A——单位时间安检能力，人次。

3. 单位时间进闸能力利用率

城市轨道交通车站单位时间进闸能力利用率，应在单个站点基础上确定，计算方法见公式（4.15）。

$$\phi_{进} = \frac{P_{进}}{Z_{进}} \tag{4.15}$$

式中　$\phi_{进}$——单位时间进闸能力利用率；
　　　$P_{进}$——单位时间进站量，人次；
　　　$Z_{进}$——单位时间进闸能力，人次。

4. 单位时间出闸能力利用率

城市轨道交通车站单位时间出闸能力利用率，应在单个站点基础上确定，计算方法见公式（4.16）。

$$\phi_{出} = \frac{P_{出}}{Z_{出}} \tag{4.16}$$

式中　$\phi_{出}$——单位时间出闸能力利用率；
　　　$P_{出}$——单位时间出站量，人次；
　　　$Z_{出}$——单位时间出闸能力，人次。

5. 单位时间进站通行能力利用率

城市轨道交通车站单位时间进站通行能力利用率，应在单个站点基础上确定，计算方法见公式（4.17）。

$$\lambda_{进} = \frac{P_{进}}{L_{进}} \tag{4.17}$$

式中　　$\lambda_{进}$——单位时间进站通行能力利用率；
　　　　$P_{进}$——单位时间进站量，人次；
　　　　$L_{进}$——单位时间进站通过能力，人次。

6. 单位时间出站通行能力利用率

城市轨道交通车站单位时间出站通行能力利用率，应在单个站点基础上确定，计算方法见公式（4.18）。

$$\lambda_{出} = \frac{P_{出}}{L_{出}} \tag{4.18}$$

式中　　$\lambda_{出}$——单位时间出站通行能力利用率；
　　　　$P_{出}$——单位时间出站量，人次；
　　　　$L_{出}$——单位时间出站通过能力，人次。

7. 单位时间换乘通行能力利用率

城市轨道交通车站单位时间换乘通行能力利用率，应在单个站点基础上确定，计算方法见公式（4.19）。

$$\lambda_{换} = \frac{P_{换}}{L_{换}} \tag{4.19}$$

式中　　$\lambda_{换}$——单位时间换乘通行能力利用率；
　　　　$P_{换}$——单位时间换乘量，人次；
　　　　$L_{换}$——单位时间换乘通过能力，人次。

8. 单位时间车站有效容纳能力利用率

城市轨道交通车站单位时间车站有效容纳能力利用率，应在单个站点基础上确定，计算方法见公式（4.20）。

$$\omega = \frac{P_{进} + P_{换入} - C}{R} \tag{4.20}$$

式中　　ω——单位时间车站有效容纳能力利用率；

$P_{进}$——单位时间进站量，人次；

$P_{换入}$——换乘站单位时间换入客运量，人次；

C——单位时间断面列车运能，人次；

R——车站有效容纳能力，人次。

二、动态能力匹配

城市轨道交通车站进行客流风险管控时，需要对单位时间内车站动态能力与单位时间进站量进行匹配分析，若车站为换乘站时，还要考虑单位时间换入量对车站动态能力的影响，由此引入车站动态能力承载率，以此来衡量车站客运量与相对应的断面运能是否匹配。

车站动态能力承载率计算应符合下列规定：

城市轨道交通车站单位时间车站动态能力承载率 θ，应在单个站点基础上确定，计算方法见公式（4.21）。

$$\theta = \frac{P_{进} + P_{换入}}{M} \qquad (4.21)$$

式中 θ——单位时间车站动态能力承载率；

$P_{进}$——单位时间进站量，人次；

$P_{换入}$——换乘站单位时间换入量，人次；

M——单位时间车站动态能力，人次。

专栏 4-1 成都地铁动态能力匹配实例

2018 年 12 月 28 日成都地铁 7 号线开通试运营，成都地铁 1 号线客流压力进一步增大，在 1、7 号线换乘站火车南站，早高峰期间下行列车满载率已远远超过 100%，以周一早高峰为例，车站动态能力承载率已达到 2.03，此外火车南站站台容纳面积较小，存在极大的客流风险。为缓解火车南站站台客流压力，成都地铁周一早高峰期间组织开行 5 趟临客，直接在火车南站投入载客，实施效果较好，车站动态能力承载率降低到 0.75，有效缓解了火车南站至高新站下行方向运能不足的问题。

三、客流风险评价

城市轨道交通车站进行客流风险管控时，存在较多的风险源，在进行客流风险分析时，主要以车站静态能力及动态能力作为关键因素，并进行针对性分析，从而评价客流风险程度。

为有效检测车站客流风险程度，引入单位时间单程票能力利用率、单位时间安检能力利用率、单位时间进闸能力利用率、单位时间出闸能力利用率、单位时间进站通行能力利用率、单位时间出站通行能力利用率、单位时间换乘通行能力利用率、单位时间车站有效容纳能力利用率及单位时间车站动态能力承载率等参数，通过客运量与设备设施能力及运能的匹配分析，定义以下公式（4.22）：

$$x = \max(\beta, \delta, \phi_{进}, \phi_{出}, \lambda_{进}, \lambda_{出}, \lambda_{换}, \omega, \theta) \quad (4.22)$$

式中　x——车站客流风险系数；x 与 β、δ、$\phi_{进}$、$\phi_{出}$、$\lambda_{进}$、$\lambda_{出}$、$\lambda_{换}$、ω、θ 的关系如图 4-1 所示。

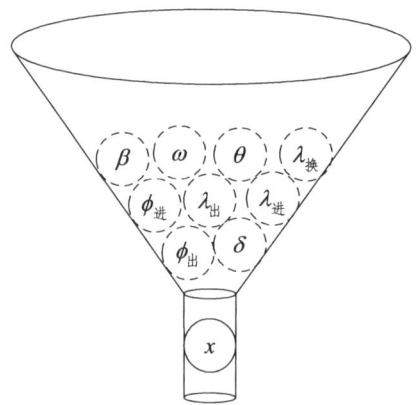

图 4-1　车站客流风险系数示意图

客流风险评价详见表 4-3。

若城市轨道交通某车站客流风险系数 x 长期存在大于 1 的情况，那么该车站乘客通行截面上至少一项设备设施能力或者该车站某方向断面运能存在不足。此种情况下，车站需要通过新增设备设施或改扩建等方式，提升设备设施能力，亦可通过采取客流管控的方式，减轻客流对设备设施的冲击，还可以通过调整行车组织等方式，以此提升运能，降低客流风险。

表 4-3　客流风险评价表

类别	具体含义	风险评价	风险等级
$x<1$	当 β、δ、$\phi_{进}$、$\phi_{出}$、$\lambda_{进}$、$\lambda_{出}$、$\lambda_{换}$、ω、θ 中的最大值小于 1 时	城市轨道交通车站客流通行截面上的各项设备设施能力充足，运能充足，能有效保证客流通行，客流风险可控	低
$x=1$	当 β、δ、$\phi_{进}$、$\phi_{出}$、$\lambda_{进}$、$\lambda_{出}$、$\lambda_{换}$、ω、θ 中的最大值等于 1 时	城市轨道交通车站客流通行截面上至少某一项设备设施能力或运能饱和，但能基本保证客流通行，潜在客流风险	中
$x>1$	当 β、δ、$\phi_{进}$、$\phi_{出}$、$\lambda_{进}$、$\lambda_{出}$、$\lambda_{换}$、ω、θ 中的最大值大于 1 时	城市轨道交通车站客流通行截面上的至少一项设备设施能力或运能不足，无法满足客流通行，存在客流风险	高

上述提到的客流风险管控措施，主要从提升设备能力、采取客流管控措施及调整行车组织方式三方面来进行风险管控。然而在复杂的大线网运营模式下，需要结合轨道交通站点实际情况，分析该站点静态能力与动态能力的瓶颈点，并结合车站站型、设备布局、土建结构、线路技术条件等多方面因素综合考虑，选择适宜的风险管控措施。

第三节　客流风险管控技术

城市轨道交通车站进行客流风险管控时，存在多种技术和方式。例如，通过车站控制、线路控制、线网联控及调整行车组织等常规客流管控方式来对客流情况进行管控，降低客流风险，减轻对运营秩序的影响；也可通过车站设备设施能力改造工作，提升客运设备能力，提高城市轨道交通客服水平；还可通过搭建信息化系统，及时准确掌握客流情况，辅助客流风险管控。

一、常规客流管控方式

在城市轨道交通运营时段，遇早晚高峰、节假日、大型活动或展会、极端天气、行车设备故障等情况时，城市轨道交通可能突发大客流，面对此种情况，运营单位主要采取车站控制、线路控制、线网联控及调整行车组织等方式来对大客流情况进行管控，从而降低客流风险，减轻对运营秩序的影响，常规客流管控方式见表 4-4。

表 4-4　常规客流管控方式一览表

管控方式	特点
车站控制	主要针对进站、换乘大客流进行管控，主要包括进站三级客流管控及换乘二级客流管控；适用于单个车站发生大客流
线路控制	某条线路内多个车站同时采取客流管控措施，以此缓解大客流车站客流压力或应对线路行车晚点的情况；适用于单条线路发生大客流或故障
线网联控	轨道交通线网多条线路采取线路客流控制，以缓解大客流线路客流压力或应对某线路大面积晚点的情况；适用于多条线路发生大客流或行车故障影响较大的情况
行车组织调整	利用加开临客、增加站停时间等方式，提高车站、线路运输能力，缓解客流压力

（一）车站控制方式

车站客流控制主要针对进站大客流进行管控，若该车站为换乘站时，发生换乘大客流时还需要对换乘客流进行管控。

1. 进站客流管控

进站客流管控方式主要分为：一级客流控制、二级客流控制及三级客流控制。

（1）一级客流控制。

在付费区采取措施控制站台乘客数量的客流组织行为，主要控制措施如下：

① 在站厅与站台的楼梯、扶梯连接处设置控制点。

② 改变扶梯走向。

③ 通过停用扶梯及引导乘客走楼梯等方式减缓乘客走行速度。

④ 在付费区设置回形线路并分批放行乘客至站台。

（2）二级客流控制。

在非付费区采取措施控制进入付费区乘客数量的客流组织行为，主要控制措施如下：

① 关闭部分进站闸机。

② 在进站闸机口设置铁马等设施限制乘客进站或分批放行乘客进站。

③ 通过控制安检速度控制乘客进站速度或分批进行乘客安检。

（3）三级客流控制。

在出入口外采取措施控制进站乘客数量的客流组织行为，主要控制措施如下：

① 在出入口用铁马等设施限制或分批放行乘客进站。

② 在出入口外通过设置回形线路控制进站客流。

③ 因客流组织需要，将出入口改变为"单向通行"的模式。

④ 因客流组织需要关闭出入口。

（4）管控关键点。

进行车站客流控制，应在站台、站厅及出入口设置区域负责人，各区域负责人间实行区域联控。各区域负责人及其他管控人员应根据区域特点合理采取控制措施，确保客流组织顺畅。

① 站台管控。

站台是供列车停靠、乘客候车及乘降使用的场所，客流组织应重点考虑列车正点，列车运输能力的充分利用以及站台运营安全。

·宣传疏导乘客在安全范围内候车，避免挤靠屏蔽门发生危险。

·疏导乘客分散上车，确保列车站停时分被充分利用。

·组织乘客先下后上，对下车的乘客迅速引导其出站或换乘。

② 站厅管控。

站厅是提供乘客售检票作业使用的场所，主要应防止购票、出站乘客滞留或产生客流交叉。

·应保持售票区域有足够空间，以便于客流引导，避免购票、出站乘客相互影响。

·应尽量避免主客流的交叉对流，可根据需要设置导流设施重新划分付费区与非付费区，实现进出站乘客的分流。

·遇大客流进出车站时，应适时采取增加服务人员、改变闸机通道方向、疏导客流至其他闸机组等方式进行组织。

·调整出入口及通道的单向进出方向，重新划分站厅区域功能。

③ 出入口及通道管控。

出入口及通道是车站的门户，其主要作用是集散客流，部分车站出入口连接人行过街通道或商业建筑，应主要避免大客流集中进站。

·出入口及通道、楼梯不可堆放杂物影响乘客通行。

·出入口进出流线应合理设计，避免出入口发生拥堵。

·出入口管控可采取绕行、分批放行、单向使用、封闭等方式进行组织。

·通道内应保持畅通，要避免客流滞留。

·通道内商铺、通道口与商业设施衔接的部分，若商业行为对运营安全造成影响时，可让其暂时关闭。

④ 楼扶梯管控。

可预见性大客流，原则上应在重点车站关键楼扶梯口设置专人专岗引导客流，提醒乘客乘坐安全，避免发生拥堵、造成踩踏事件。

·按客流控制等级调整扶梯运行状态、楼梯通行方向，确保疏散能力。

·老弱病残孕及其他行动不便人员无正常成人陪同时，管控人员应指引其从直升梯通行，必要时可视情况安排人员陪同、护送。

·引导携带大件物品、易碎物品等可能带来安全隐患的乘客从直升梯通行。

·遇紧急情况，及时按压紧停按钮。

2. 换乘大客流控制措施

换乘站是地铁线网重要节点，也是线网运营组织、客流输送管理的中心环节，乘客在换乘站大量集散。当出现换乘大客流时，换乘站应及时报告行调，并根据客流大小、方向及时调整车站客流组织方式，尽量减少换乘客流与进出站客流的交叉、干扰，确保车站客流畅通、避免出现客流对冲。

（1）当车站发生换乘大客流时，按照"先控制进闸，后控制换乘"的原则进行客运组织。

① 应依照车站客运组织方式，在站台楼扶梯口设置导流铁马或伸缩栏

杆，引导乘客至人少的区域排队候车，并防止乘客直接冲门。

②通过调整楼扶梯方向减缓站台压力。

③当换入线路站台容纳能力已饱和，根据空间情况可采取站厅绕行、分批放行等方式，控制进入站台的客流量。

④向行调申请大客流来源方向列车跳停本站。

另外，当换入线路站台仍能容纳或承受更大客流时，组织好站台候车乘客排队秩序，加快上下车速度，可申请列车增加站停时间，尽可能组织更多的乘客上车。当换入线站台不能容纳和承受更大客流时，则按照进站大客运组织模式控制进站客流，为换乘客流留足空间和运力。若已采取进站限流措施仍未得到缓解，则根据不同的换乘方式，采取不同的客流控制措施：

（2）充分利用车站站厅、站台空间结构，合理调整换乘路线，换乘空间不足的车站在必要时可设置地面换乘路线，缓解换乘客流压力。

（3）在换乘路线设置控制点，并安排专人加强引导，对换乘客流进行控制，必要时可临时关闭某方向或双向换乘通道。

（4）二级换乘客流控制。

①第一级客流控制：换乘客流通过站厅换乘并组织绕行的客流组织行为。在站厅付费区或非付费区设置换乘绕行区域，组织换乘客流绕行。

②第二级客流控制：采取第一级客流控制措施后，站台客流仍未缓解，站厅绕行区域采用分批放行等客流卡控措施的客流组织行为。

车站客流控制启动标准及取消标准如表 4-5 所示。

表 4-5 车站级控制措施的启动及取消标准

分项	控制级别	启动标准	取消标准
进站客流	一级控制	$\dfrac{P_{进}+P_{换入}-C}{R_{站台} \cdot s_{站台}} > \dfrac{2}{3}$ 即车站站台候车人数较多，达到站台有效容纳面积的 2/3 以上	客流得到有效缓解，滞留人数明显减少，车站恢复正常客流组织
	二级控制	$\dfrac{P_{进}+P_{换入}-C}{R_{付} \cdot s_{付}} > \dfrac{2}{3}$ 即车站付费区乘客数量达到有效容纳面积的 2/3 以上	

续表

分项	控制级别	启动标准	取消标准
进站客流	三级控制	$\dfrac{P_{进}}{R_{非} \cdot s_{非}} > \dfrac{2}{3}$ 即车站非付费区乘客数量达到有效容纳面积的 2/3 以上	
换乘客流	一级控制	$\dfrac{P_{进} + P_{换入} - C}{R_{站台} \cdot s_{站台}} > \dfrac{1}{2}$ 即车站站台候车人数较多，达到站台有效容纳面积的 1/2 以上	
换乘客流	二级控制	$\dfrac{P_{进} + P_{换入} - C}{R_{站台} \cdot s_{站台}} > \dfrac{2}{3}$ 即采取换乘绕行措施后，站台乘客数量仍然无法缓解，站台候车人数达到有效容纳面积的 2/3 以上	

（二）线路控制方式

启动线路控制须满足以下条件：

（1）当换乘站启动站控情况下，线路客流量持续增大，换乘站付费区滞留乘客面积达到付费区有效面积的一半以上，且短时间内无法缓解，由换乘站向线路控制中心（OCC）申请启动线控。

（2）高峰时段预计 5 列及以上列车延误超过 5 min，可视情况启动客流线控措施。

（3）有必要启动客流线控措施时。

线控启动标准及取消标准见表 4-6。

（三）线网联控方式

启动线网联控须满足以下条件：

（1）某条线路经采取线控措施后，申请启动线控的换乘站客流仍然无法缓解。

（2）当线路因故障出现运营中断、运力水平严重下降，本线路不具备邻线换入客流条件时。

（3）高峰时段预计 5 列及以上列车延误超过 10 min，可视情况启动客流网控措施。

（4）有必要采取网控时。网控启动标准及取消标准见表 4-7。

表 4-6　线路级控制措施的启动及取消标准

控制级别	启动标准	取消标准
线路联控	（1）换乘站已启动通道卡控控制换乘客流，线路客流量持续增大：$$\frac{P_{进}+P_{换入}-C}{R_{付} \cdot s_{付}} > \frac{1}{2}$$即换乘站付费区滞留乘客达到付费区有效面积（站厅付费区及大客流一侧站台有效面积之和）的 1/2 以上。 （2）高峰时段预计 5 列及以上列车延误超过 5 min，可视情况启动客流线控措施。 （3）有必要启动客流线控措施时	本线路客流得到有效缓解，车站恢复正常组织

表 4-7　线网级控制措施的启动及取消标准

控制级别	启动标准	取消标准
网络联控	（1）某条线路经采取线控措施后，客流仍然无法缓解。 （2）或当线路因故障出现运营中断、运力水平严重下降，本线路不具备邻线换入客流条件时。 （3）高峰时段预计 5 列及以上列车延误超过 10 min，可视情况启动客流网控措施。 （4）有必要采取网控时	线网客流得到有效缓解，车站恢复正常组织

（四）调整行车组织方式

城市轨道交通运营期间，若车站、线路或线网出现客流大规模增长的情况，为充分应对客流冲击，降低客运风险，运营单位可采取增加站停时间、临时加开列车、开行大站空车、增加上线列数等方式,并做好列车运行图优化调整,以此缩减列车间隔,提升断面、线路或线网运能,从而对客流风险进行有效管控。

二、车站设备设施能力改造

(一) 一般原则

(1) 车站设备能力分析时需要以城市轨道交通管辖区域内相应设备设施的实际能力为准,设计值可作为参考标准。

(2) 车站设备改造主要是对车站设备能力进行分析,得到客运组织各环节设备能力的瓶颈点,从而开展针对性的工程改造工作,提升客运设备能力,提高城市轨道交通客服水平。

(3) 车站改造主要内容包含客服设备布局调整,设备设施数量优化,新产品新工艺引进,车站空间容纳能力提升,老旧设备的翻新修葺。

(4) 城市轨道交通车站改造主要是对车站空间容纳能力、购票能力、安检能力、进出站能力、通道及楼扶梯通过能力等方面进行优化或提升。

(二) 改造方式

城市轨道交通车站应充分结合车站客流风险分析情况,根据客流风险评价中相关规定,若因城市轨道交通车站设备能力不足导致 $x>1$ 时,存在较高客流风险,应对涉及的相关设备设施进行改造,改造方式如下:

1. 车站空间容纳能力

通过对城市轨道交通车站客流的分析,结合车站既有的空间布局及客运组织方案对客流进行分析,找到车站空间容纳能力的不足之处,通过对车站房间、通道、墙体等土建结构的改造,从而提升车站空间容纳能力。

2. 购票能力

通过对城市轨道交通车站使用单程票乘客的分析,与既有购票设备能力进行匹配分析,找出购票设备的瓶颈点,通过增设购票设备或选用新型设备等方式提升购票能力。

3. 安检能力

通过对城市轨道交通车站客流的分析，分析车站既有安检设备能力与需要通过安检的乘客数是否匹配，通过新增或更新安检设备，优化安检设备布局等方式提升车站安检能力。

4. 进出站闸机能力

通过对城市轨道交通车站客流的分析，分析车站既有进出站设备能力与需要通过进出站闸机的乘客数是否匹配，通过新增或更新进出站闸机设备、调整既有进出站闸机设备布局等方式提升车站进出站能力。

5. 通过能力

基于城市轨道交通车站客流分析数据，结合车站既有楼扶梯布局及客运组织方案方式，对通道及楼扶梯通过能力与客流数据进行匹配分析，找到通道及楼扶梯设施的瓶颈，通过楼扶梯新增、调整位置或布局等方式提升车站通过能力。

（三）改造步骤

1. 前期工作

（1）需求分析。

需求来源有两种：一种是现有设备设施能力不能满足安全需求，一种是现有设备设施能力不能满足服务水平的要求。一般情况下安全需求与服务水平需求是不一致的，安全需求是最低需求，而服务水平与乘客的舒适度有关，服务水平需求要高于安全需求。因此针对不同的车站，有不同的需求，对设备设施的需求也是不同的。在进行设备设施改造需求分析时，一定要了解真正的需求来源。

上述需求来源以客流统计数据为基础，分析车站现有设备设施的能力与客流数据之间的差异，针对不同的需求选取不同的设备能力进行比对。客流可分为日均客流和高峰客流，一般选取高峰小时客流值作为分析基础；可以车站整体进行分析，也可以按区域分部分析，在实际应用中，区域分部分析用得比较多，也更能反映车站真正困难点，但在做区域分析的时候要结合全站能力的匹配。同时也可通过现场调查车站的实际客流组织情况和车站乘客构成特点，提出相应的初步需求。

（2）方案及可行性研究。

根据需求，计算所需调整设备数量、空间面积等，并根据计算结果编制初步调整方案。初步调整方案出来后，客运主管部门召集 AFC、机电等部门共同研究调整方案的可行性，并现场实地踏勘具体改造位置。可行性研究主要分析调整改造的设备布局、空间距离、客流走向、设备选型、设备用电负荷等是否满足设计规范和安全条件，以及实施难度、改造工期和预测改造后的实施效果研究分析，从而检验是否经济划算。单站的改造还要从线路和线网的角度出发考虑方案是否可行，是否与线路及线网的能力相匹配，单站的设备改造是否会对线网产生大的影响，是否与新线开通或者重要时间节点相匹配等。

一般来说改造需遵循以下几个原则：

① 与新线建设及开通时间节点、客流组织方案相适应，充分满足新线开通功能需求。

② 与线网及车站客流变化需求相适应，有利于切实提升车站客流组织安全性、畅通性及客运服务水平。

③ 车站各项设备设施能力匹配，避免局部设备设施过度改造。

（3）编制方案。

根据可行性研究结果，与改造涉及的各个部门协调沟通，就设备来源、改造计划、资金落实等达成共识，然后编制改造方案，方案包括需求分析、调整建议方案、可行性和效果分析、实施建议等，形成完整的改造建议报告。

（4）方案审核。

按照运营单位改造流程进行改造方案审核。

2. 改造实施

当改造方案通过公司审核后，就进入改造实施阶段。此阶段对于客运主管部门及车站来说，重点工作是做好施工期间的安全卡控和客运组织调整。

（1）确定施工方案。

由改造实施牵头部门组织施工单位、客运主管部门、机电等相关部门进行现场踏勘，就施工打围范围、施工工序、施工计划等进行明确，由施工单位编制施工方案，施工方案要尽量减小对车站正常运营的影响。

（2）车站客运组织调整与安全卡控。

车站根据施工方案，编制施工期间客运组织调整措施，尽量将乘客引导到远离施工区域，在重点区域安排专人引导，当售票能力不足时，需及时增设预制票亭，如施工期间站厅空间变小，对运营安全带来影响时，需做好出入口的调整和客流控制，严格限制进入车站客流的数量，确保车站运营绝对安全。

车站建立定期巡视制度，对施工区域进行巡视，对施工围挡进行检查，摆放安全提示告示，在重点区域派专人做好卡控，防止乘客误入施工区域。

（3）改造过程控制。

客运主管部门、车站和施工方均要建立联络沟通机制，出现异常情况及时报告。车站需监督施工方严格按照施工计划作业，不得超计划超范围施工，客运主管部门定期对改造进度进行现场踏勘，对施工质量提出要求，有任何异常及时协调处理。

3. 效果总结分析

（1）调整改造后车站客运组织。

根据车站设备设施改造方案实施后的车站布局，编制车站改造后的客运组织方案，充分考虑和合理利用新增设备设施的利用，并根据实际改造后的布局情况对客运组织方案进行完善。

（2）改造效果评价。

车站改造完毕后，需统计改造后的设备使用率、客流分布情况、乘客进出及走行时间、乘客容纳能力等数据，与改造前同期进行对比，从数据上分析改造效果是否达到预期，利用 Anylogic 仿真软件进行改造前后效果对比分析，查看瓶颈点问题是否解决或缓解，同时从现场乘客排队情况、客运组织情况、空间变化等与改造前同期进行比较分析。

三、客流管控信息化系统管控

客流管控信息化系统建设时，我们首先要明确建设原则，在确保建设方向正确的前提下，再结合现场实际，提出相应的功能需求，同时根据实现功能需求的前置条件，确定技术方向和系统性能要求，从而满足客运信息化管控的总体要求。

（一）建设原则

（1）城市轨道交通客流管控信息化系统建设理应遵循顶层设计、多元参与、统筹推进、集约建设、共建共享、建立机制、保障安全等原则。

（2）客流数据采集应充分整合既有的系统资源，打破信息孤岛格局，再引入新型或前沿的技术手段，建立稳定可靠的传输通道，保证数据采集的全面性、准确性、及时性和安全性，为客流管控信息化系统提供优质的数据源。

（3）客流信息分析需要充分结合城市轨道交通现状，符合运营业务标准，建立完善合理的模型算法。

（4）客运信息发布功能应利用轨道交通线网内既有载体，并充分引入前沿的发布手段及方式，提升信息获取的便捷性。

（二）功能需求

城市轨道交通客流风险管控时，除采取客流管控、行车组织调整及车站设备改造等方式，还应搭建信息化系统，以此辅助管控客流风险。客流管控信息化系统应建立统一的数据中心及管控平台，应包含客流数据采集功能、客流数据预测功能、客流信息分析功能和客运信息发布功能等内容，同时建议预留与其他潜在系统的接口功能。

1. 客流数据采集功能

客流数据采集功能应针对轨道交通线网所覆盖车站和在线运营列车采集实时数据，获知车站关键区域及行驶列车车厢内的客流数据，以及列车相关信息，建议数据采集内容不局限于表 4-8 中所示。

表 4-8 采集数据类型

分类		数据类型
客流数据	AFC 数据	包括不限于：卡号、进站时间、进站车站编码、出站时间、出站时间编码
	手机信令数据	包括不限于：开关机、使用通信网络服务（主叫、被叫、收发短信等）、正常位置更新、周期性位置更新和小区切换等

2. 客流数据预测功能

客流数据预测功能应结合历史数据源及实时数据源，建立科学合理的预测模型，对城市轨道交通车站、线路、线网的客流情况进行预测，预测数据类型不局限于表 4-9 中内容。

表 4-9　预测数据类型

分类	数据类型
车站	包括不限于：进站量、出站量、客运量、换乘量、乘客拥挤度
线路	包括不限于：进站量、出站量、客运量、换乘量、断面客流量、断面满载率
线网	包括不限于：进站量、出站量、客运量、换乘量、断面客流量、断面满载率、客流 OD

3. 客流信息分析功能

客流信息分析功能应对采集上传的数据源进行整合分析，经合理完善的系统模型处理后，生成多种运营数据，具体量化指标不局限于表 4-10 中内容。

表 4-10　生成数据类型

分类	数据类型
客运数据	包括不限于：进站量、出站量、客运量、换乘量、断面客流量、断面满载率、拥挤度（站厅、站台及列车）、客流 OD
行车数据	包括不限于：列车位置、车次号、列车满载率、列车运行图

4. 客运信息发布功能

客运信息发布功能应采用科学合理、美观清晰的可视化界面，建议以"红、橙、黄、绿"作为基础色调，将需要呈现的客流指标及相关数据分功能、分接收对象传送至各显示终端，便于运营管理者及乘客掌握客运信息，"红、橙、黄、绿"定义如表 4-11 所示。

表 4-11　可视化颜色定义

颜色	定义
绿色	列车、车站以及断面等客流量≤设计容量的 60%

续表

颜色	定义
黄色	设计容量的60%＜列车、车站以及断面等客流量≤达到设计容量的80%
橙色	设计容量的80%＜列车、车站以及断面等客流量≤达到设计容量的100%
红色	列车、车站以及断面等客流量＞设计容量的100%

（三）性能要求

客流管控信息化系统作为辅助管控客流风险的重要措施，对系统性能要求较高，从数据源、粒度、频率及误差等方面应符合以下要求：

（1）客流数据采集应覆盖城市轨道交通管辖区域，不得出现数据缺失或漏项。

（2）客流数据采集应保证时效性，数据延迟不宜大于5 min。

（3）客流信息分析应按照城市轨道交通的特征，从列车、站点、断面、线路及线网等维度进行统计，各城市轨道交通根据实际需求，可以细化维度。

（4）客流信息分析应按照城市轨道交通的特征，从进站量、出站量、换乘量、客运量、拥挤度等指标进行分析，上述指标的时间粒度不宜大于5 min，各城市轨道交通根据实际需求，可以增加指标。

（5）客流数据根据系统分析后产生的结果，与实际数据的误差不宜大于5%。

（6）客运信息发布应分为面对运营管理者和乘客两大类别，需要严格区分信息的发布对象，有针对性地推送相应内容。

（7）客运信息发布功能应结合运营管理者和乘客的需求，分功能模块、业务范畴、信息类别等版块进行发布。

（8）客运信息发布应保证数据的及时性，刷新频率不宜大于2 min。

第四节　客流风险管控应用及实践

现以成都地铁火车南站改造及行车方式调整为例，介绍客流风险管控实践的具体应用成效。

一、成都地铁火车南站客流风险管控案例

火车南站是地铁 1 号线、7 号线、18 号线的换乘站。其中 1 号线、7 号线位于天府大道西侧，1 号线沿南北方向敷设，7 号线沿东西方向铺设，现已开通运营；18 号线位于天府大道东侧，铁路成都南站站房南侧，沿南北方向铺设，于 2020 年开通运营。本节主要结合 18 号线开通前火车南站 1、7 号线设备布局对换乘客流风险管控进行分析。

车站周边建筑主要有天府大道高架桥，北侧的成都南站站房，西侧的公交综合换乘枢纽、苏宁广场，东侧的凯德天府、大鼎世纪广场等。

火车南站工作日日均进站量为 3.32 万人次，日均换乘量为 18.34 万乘次；周末日均进站量为 3.15 万人次，日均换乘量为 12.41 万乘次；单日最大进站量 42 626 人次，最大换乘量 218 658 乘次。火车南站换乘客流整体呈现 7 换 1 的客流略大于 1 换 7、早晚高峰换乘客流集中的特点，其中早高峰以 7 换 1 为主，晚高峰以 1 换 7 为主。

1. 能力匹配分析

（1）静态能力匹配。

受城市规划影响，南北潮汐客流明显，大量的日常通勤客流选择在火车南站换乘 1 号线，车站换乘客流已远大于远期设计预测换乘客流量，换乘的方向性十分明显，早晚高峰期换乘十分集中。火车南站的主要拥堵点在运能与蓄客能力都不足的 1 号线站台，以及站台有效宽度较小的 7 号线中部岛式上车站台。

火车南站高峰小时进站客流约 7 800 人次/小时，出站客流 9 600 人次/小时，7 号线换乘 1 号线客流为 18 600 人次/小时。

根据站厅客流模拟情况，早高峰站厅拥堵点主要集中在 1 号线站厅两端扶梯入口处，1 号线站台蓄客能力不足，扶梯下行能力不足，均是导致大量客流在站厅扶梯前排队等候，形成拥堵的原因。火车南站静态能力匹配分析具体见表 4-12。

表 4-12　火车南站静态能力匹配分析表

类型	设备	单位能力 /(人/台·时)	设备数量 /台	车站能力 /(人/时)
售票能力	BOM	200	7	5 000 单程票使用率30%
	TVM	150	24	
安检能力	安检机	快速安检机：2 000	2	9 700
		通道式安检机：1 900	3	
进站能力	进站闸机	1 000	21	21 000
1号线站厅 至站台	电扶梯	0.65 m/s：6 200	2	15 880
	1 m 步梯	双向混行：2 900	1.2 m	
1号线站台 至站厅	电扶梯	0.65 m/s：6 200	2	15 880
	1 m 步梯	双向混行：2 900	1.2 m	
出站能力	出站闸机	1 000	33	33 000
1号线站台容纳能力		每3平方米 约容纳10人	1 390 m²	4 633

备注：以上设备单位能力由成都地铁结合设备设计能力根据实际运营情况实测得出。

综上所述，1、7号线火车南站瓶颈环节主要在于7号线换乘1号线处，通过能力为15 880人/小时，远小于换乘客流，存在较大的客流风险，如图4-2所示。

根据站台客流模拟情况，1号线运能不足，站台蓄客能力不足，站台上下行扶梯两侧排队候车乘客均较多，站台拥堵严重；7号线下车站台两端扶梯入口处局部形成拥堵点，扶梯上行能力不足，如图4-3所示。

（2）动态能力匹配。

成都地铁火车南站南北方向的潮汐客流现象极为明显，大量的日常通勤客流选择在火车南站换乘1号线，车站进站客流和换入客流已远大于远期设计预测客流量，换乘的方向性十分明显，下面结合该站实际情况，对其下行方向相邻两个区间的满载率进行分析，如表4-13所示。

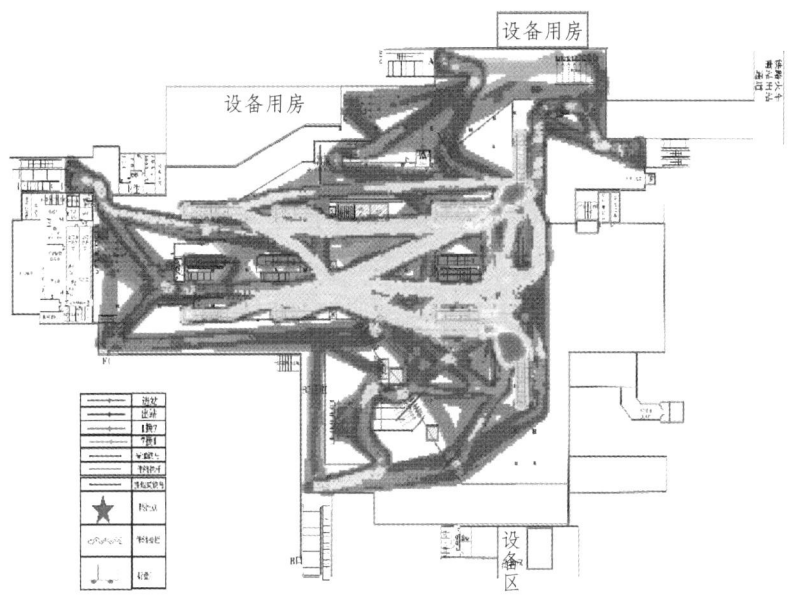

图 4-2 1、7 号线站厅层客流模拟情况

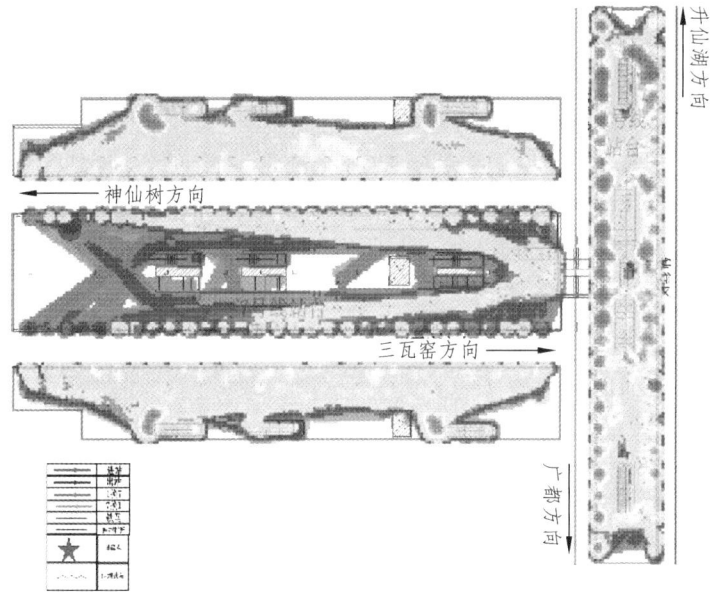

图 4-3 1、7 号线站台层客流模拟情况

表 4-13 火车南站早高峰 1 号线下行满载率分析 （单位：人次/小时）

区间	早高峰断面运能	断面客流	满载率
桐梓林—火车南站（D）	44 040	41 812	94.94%
火车南站—高新（D）	44 040	51 108	116.05%

根据线网客流分析，1 号线火车南站 08:00—09:00 时段下行上车人数（进站+换乘）为 13 938 人次，下车人数为 4 642 人次。

参考满载率 100%和满载率 120%的服务水平，统筹考虑断面运能、进站客流、换入客流、下车人数，根据公式（4.12）、（4.21）计算 08:00—09:00 时段 1 号线火车南站在满载率 100%和满载率 120%两种情况下，火车南站至高新下行的动态能力及动态能力承载率 θ，具体数据见表 4-14。

表 4-14 火车南站早高峰 1 号线下行动态能力 （单位：人次/小时）

方向	服务水平	早高峰断面运能（C）	动态能力（M）	上车人数（$P_{进}+P_{换}$）	动态能力承载率（θ）
火车南站—高新	100%	44 040	6 870	13938	2.03
	120%	52 848	15 678		0.89

通过表 4-14 可以看出，在满载率 100%服务水平情况下，火车南站至高新下行的动态能力不足，动态能力承载率已经远大于 1，而在满载率 120%这种降低服务水平情况下，动态能力承载率也达到了 0.89，为了提升火车南站至高新在高峰时段的车站动态能力，必须提升此时段此断面的运能，故有后文大站加开空车的行车组织调整方式。

2. 车站改造

7 号线开通前车站装修调试阶段，结合 1 号线实际客流及城市规划发展布局，预测车站 1、7 号线客流换乘的压力较大，对车站进行了功能提升改造：

（1）拆除 1 号线站台公共区北侧清扫工具间、车站备品库、公共区中部楼扶梯下 3 个三角机房、公共区南侧屏蔽门控制室，拆除站台 18 个柱子外包造型装修，拆除后增加 1 号线站台蓄客面积共约 99 m²。

（2）对 7 号线地下一层站厅进行改造加宽，原 7 号线站厅北侧与 1 号线站厅西侧区域加宽,增加面积 3 242 m²,原 7 号线站厅南侧与 B 号通道之间夹土及 7 号线风道范围改造为站厅公共区,增加面积 998 m²,共增加 7 号线站厅面积 4 240 m²,增加 7 号线与 1 号线站厅直接连通范围长度约 53 m,如图 4-4 所示。

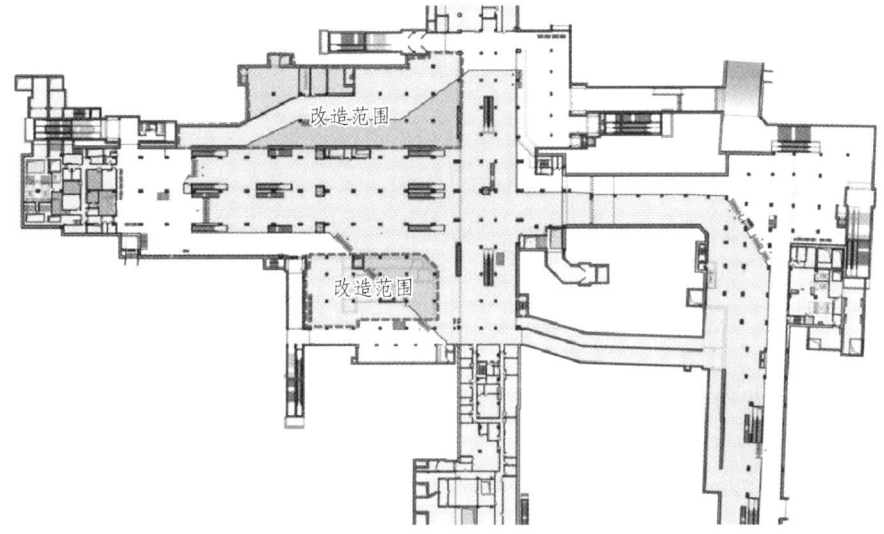

图 4-4　7 号线站厅扩能提升改造区域

对 7 号线站厅增加的区域进行功能提升改造,主要考虑预留 2020 年底 18 号线车站开通后,组织 18 与 1、7 换乘客流采用单向循环方式换乘。1、7 换乘 18 客流通过 1 号线公共区北端绕行,18 换乘 1、7 客流通过 1 号线公共区南端绕行,避免 18 换 1、7 客流与 7 换 18 客流在 1 号线较小的站厅区域内交叉拥堵,给 1 号线车站造成更大的客流压力。

(3) 7 号线于 2017 年 12 月开通后,首个工作日早高峰,大量 7 换 1 客流造成 1 号线站台严重拥堵,为进一步加强 1 号线站台的客流容纳能力,对站台中部无障碍电梯进行拆除,拆除后封堵原电梯孔洞,增加面积 9 m²,增加乘客排队候车空间。

3. 客运组织

7 号线开通后火车南站最突出的矛盾是 1 号线的站台候车能力与 1 号线实际运送乘客离开能力不匹配,从而导致早高峰 1 号线站台乘客候车时间过长的问题。所有的措施均针对提高 1 号线站台的候车蓄客能力，减缓 7 号线换乘客流对 1 号线候车站台的冲击展开。

（1）每日早高峰前调度告知车站当日加开的空车车次，组织站台乘客有序排队；

（2）在 1 号线南北站厅扶梯、站厅中部步梯处，延长铁马走行路径；

（3）在 7 号线上行侧式站台的 9 号屏蔽门处和下行侧式站台的 21 号屏蔽门处设立插地式铁马拦截将站台分为两段；

（4）根据现场客流情况，由 1 号线夜班值班站长宣布，执行站厅常态化绕行措施；

（5）每趟大站空车进站前 1 min，1 号线行车值班员广播进行播报（各位乘客请注意，空车即将到站，请听从工作人员指挥，有序排队上车），区域选择为 1 号线站台播放，频率为 2 次；同时站台各岗位及保安不再提醒乘客抓紧时间上车，改为提醒乘客有序排队上车，请勿拥挤，注意安全；

（6）1 号线夜班值班站长根据站台乘客排队情况，站台排队乘客达到站台有效容纳面积 2/3 时，安排关闭站厅中部步梯；

（7）在采取站厅常态化绕行措施后，1 号线站台排队乘客达到站台有效容纳面积 2/3，且排队乘客仍然有增长趋势时，1 号线夜班值班站长宣布执行站厅全区域绕行；

（8）在采取站厅全区域绕行措施后，若站台排队乘客仍然无法缓解，且有增长趋势，由站区管理人员决定采取分批放行措施，在 1 号线站厅南北端卡控点组织分批放行；

（9）客流缓解且无增长区域，逐步取消客流控制措施。

站厅及站台客流绕行组织如图 4-5～4-7 所示。

4. 行车组织

为缓解工作日早高峰 1 号线客流压力，减少客流风险，一是组织 4～5 趟大站空车，视情况在火车南站或其他车站投入运营，二是调整 7 号线列车运行图，避免上下行列车同时到站；三是灵活调整备用车数量及存放地点，并结合车站客流情况及时加开上线，确保运力充足。

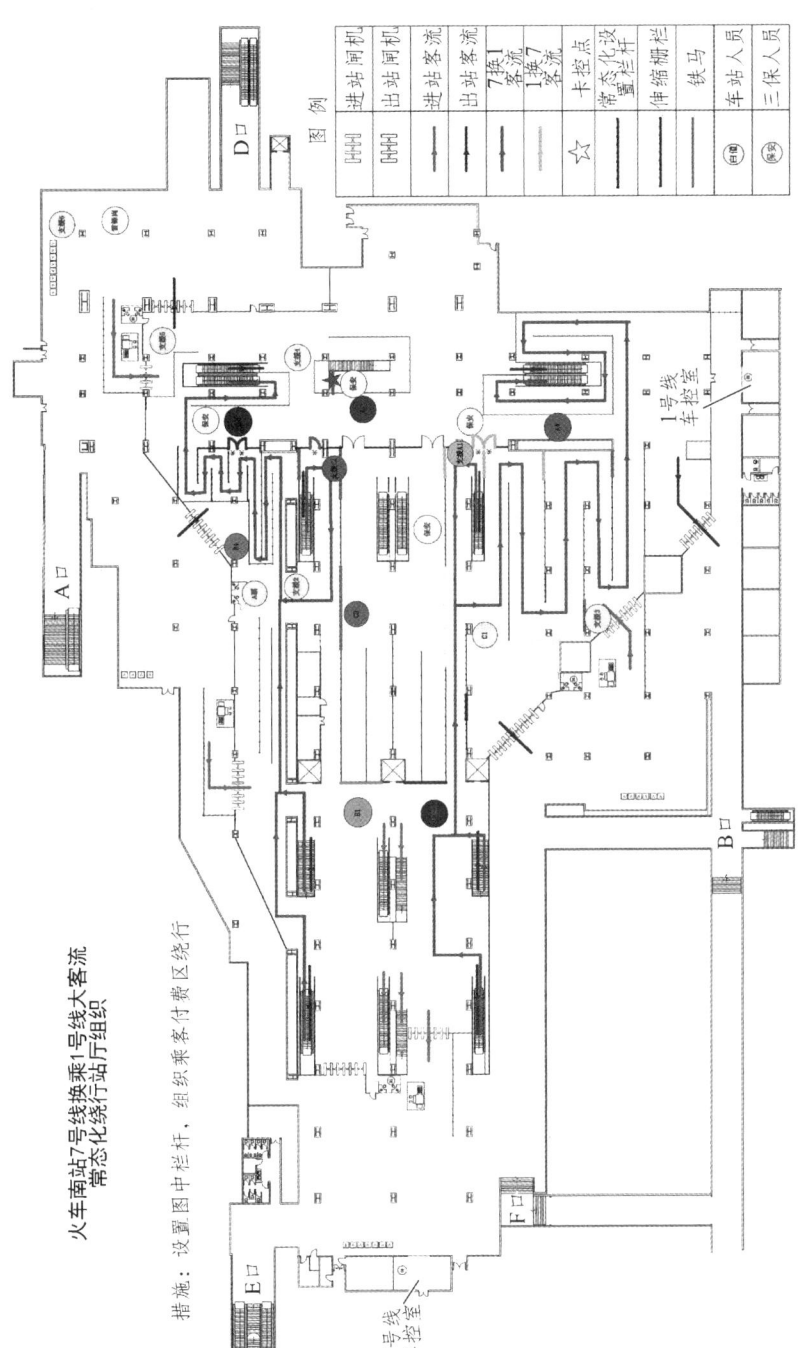

图 4-5 7换1大客流站厅常态化绕行组织图

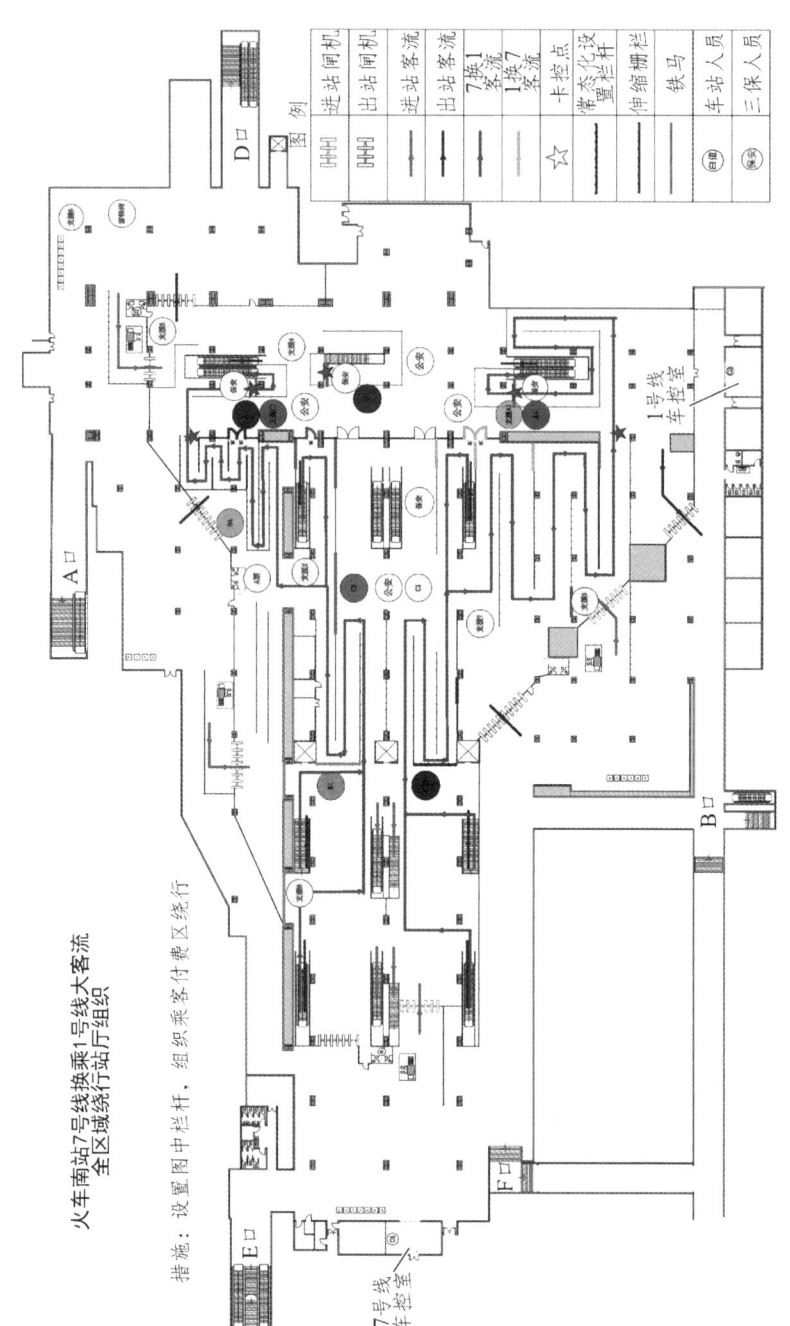

图 4-6 7 换 1 大客流站厅全区域绕行组织图

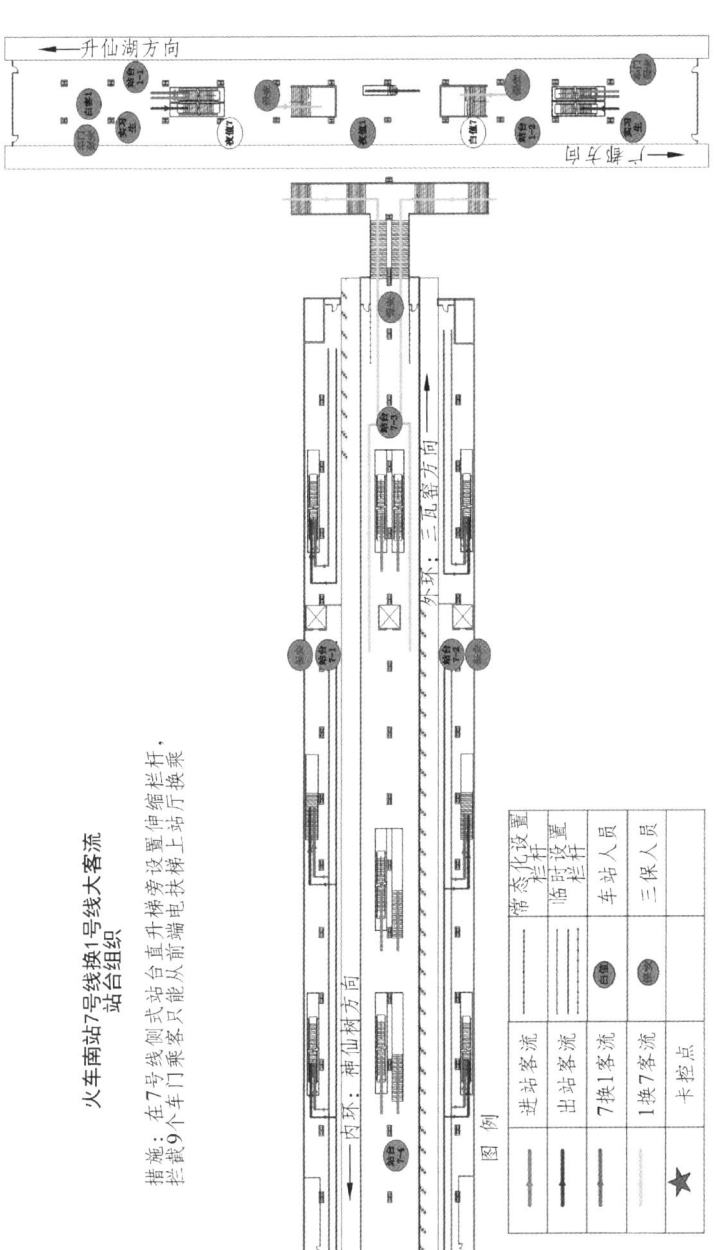

图 4-7 7换1大客流站台组织图

二、成都地铁春熙路站客流风险管控案例

春熙路站为 2、3 号线的换乘站，位于成都市锦江区境内，临近春熙路步行街、伊藤洋华堂、伊势丹、香槟广场、IFS 国际中心、远洋太古里、苏宁电器商场等购物娱乐场地。日常客流高峰主要以通勤、换乘客流为主，周末、节假日客流高峰期主要以观光、购物客流为主。

春熙路站自开通以来客流持续不断上涨，本书以 2019 年元旦节客流风险管控为例，进行实例分析。

（一）客流数据分析及客服设备现状

1. 元旦节期间客流情况

元旦节期间春熙路站客流情况如表 4-15 所示。一是元旦节期间春熙路站日均进出站客流分别为 15.2 万人次、21.7 万人次，日均进站较国庆节增长 12.3%，日均出站客流增幅明显，较国庆节增长 33.1%。二是 12 月 31 日春熙路站客运总量达 50 万人次，进出站客流分别为 16.3 万、27.0（含边门回收单程票 1.08 万）万人次，均突破历史峰值，当天从 3 号线二三期新开站点的乘客达到 3.8 万人，占总出站乘客的 14%。三是节假日期间最大小时进站客流均出现在 18:00—19:00，在 12 月 31 日该时段达到最大，为 1.75 万人次；最大小时出站客流出现在 14:00—15:00 前后，在 12 月 31 日该时段达到最大，为 3.3 万人次，多处出闸通行能力不足，车站在 11:29—16:00 期间多次组织边门回收单程票，缓解出闸客流。四是春熙路站换乘客流较中秋节、周末分别增长 16.71%、18.37%，涨幅较大，单日换乘客流量占客运量 15% 左右。

表 4-15　元旦节期间春熙路站客流情况

时段 日期	进站客流			出站客流			换乘客流		
	12月30日	12月31日	1月1日	12月30日	12月31日	1月1日	12月30日	12月31日	1月1日
06:00—07:00	268	366	1 368	140	148	157	382	310	453
07:00—08:00	578	639	1 223	1 261	1 283	1 221	1 980	1 548	1 556
08:00—09:00	1 135	1 115	1 489	5 174	4 767	4 144	4 244	3 394	2 917

续表

时段\日期	进站客流			出站客流			换乘客流		
	12月30日	12月31日	1月1日	12月30日	12月31日	1月1日	12月30日	12月31日	1月1日
09:00—10:00	1 437	1 508	1 732	7 931	7 979	7 059	4 016	3 409	2 946
10:00—11:00	2 155	2 131	2 560	12 348	14 049	12 605	4 724	4 097	4 039
11:00—12:00	3 300	3 557	4 217	18 727	22 717	19 491	4 707	4 550	4 721
12:00—13:00	4 664	5 336	6 252	18 950	22 045	19 578	4 393	3 986	4 486
13:00—14:00	7 155	8 105	7 840	20 175	21 853	19 566	4 540	4 246	5 204
14:00—15:00	9 783	10 717	10 725	26 529	**33 375**	25 384	5 072	4 682	6 225
15:00—16:00	12 830	12 481	9 995	24 299	26 132	21 360	4 901	5 005	6 464
16:00—17:00	14 369	15 376	14 725	17 905	21 275	13 703	4 964	5 049	6 629
17:00—18:00	15 289	15 977	15 178	15 167	21 387	10 679	5 734	5 934	**6 740**
18:00—19:00	16 310	**17 517**	15 647	13 530	19 936	8 721	5 709	5 850	6 116
19:00—20:00	15 123	15 695	13 796	9 918	16 833	6 228	3 925	4 438	4 846
20:00—21:00	14 833	15 579	14 338	5 576	12 544	3 619	3 229	3 732	4 347
21:00—22:00	15 395	16 831	11 679	2 976	8 893	1 981	2 845	3 271	3 453
22:00—23:00	14 590	17 220	8 613	1 635	6 829	1 075	2 248	2 650	2 191
23:00—24:00	917	3 134	672	380	24 76	236	257	463	467
合计	150 139	**163 295**	142 049	201 057	**269 517**	176 839	72 340	70 425	**77 704**

2. 现阶段车站客服设备能力情况

车站客服设备能力现状如表 4-16 所示，通过对元旦节期间客流数据及车站客服设备能力进行分析，发现客运组织瓶颈点主要表现为车站售票能力不足、3 号线站台容纳能力不足、3 号线出站闸机能力不足、3 号线楼扶梯流线对冲。

表 4-16　车站客服设备能力现状　　　　　　（单位：人次/小时）

序号	位置	宽度/数量	参考值	通过能力	备注
1	TVM	30 个	100	3 000	2 号线北厅 14 台、南厅 7 台；3 号线南厅 4 台、北厅 5 台
2	BOM	5 个	200	1 000	2 号线 3 台、3 号线 2 台
3	2 号线进闸机	5+6+7+7（个）	1 300	32 500	东端一组 5 台、北端一组 6 台、北端双向闸机 7 台、东端双向闸机 7 台（进站大客流时双向闸机设置为进站模式）
4	2 号线出闸机	8+7+7+7（个）	900	26 100	南端一组 8 台、东端一组 7 台双向闸机，北端一组双向闸机 7 台（双向闸机在出站大客流时设置为出站模式）、独立付费区一组 7 台
5	3 号线进闸机	4+4（个）	1 300	10 400	南北端各一组，每组 4 台
6	3 号线出闸机	10+6+5+6（个）	900	24 300	北端一组 10 台、双扶梯处出闸机一组 6 台，2 号线南端一组 5 台、3 号线南端一组 6 台
7	2 号线站厅扶梯	1.0 m×5	6 180	30 900	站厅至站台 2 台扶梯，站台至站厅 3 部扶梯
8	2 号线站厅楼梯	1 m×2	2 890	5 780	站厅至站台 2 个楼梯，宽 1 m
9	2 号线站台→站厅楼扶梯	1.0 m×3 扶梯, 2.1 m 步梯	6 180/2 890	32 649	独立付费区电扶梯向上、A/B 端各 1 部扶梯向上、两部步梯混行，按照 1 部楼梯计算
10	2 号线站厅→站台楼扶梯	1.0 m×2 扶梯, 2.1 m	6 180/2 890	26 469	A/B 端各 1 部扶梯向下，两部步梯混行，按照 1 部楼梯计算
11	3 号线上行站台→站厅	1.0 m×2 扶梯, 2.5 m 步梯	6 180/2 890	19 585	2 部扶梯向上、楼梯混行按照 1 部楼梯计算

续表

序号	位置	宽度/数量	参考值	通过能力	备注
12	3号线上行 站厅→站台	1.0 m×1 扶梯 2.5 m 步梯	6 180/ 2 890	9 792	1部扶梯向下，楼梯混行按照1部楼梯计算
13	3号线下行 站台→站厅	1.0 m×2 扶梯 2.5 m 步梯/2	6 180/ 2 890	15 973	2部扶梯向上、中部楼梯混行按照1/2部楼梯计算
14	3号线下行 站厅→站台	2.5 m 步梯 +2.5 m 步梯/2	3 740/ 2 890	12 962	头端楼梯按照单向向下，中部楼梯混行按照1/2部楼梯计算

（二）客运组织瓶颈点分析

1. 车站应对措施

（1）除站厅增设预制票亭外，车站在站外（原优品城出入口）增设预制票亭，最高时段增设预制票达18个。

（2）受3号线二三期开通影响，3号线站台在出站高峰时段视情况采取错时通行或分批放行。

（3）在出站高峰时段及时开启边门或暂停部分闸机打开扇门人工回收单程票。

（4）D口绕行时，车站联系地面执勤民警，扩大站外绕行区域，使站外绕行乘客排队更加有序。

（5）在2号线出站高峰时段12:00—16:00，向行调申请列车不同时到站。

（6）在3号线出站高峰时段12:00—16:00，向行调申请列车在站多停10 s。

2. 客运组织模拟仿真

利用Anylogic仿真软件模拟还原元旦期间的客运组织情况，如附图3所示，车站瓶颈点主要表现在以下几方面：

（1）售票能力不足，2、3号线南北厅售票机前均有排长队现象，车站小时售票能力为4 000人次/小时，而最大小时进站量达1.75万人次，节假日车站单程票使用率约为40%，小时单程票售卖能力需0.7万人次，车站售票能力严重不足。

（2）3号线双流西方向头端步梯、成都医学院方向尾端步梯进出站客流对冲，形成拥堵。

（3）2、3号线站台出站压力较大，其中3号线出闸能力不足尤为明显，3号线北厅出闸机前排队乘客与双流西尾端出站乘客形成客流交叉，拥堵至扶梯口存在安全隐患。车站单小时出站量达3.34万人次，由于3号线北端、3号线双扶梯处、2号线南端3号线的出站闸机均离扶梯口较近，瞬时出站客流过大，且扶梯能力与出站能力不匹配，导致该3处出站闸机处拥堵。

（4）2号线列车同时到达时，2号线站台至站厅扶梯使用强度高，站台疏散时间较长，扶梯口较为拥堵。

（5）3号线双流西方向列车停站时间为50 s，在出站高峰期，由于下车乘客多，3号线站台空间小，乘客下车后集散相对较慢，导致站台上车率不高。

3. 客运瓶颈点仿真分析

（1）3号线行车间隔调整。

仿真目的：

检验行车间隔加密是否可以缓解车站客流压力。

仿真方案：

将3号线行车间隔由4 min 15 s压缩至3 min 55 s。

仿真结果：

如附图4和附图5所示，3号线站厅压力分析：站厅中部小部分拥堵点有所缓解，但由于行车间隔缩小，出站客流增加，受3号线出站闸机能力限制，出站闸机处仍严重拥堵。

3号线站台压力分析：双流西方向尾端有轻微缓解，但受站台容纳面积的限制，3号线站台的客流压力依然很大。

（2）3号线停站时间调整。

仿真目的：

检验加长停站时间是否可以缓解车站客流压力。

仿真方案：

将3号线停站时间由50 s延长至60 s。

仿真结果：

如附图 6 和附图 7 所示，3 号线站厅压力分析：站厅部分拥堵点有所缓解，但受 3 号线出站闸机能力限制，出站闸机处仍严重拥堵。

3 号线站台压力分析：3 号线双流西方向的站台压力有所缓解，但成都医学院方向的站台压力依然存在。

（3）3 号线楼梯扩容。

仿真目的：

检验扩宽 3 号线楼梯是否可以缓解车站客流压力。

仿真方案：

将楼梯在原有基础上扩宽 50%。

仿真结果：

如附图 8 和附图 9 所示，3 号线站厅压力分析：站厅部分区域拥堵加剧，特别是 3 号线成都医学院方向的双扶梯处，受出站闸机能力限制，排队现象较为明显。

3 号线站台压力分析：无明显变化。

（4）客运组织流线调整。

仿真目的：

检验调整客运组织流线是否可以缓解车站客流压力。

仿真方案：

双流西方向头端步梯只进不出，引导 3 号线站台乘客从中部电扶梯/步梯出站，减少客流交织。

仿真结果：

如附图 10 和附图 11 所示，3 号线站厅压力分析：站厅局部客流压力有所缓解。

3 号线站台压力分析：双流西方向头端站台及步梯处拥堵瓶颈点有极大缓解，但也会局部加剧站台中部电扶梯和步梯处的排队情况。

（5）出站能力提升。

仿真目的：

检验增设出站闸机是否可以缓解车站客流压力。

仿真方案：

站厅增设 10 台出站闸机。

仿真结果：

如附图 12 和附图 13 所示，3 号线站厅压力分析：3 号线北厅、中部、南厅出闸机前拥堵现象均有明显缓解，但会局部加剧非付费区北厅进出站流线交叉点的拥堵情况。

3 号线站台压力分析：无变化。

（6）增加售票能力。

仿真目的：

检验提升售票能力是否可以缓解车站客流压力。

仿真方案：

站内或站外增设自动售票机及临时售票间。

仿真结果：

如附图 14 和附图 15 所示，3 号线站厅压力分析：站厅 TVM 前排队和双流西方向中部步梯拥堵现象得到缓解，但局部加剧了付费区进出站交叉点的拥堵情况。

3 号线站台压力分析：无变化。

（三）客运优化措施

1. 行车组织调整

（1）增加列车站停时间。

目前 3 号线在春熙路停站时间为 50 s，2 号线停站时间为 55 s，但 3 号线乘客下车强度却高于 2 号线，因此建议增加 3 号线列车停站时间至 60 s，以满足乘客上下车需求，缓解站台客流压力。

（2）压缩行车间隔。

3 号线工作日行车间隔已由 3 min 10 s 调整为 3 min，双休日行车间隔由 4 min 15 s 调整为 3 min 55 s，重大节假日采用特殊大客流运行图，后续也将根据客流变化规律进一步研究优化。

（3）上下行列车不同时到达。

结合目前 2 号线列车运行图，行车间隔为 3 min 45 s，单小时通过列车约为 32 列，每列车大约 570 人从站台至站厅疏散，结合车站扶梯疏散能力（3 台上行扶梯、2 台楼梯），约 1 min 30 s 可以将站台乘客疏散完毕，但上下行列车同时到达时楼扶梯压力较大。建议在出站高峰时（12:00—16:00），

2号线上下行列车不同时到站。

（4）延长节假日高峰时间。

视3号线客流分布特点和各时段运力匹配情况，对3号线节假日高峰时间进行调整，以缓解断面大客流。

（5）优化备车存放地点。

目前3号线备车存放地点为北郊车辆段、板桥停车场、成都医学院折返线、太平园存车线，建议可考虑调整备车至衣冠庙存车线或前锋路存车线，在出现大客流时，备车可及时上线缓解客流压力。

2．客运组织优化

（1）走行流线调整。

3号线双流西方向头端步梯在高峰时段采用单向通行（只进不出），引导3号线站台乘客从中部电扶梯/步梯出站，减少客流交织；若出现出站扶梯能力不足的情况时，头端步梯继续维持单向通行（只进不出），中部步梯错时通行。

（2）大客流时段站外D口绕大圈。

站外D口启用绕行大圈时，由当班管理人员联系地面公安配合执行。执行时，D口外方与优品城商铺之间由站务人员摆放铁马，由地面公安、地铁保安职守；优品城商铺与风亭之间由地面公安拉警戒带，由地面公安职守。同时在花台等不方便摆放铁马的地方安排保安人员，防止乘客从花台翻入。

（3）增设站外引流导向。

随着3号线二三期开通运营，春熙路周末及节假日期间客流激增，大客流期间，站外C、D口绕行区域排队乘客较多，且排队绕行时间较长，为有限减缓站内客流压力，减少乘客排队等候时间，建议在站外增设引流导向，引导站外预乘车乘客至市二医院进站乘车，具体增设方案如下：

①增设点位。

D口对面原地铁商业区优品城入口标志处；春熙路直升梯正对面风亭背面处。

②增设导向内容。

"大客流期间，本站排队乘车等候时间预计超过30 min，各位乘客可向红星路二段方向步行 10 min（900 m）至市二医院站进站乘车，带来不便，敬请谅解。"增设情况如图 4-8 所示。

图 4-8 站外增设导向位置

③ 本站常态大客流时间。

节假日：14:00—运营结束；双休日：16:00—20:00。

（4）优化站内乘车指引。

3 号线二三期开通后，大客流期间，经站厅换乘 3 号线客流逐步增大，为均衡 3 号线双流西方向客流分布，减缓 3 号线站台头端的客流压力，建议优化站厅 3 号线双流西站乘车指引，增设情况如图 4-9 所示。

图 4-9　3 号线站厅中部增设 2 处 3 号线双流西站吊挂式乘车指引标志

3. 提升客服设备能力

（1）增加售票能力。

① 增加站内、站外预制票。

为减少乘客进站购票的二次排队时间，加快大客流期间春熙路站外绕行乘客进站后的迅速乘降，缩短乘客在站厅购票的滞留时间，先期通过增加站内临时售票点，并利用原优品城地面附属结构区域设置站外预制票售卖点位提升售票能力。

② 推广二维码上线使用。

在站内和站外部分导向上（如票价图）附二维码过闸说明；进站大客流时段，在排队区域摆放二维码过闸的告示，引导乘客提前下载 App，通过二维码过闸的方式进出站。

③ 视情况在站内增设自动售票机。

根据前期措施实施效果，在不影响客运组织流线的基础上，视情况在站内增设自动售票机，减缓车站购票压力。

经过现场踏勘，目前分别可在银石广场、C 口、E2 口、3 号线北厅增加共计 11 台 TVM，统计情况如表 4-17 所示。

表 4-17　站内可增设 TVM 位置

序号	位置	调整方案	可增设 TVM 数量/台	现场图片
1	B1 口靠车控室方向	现有 TVM 售票机 7 台,在靠车控室端增设 5 台	5	
2	E2 口通道	现通道内无自动售票机,大客流时设置 2~3 个预制票,现增设 4 台自动售票机	4	
3	3 号线北厅进站安检前端	现无自动售票机,大客流时设置 1 个预制票,现增设 2 台自动售票机	2	

④ 开展站外增设售票间方案的可行性研究。

大客流情况下,车站非付费区容纳空间有限,为满足乘客购票需求,防止站内客流拥堵,同时分摊站内乘客购票压力,可考虑利用地面优品城附属结构改造成站外售票间,共可增设 18 台 TVM。

⑤ 推广日期票的发行。

春熙路作为成都市重要购物游玩商圈,外来游玩及购物乘客较多,对日期票的需求较为明显,建议在线网交通枢纽车站推广日期票的发行,减少乘客购票排队时间,减缓车站购票压力。

（2）提升出闸能力。

经过现场踏勘,目前可将 3 号线北端票亭及边门右移后原处增设 6 个出站标准通道、3 号线双扶梯处增设 3 个出站标准通道、2 号线 B 口出站处增设 1 个出站标准通道或将 2 号线 A 端扶梯上方客服中心用移动 BOM 替换，将出站闸机往非付费区域移动，扩大付费区面积，改造后车站出站能力共计提升 9 000 人/h，改造情况如图 4-10 所示。

图 4-10　车站出站闸机增设位置

（四）优化前后客流仿真对比

在采取压缩列车行车间隔、增加列车停站时间、提高售票能力、提升出闸能力、调整走行流线的基础上，对比优化前后的客流仿真图，仿真结果如附图 16 和附图 17 所示。

（1）优化后的车站售票能力较之前提升 33%，出闸能力较之前提升 17.85%，站厅 TVM 前排队及 3 号线北厅、中部、南厅出闸机前拥堵现象均有明显缓解。

（2）走行流线的调整，消除了双流西方向头端站台及步梯处的拥堵瓶颈点。

（3）受车站站厅及站台容纳面积的限制，3 号线站台的客流压力依然很大，同时会局部加剧非付费区北厅进出站流线交叉点的拥堵情况。

针对优化后仍存在的问题，一是车站要加强站台乘客引导，实时跟进客流变化情况，当出现突发大客流时，及时联系备车上线或开行大站空车，缓解站台客流压力；二是重点关注非付费区北厅进出站流线交叉的拥堵点，利用铁马隔离进行分流，同时安排专人值守，最大限度减缓客流对冲。

三、线路拥堵情况联控

以成都地铁为例，当某线发生列车晚点、突发事件导致客流拥堵时，分别以拥堵线路最大断面 10 min 到达圈的本线换乘站和 10~15 min 到达圈的本线换乘站为中心，圆形辐射 10 min、5 min 到达圈层大客流站点，进行进站、换乘客流控制，以缓解拥堵线路客流。

如表 4-18 所示，若在高峰期 1 号线发生设备故障导致晚点 5~10 min，则启动 1 号线线路联控，韦家碾、升仙湖、火车北站、文殊院、骡马市、省体育馆、倪家桥、桐梓林、世纪城、天府三街、天府五街、华府大道、四河、华阳、海昌路、广都、五根松站采取进站限流措施，减少 1 号线线路客流压力；若故障长时间未恢复，列车晚点 10 min 以上，则启动线网联控措施，除 1 号线车站外，2 号线茶店子客运站、羊犀立交、一品天下、蜀汉路东、白果林、中医大站，3 号线市二医院、衣冠庙、高升桥、红牌楼站，4 号线中坝、成都西站、清江西路、文化宫、草堂北路站，5 号线花牌坊、抚琴、省骨科医院、科园站，7 号线龙爪堰、武侯大道、琉璃场、四川师大、狮子山、理工大学站采取进站、换乘客流卡控，以减少换入 1 号线的客流，缓解 1 号线的客运压力，降低客流风险，达到客流风险管控目的。

表 4-18　成都地铁早高峰线网拥堵联控表

拥堵线路	限流车站						
	1号线	2号线	3号线	4号线	5号线	7号线	10号线
1号线	韦家碾、火车北站、升仙湖、文殊院、骡马市、省体育馆、倪家桥、桐梓林、天府三街、天府五街、华府大道、四河、华阳、海昌路、广都、五根松	茶店子客运站、犀浮立交、蜀汉路东、一品天下、白果林、中医大	市二医院、衣冠庙、高升桥、红牌楼	中坝、成都西站、清江西路、文化宫、草堂北路	花牌坊、抚琴、省骨科医院、科园	龙爪堰、武侯大道、琉璃场、四川师大、狮子山、理工大学	无
2号线	火车北站、文殊院、骡马市	犀浦、天河路、百草路、茶店子客运站、羊犀立交、一品天下、白果林、牛市口、塔子山公园、洪河、书房、龙泉驿	动物园、昭觉寺南路、前锋路、红星桥、成都行政学院、市二医院	中坝、成都西站、清江西路、文化宫、草堂北路	花牌坊、抚琴	龙爪堰、武侯大道、四川师大、理工大学	无
3号线	火车北站、人民北路、文殊院、骡马市	白果林、中医大、牛市口、塔子山公园	动物园、昭觉寺南路、前锋路、市二医院、衣冠庙、高升桥、红牌楼	玉双路、万年场、槐树店	花牌坊、抚琴	龙爪堰、武侯大道、理工大学	太平园

续表

拥堵线路	限流车站						
	1号线	2号线	3号线	4号线	5号线	7号线	10号线
4号线	升仙湖、火车北站、人民北路、文殊院、驷马市	茶店子客运站、羊犀立交、蜀汉路东、果杭、中医大	动物园、昭觉寺南路、锋线、红星桥、市二医院	万盛、涌泉、凤凰大道、清江西路、文化宫、草堂北路、玉双路、万年场、槐树店	花牌坊、抚琴	老爪堰、武侯大道、四川师大、理工大学	无
5号线	省体育馆、倪家桥、桐梓林	茶店子客运站、羊犀立交、蜀汉路东、果杭、中医大	动物园、昭觉寺南路、锋线升	中坝、成都西站、清江西路、文化宫、草堂北路	大丰、石犀公园、花牌坊、抚琴、省骨科医院、科园	九里堤、武侯大道、琉璃场、四川师大、狮子山	太平园
7号线	火车北站	茶店子客运站、羊犀立交、蜀汉路东、果杭、中医大	动物园、昭觉寺南路、驷马桥	中坝、成都西站、清江西路、文化宫、草堂北路、槐树店	花牌坊、抚琴	九里堤、武侯大道、琉璃场、四川师大、狮子山、理工大学	太平园
10号线	无	无	无	无	无	无	太平园、华兴

四、客流管控信息化系统管控案例

面对大线网运营的现状和挑战,传统客运组织方式存在较多弊端,无法实时掌握线网客运状态,无法了解运力与客运量的匹配程度,无法对未来客运量进行较为准确的预判预警,难以对线网客运状态及客运信息及时准确地推送至乘客,鉴于上述问题,结合信息科技的发展趋势,需要建设一套满足大线网运营模式下的客流管控信息化系统,以此为依托,整合客流、行车及其他客运数据,建立科学的运算模型进行合理分析,并通过安全、便捷的传输途径,将相关信息传达至运营参与者,以便运营管理者及时或提前掌握客运状况,辅助决策线网客运行车组织方式,同时能将运营信息及时告知乘客,以便提前规划行程,达到提前引导及分流的效果。

该客流管控信息化系统通过建立中心机房,作为数据库存储及处理的服务端,并利用轨道交通骨干网络连接各通信机房,收集各条线路 AFC 设备闸机数据,并同时在线网换乘或大客流站点布置中国移动手机信令终端设备,实时采集站内客流数据,进行进出站客流的实时清分,并用于修正和调整 MLC 提供的客流清分参数及比例,实现线网客流更实时与准确地分析和统计,从而为运营管理者提供及时且精度较高的客流数据;同时基于 BS 架构,建设一套网页可视化界面,并在 COCC、OCC 及车站等重点部位设置显示终端,通过具象化的可视界面显示线网客流动态,辅助运营管理者进行客运和行车方式调整。

基于此种情况,成都地铁在经过调研论证、技术方案对比,并结合运营设备设施现状的情况下,自主建设了一套线网运营信息分析系统(Network Operating Information Analysis System,NOIS),主要对线网客流数据进行较为精准的实时采集和短时预测,为运营管理者及乘客提供客运状态信息及提示建议。

(一)系统架构

线网运营信息分析系统(NOIS)可划分为三大主要子系统:客流数据采集子系统、运营状态分析子系统和信息发布子系统。

1. 客流数据采集子系统

客流数据采集子系统是针对轨道交通全路网络所覆盖车站和在线运营列车采集实时数据，获知车站关键区域及行驶列车车厢内的客流实况、客流密度、列车实际运行轨迹信息、运行计划，以及位于车辆、车站处重要设施设备的运行状态。为准确、实时地获知并判断线网运营实况，需要从多方面采集数据来确保计算全量精准。

客流数据采集子系统目前以清分系统（ACC）为基础数据来源，以列车自动监视系统（ATS）、人工信息录入以及中国移动手机信令数据作为辅助，能够为该系统提供精确度较高的客流数据来源，用以作为数据源。

2. 运营状态分析子系统

运营状态分析子系统是整个系统的后端系统，也是系统的核心，它负责汇集由实时数据采集子系统采集上传的异构数据源，经系统模型处理，生成多种营运指标数值，包括断面客流、区域密度、饱和拥挤度等量化指标，根据系统预设的着色规则，对各量化指标进行综合处理，以"红、黄、绿"三色作为主要定性指标输出结果到信息发布子系统，由信息发布子系统负责将三色结果传送到各显示终端及外界媒体。

3. 信息发布子系统

信息发布子系统负责将系统发布的指令通过传输网络发布到各外部信息呈现系统，呈现系统根据既有逻辑执行指令，负责把服务信息展现给管理者和乘客。

对内，管理者可以通过系统网页界面、地铁 App 以及 COCC、运营生产管理系统（PMS）等接口系统，实时了解运营信息和客流状态、接收预警信息和辅助决策建议。

对外，乘客可通过 App、网络、PIS 屏等多种方式获取运营信息，及时了解轨道交通运营状况，相应调整个人出行路径。

（二）系统功能

成都地铁线网运营信息分析系统（NOIS）于 2016 年底开展调研论证及建设工作，于 2018 年 12 月完成系统全功能上线试运行，系统以网络统筹、集约化管控及精细化运营服务为目标，建立以数据中心服务器为基础，ACC数据和手机信令数据为依托，线网运营下客流信息的采集、分析、发布为主线的线网运营信息分析系统，实现面向公众乘客和管理人员的综合运营信息平台，系统设计方案如图4-11所示，系统主要框架如图4-12所示。

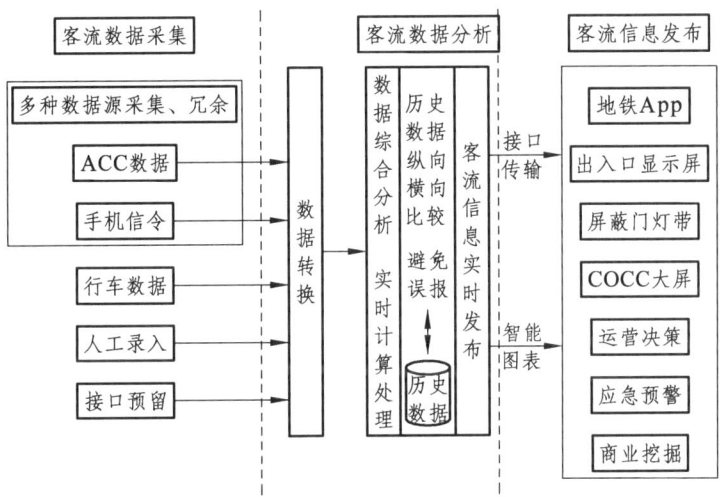

图4-11 系统设计方案

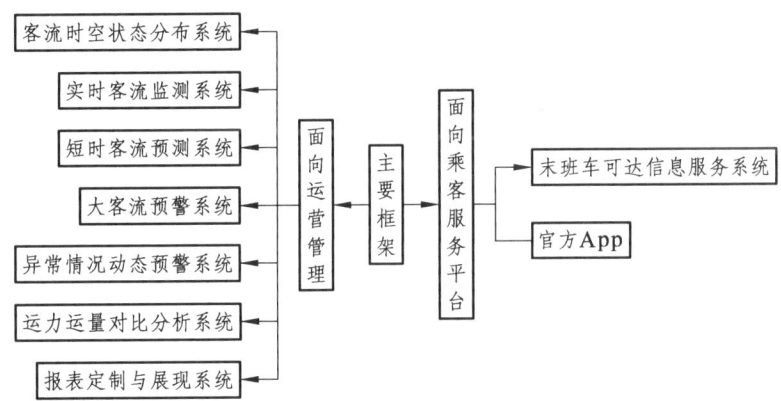

图4-12 系统主要框架

1. 客流时空状态分布子系统

客流时空状态分布是指，在客流采集的基础上，通过相关模型算法等实现线网、线路、断面、列车、车站的历史客流精细化、精准化地获取与分析，实现换乘站各换乘方向换乘客流的计算。其中断面客流量和区间拥挤度指标的时间粒度精细化到 5 min，其他指标的时间粒度精细化到 2 min。通过精细化清分，可以掌握客流在线网上的时空分布情况，同时可在城市轨道交通运营信息统计分析、乘客出行诱导、运输能力评估及突发事件处置协调等多方面发挥重要作用，客流时空状态分布子系统界面如图 4-13 和图 4-14 所示。

2. 实时客流监测子系统

实时客流监测以当日的 AFC 实时客流数据为基础，以 ACC 清分清算中心为基础数据来源，基于设置日期的客流规律预测，经过实时客流预测数据输入功能对数据清洗/变换，保存为预测用的客流数据，通过客流预测模型实现实时客流预测。生成轨道交通实时客运量、断面客流量、进出站量和换乘量等指标，为仿真平台和运力配置计划提供模拟客流的数据支持，同时为轨道交通列车运行组织和车站客运组织提供重要依据，实时客流监测子系统技术路线如图 4-15 所示，实时客流监测子系统（车站）如图 4-16 所示。

3. 大客流预警子系统

突发大客流情况下客流预测指定大客流发生的时间和地点以及客流量大小，加载大客流情况下客流预测模型，通过实时/短时客流数据、同类型的历史参考数据，对大客流事件影响的时间范围、空间范围进行预测。突发大客流的特点主要是时间和空间上存在较大的难以预测性。比如在一些重要的节日对地铁车站造成的影响就是客流量会在短时间内快速增长，大客流预警子系统技术路线如图 4-17 所示，大客流预警子系统如图 4-18 所示。

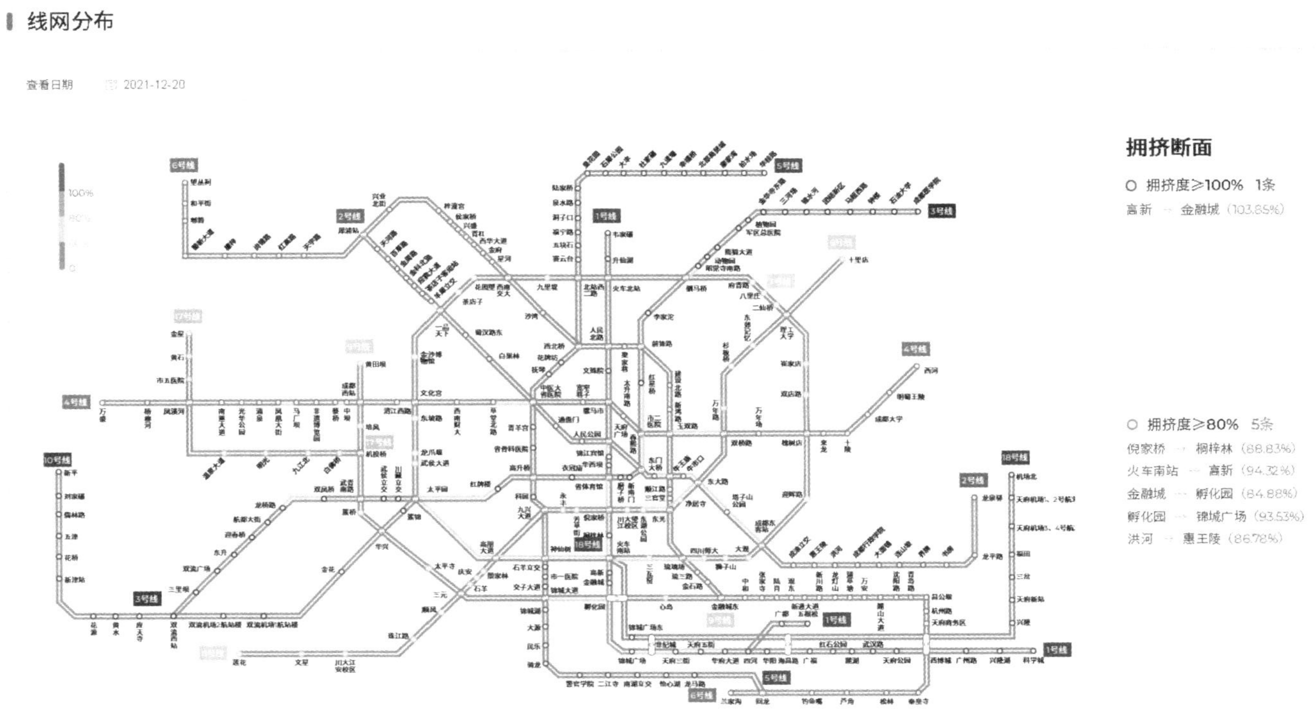

线网分布

查看日期 2021-12-20

拥挤断面

○ 拥挤度≥100% 1条
高新 → 金融城 (103.89%)

○ 拥挤度≥80% 5条
(倪家桥 → 桐梓林 (88.83%)
火车南站 → 高新 (94.42%)
金融城 → 孵化园 (84.88%)
孵化园 → 锦城广场 (93.53%)
洪河 → 惠王陵 (86.72%))

图 4-13 客流时空状态分布子系统（客流）

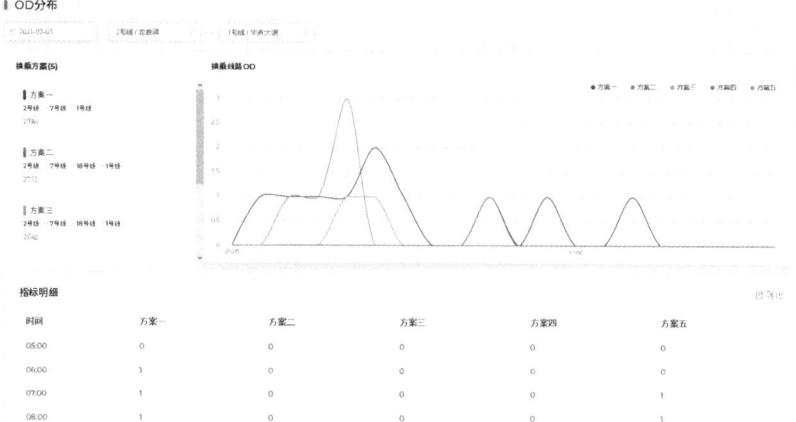

图 4-14　客流时空状态分布子系统（OD）

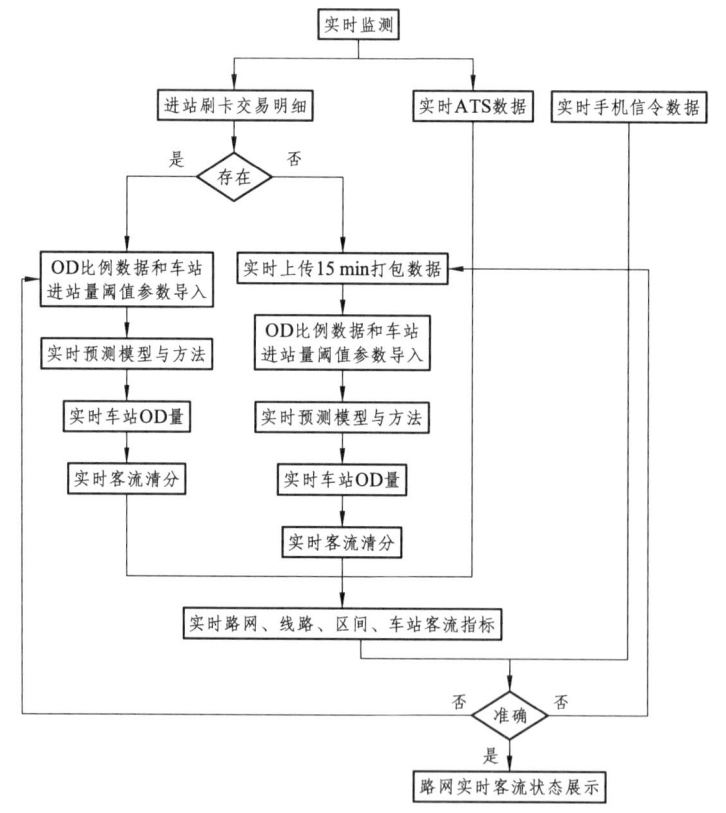

图 4-15　实时客流监测子系统技术路线图

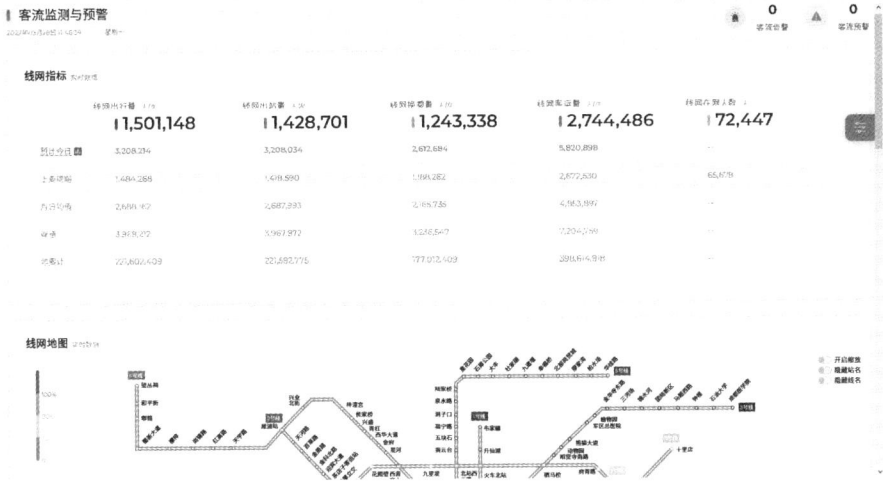

图 4-16 实时客流监测子系统(车站)

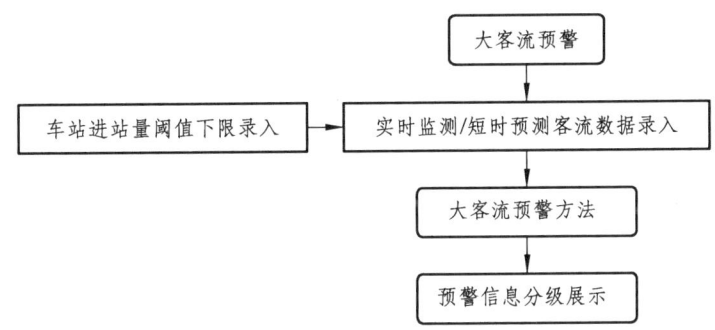

图 4-17 大客流预警子系统技术路线图

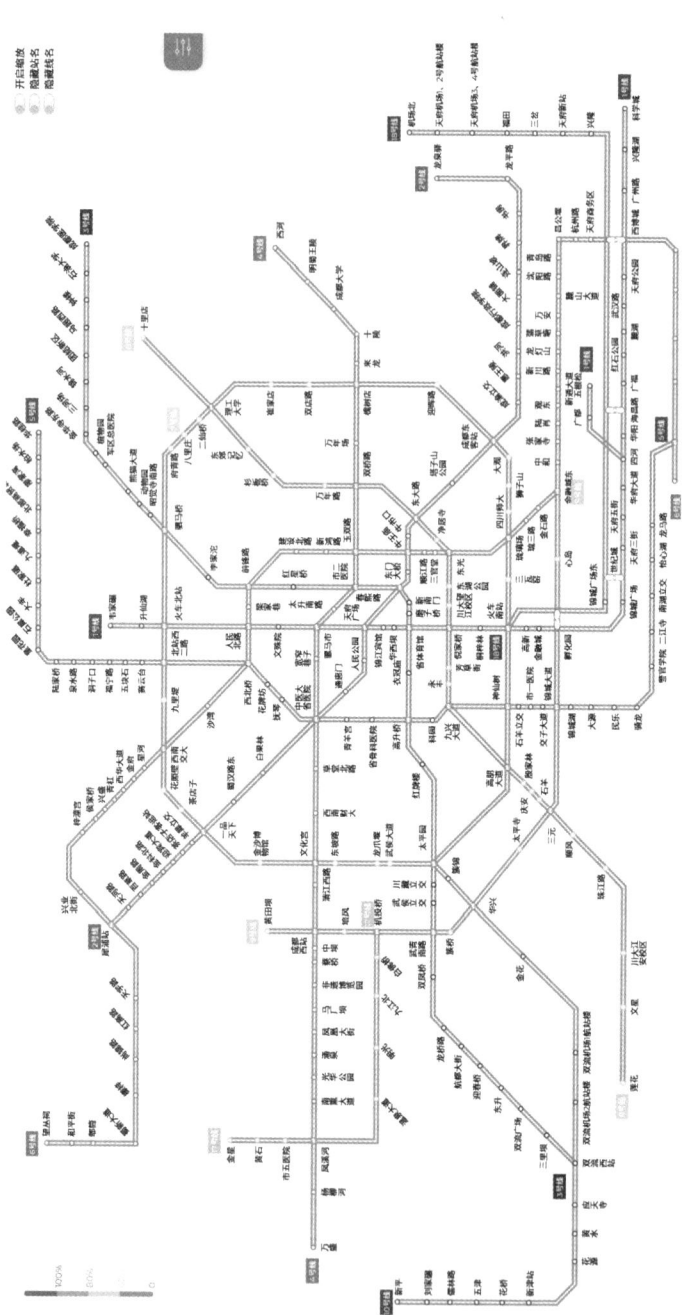

图 4-18 大客流预警子系统

4. 短时客流预测子系统

首先判断相应的 AFC 实时客流数据是否为异常值,当发现异常值后进一步判断异常值产生的原因,当确定 AFC 实时客流数据与实际进站量偏差较大时用合理的进站量替代异常进站量。

然后根据轨道交通周期性的特征,采用一元线性回归法,利用已知历史同期客流量数据求得各阶段参数,并利用实时客流预测数据进行短时未来半小时至一小时客流预测。利用历史同期数据平均值预测未来一小时至运营结束时间段客流量。最后根据实时客流预测模型得到的参数以及未来半小时内每 15 min 进站量数据预测未来半小时至一小时每 15 min 进站量数据;根据历史同期每 15 min 刷卡打包数据预测未来一小时至运营结束的进站量数据。短时客流预测模型与算法技术路线如图 4-19 所示,短时客流预测子系统如图 4-20 所示。

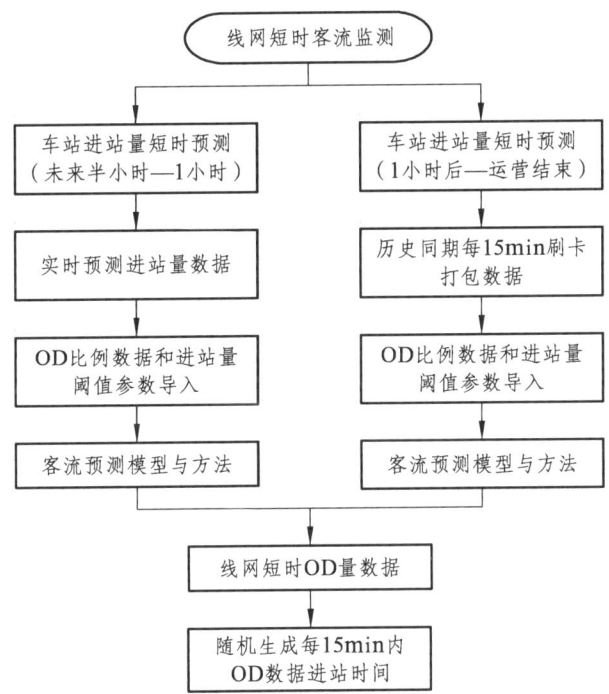

图 4-19　短时客流预测模型与算法技术路线图

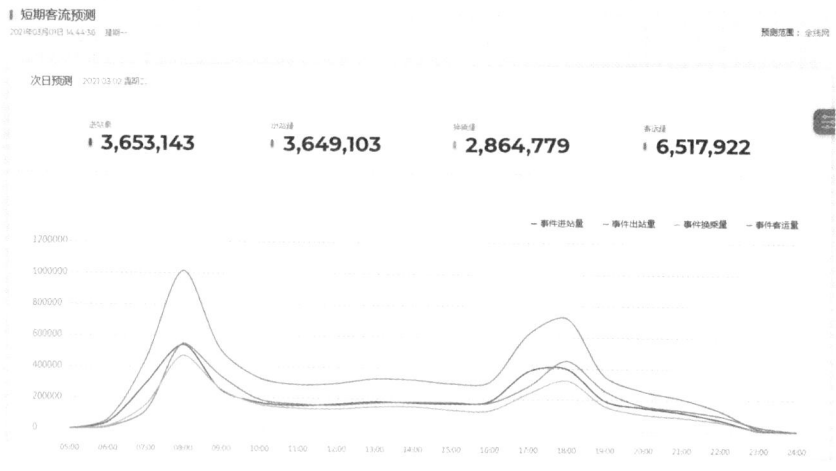

图 4-20 短时客流预测子系统

5. 异常情况动态预警

为了满足城市轨道交通列车高效、有序和安全地运行以及方便旅客的出行需要，系统需要具备异常情况下的动态预警功能。异常情况下，通过运行图调整、客流预测，并结合 ATS 实时数据，得到 5 min 粒度的断面客流量、拥挤度和 2 min 粒度的进站量、换乘量、客运量客流指标，并根据上述指标实现异常情况下的车站客流动态预警以及区间客流动态预警功能，异常情况动态预警子系统技术路线如图 4-21 所示，异常情况动态预警子系统如图 4-22 所示。

6. 列车运行图运力运量匹配子系统

列车运行图运力运量匹配仿真是指在成都地铁精细化清分结果和客流预测结果而获得客流时空分布情况的基础上，通过采集成都地铁既有列车运行图、车辆跟踪等行车数据，构建运量运能匹配的关系模型并进行渲染仿真，从而对线路运力运量的匹配进行可视化展示，列车运行图运力运量匹配子系统技术路线如图 4-23 所示，列车运行图运力运量匹配子系统如图 4-24 所示。

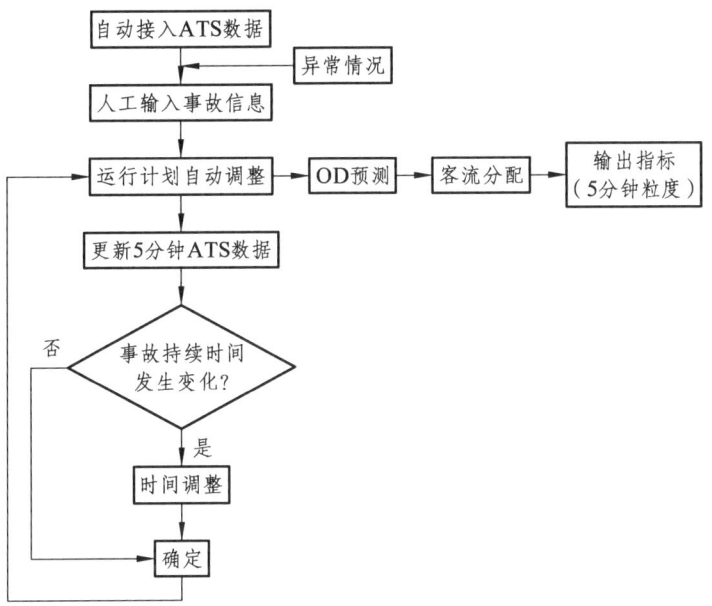

图 4-21　异常情况动态预警子系统技术路线图

图 4-22　异常情况动态预警子系统

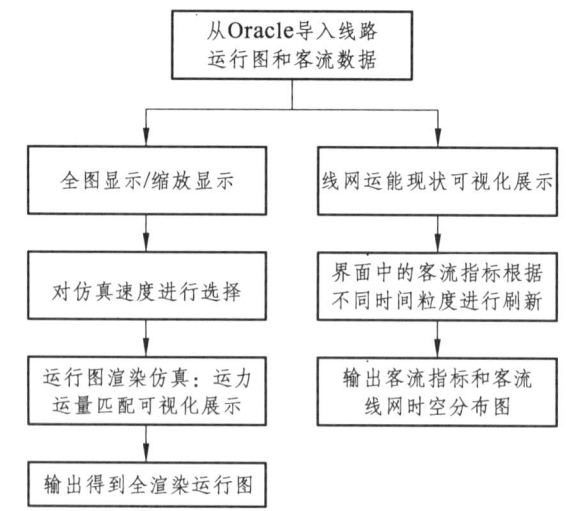

图 4-23　列车运行图运力运量匹配子系统技术路线图

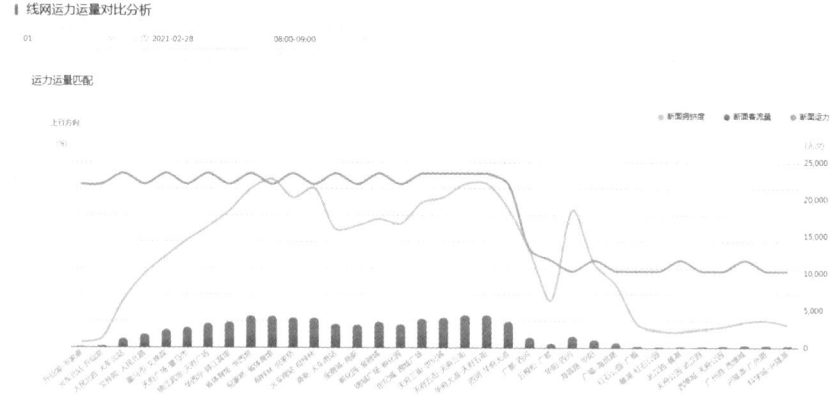

图 4-24　列车运行图运力运量匹配子系统

7. 报表定制与展现子系统

报表的定制与展现是基于精细化清分系统计算出来的涵盖线网、线路、区间、车站的各个客流指标数据，并根据成都地铁实际需要，定制包括换乘站指标、车站指标、断面客流量指标、断面拥挤度指标、线网指标的 5 类固定报表，常用日报报表以及指标查询与对比图表，同时实现对报表数据的更新、查询功能，呈现界面如图 4-25 所示。

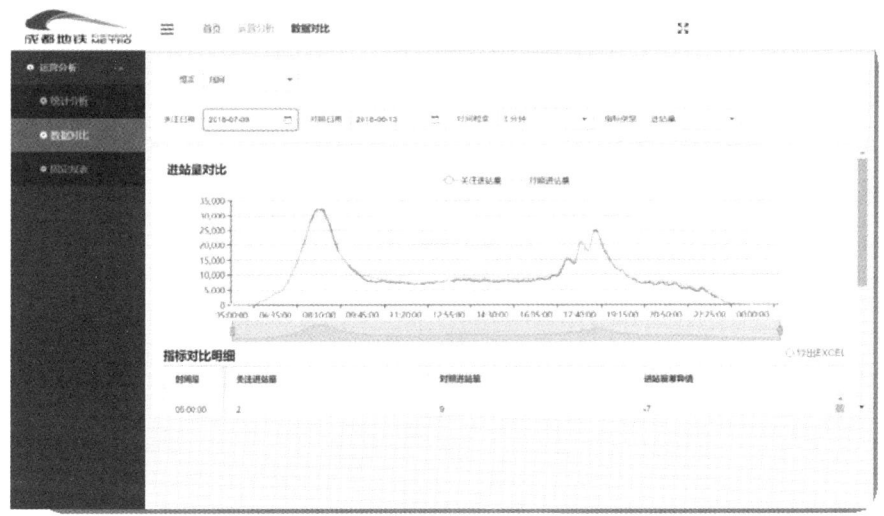

图 4-25 报表定制与展示子系统

8. 末班车可达信息服务子系统

末班车可达信息服务是基于地铁线网可达路径以及列车运行图时刻表数据，根据乘客出行的时间、起点站或者起点站与终点站，通过 K 短路、时刻表推算等模型与算法，准确计算出乘客特定出行时间下的可达车站以及可达路径等信息，为乘客的出行提供精细化指导，避免错过末班车的情况，呈现界面如图 4-26 所示。

第五节　本章小结

在进行轨道交通车站客流风险管控时，车站工作人员通过静态、动态能力匹配分析，结合信息化管控手段，提前掌握车站客流风险点，有针对性地制定防控措施，如客流管控、车站改造，结合行车组织调整，降低客流风险，从而保障线网客运组织平稳、安全、有序。

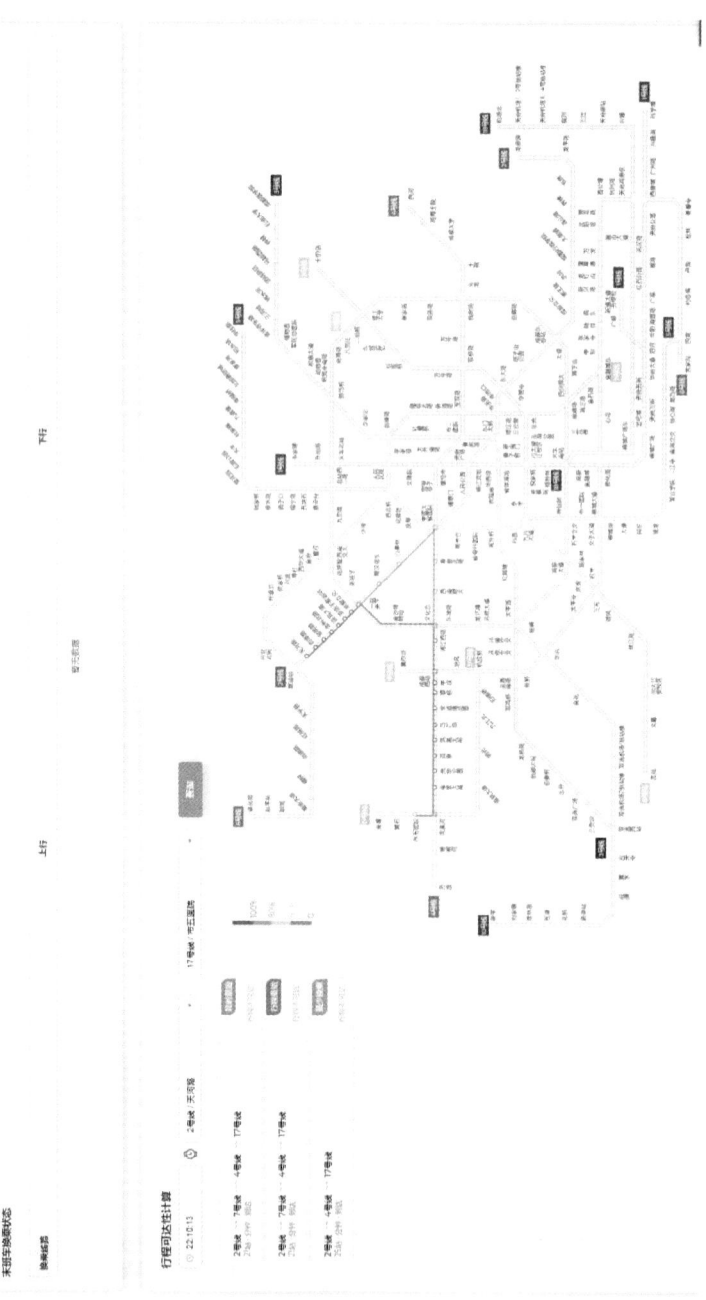

图 4-26 末班车可达信息服务子系统

第五章 车辆系统设备风险管控技术

十三五期间，我国城市轨道交通快速发展，在引领城市发展、缓解大城市交通拥堵方面发挥着重要作用，城市轨道交通车辆系统的安全稳定运行是城市正常运转、市民出行的基本保障。随着网络通信技术、现代控制理论的快速发展，车辆系统设计更加数字化、智能化及网络化，各个子系统关联性越发紧密。在车辆系统设计、制造、测试及运用维护过程中，任何一个子系统的软硬件故障都可能造成运营风险。因此，车辆系统是一个与安全强相关的系统，如何对车辆高集成化的系统进行风险分析评估，是城市轨道交通可靠性、安全性管理工作的重点。目前正线发生车辆系统故障时，主要通过司机反馈、车辆人员上车确认及应急处置，存在主观判断差异，导致远程指导效率低，造成影响扩大等问题。本章节重点研究车辆各个子系统主要风险源，分别从风险发生概率、影响严重程度等方面采取科学的风险管控措施。

第一节 车辆风险影响要素

在城市轨道交通车辆风险管控过程中，可能会出现车辆设备设施故障导致列车晚点、救援等车辆风险发生，因此需要现场人员采取一定的管控措施，降低运营车辆设备风险。

在面对车辆设备风险时，首先需要判断影响风险的要素，应针对生产工艺、作业活动、设备设施、作业环境、人员行为和管理体系等方面存在的安全风险，从人的不安全行为、物的不安全状态、环境缺陷、管理缺陷四方面梳理查找触发因素，以便采取相应的措施。

一、人的因素分析

人的因素主要分为心理、生理和行为两大方面危险和有害因素。

1. 心理、生理性危险和有害因素

心理、生理性危险和有害因素主要包括：负荷超限；健康状况异常；心理异常；辨识功能缺陷；其他心理、生理性危险和有害因素。

2. 行为性危险和有害因素

（1）操作错误：包括不严格执行操作规程、设备使用说明书；未按规定佩戴个人防护用品；未按规定佩戴设备防护装置；未按规定设置作业场所防护设施。

（2）监护失误：监护人员不在场、监护不到位。

（3）检修技能不足：对设备设施、操作规程不熟悉；检修经验不足，判断力不够；操作技能不足、业务不熟练；不清楚危险源。

（4）其他操作错误：忘记某个操作、遗落物品、忽视警告；检修保养不到位（检修不仔细未能发现排除问题）、操作不到位（如没拧紧、没牢固等）、操作后没有及时复位、物料使用不足等；检修中物件放置不当导致物件意外脱落等造成人员伤害，人员疏忽、操作不当等导致人员意外伤害、设备受损等。

二、物的因素分析

物的因素主要包括危害物质、设备设施工具缺陷、设备设施工具故障、防护缺陷或故障等。

1. 危害物质

包括抛射物、飞溅物、坠落物、反弹物、气流卷动、制冷剂等。

2. 设备、设施、工具、附件缺陷

包括设备、设施表面的尖角利棱和不应有的凹凸部分等；重心过高、底座不稳、支承不正确等。

3. 设备、设施、工具、附件故障

包括设备设施失效；零件断裂、变形、松脱、腐蚀、磨损、老化、破损、缺少零件、跑冒滴漏、电气短路、断路、虚接等；尺寸、位置超限等。

4. 设备设施超负荷运转

包括超过使用年限、备品备件不足等。

5. 防护缺陷或故障

包括门、梯、架、栏、网、锁、支撑等存在缺陷或故障；报警装置存在缺陷或故障；绝缘垫、接地装置、验电器等防电伤害设备设施存在缺陷或故障；其他防护设备设施存在缺陷或故障；设备布置、机械、电气、防火、防爆等安全距离不够和卫生防护距离不够等。

三、环境因素分析

环境因素主要包括恶劣气候与自然环境、作业场所环境不良和其他作业环境不良等。

1. 恶劣气候与自然环境

包括大风、极端气温、雷电、大雾、冰雹、暴雨雪、洪水、泥石流、地震、地质灾害等。

2. 作业场所环境不良

（1）自然通风差、无强制通风、风量不足或气流过大、缺氧、存在有毒有害气体、存在易爆气体。

（2）采光不足、照度不足、光线过强、烟尘弥漫影响照明等。

（3）乱堆乱放、遗落物品等。

（4）地面、通道、楼梯被任何液体、熔融物资润湿，结冰或其他易滑物等。

（5）作业场所狭窄不利于检修或易造成人员受伤；检修位置过高易造成人员受伤；设备所处空间狭小等，不利于设备运行。

（6）检修坑、检修孔、孔洞、排水沟、门窗开口等存在缺陷。

（7）地面或墙壁有突出的钢筋、裸露的电线头等。

3. 其他作业环境不良

生产设备、设施的设计或作业位置不符合人类工效学要求,易引起作业人员疲劳、劳损或事故的作业姿势。

四、管理因素分析

管理因素主要包括维护规程不规范、故障应急处置程序不完善和培训制度不完善等。

1. 维护规程不规范

目前城市轨道交通各个运营单位采用或指定的检修规程一是根据车辆生产厂家提供的检修建议,二是根据长期的运营实际,对检修规程不断完善和修订。但是由于目前对于车辆运行的状态分析仍然不够全面和深入,运营单位很难通过对车辆每日的运行状态给出相匹配的检修策略,制定合理的维修规程,所以为了保障城市轨道交通的正常运行,可能会出现对车辆的检修维护内容冗余、检修频率过高、人工成本投入过大、物资储备过多等情况,造成人力物力的大量浪费。

2. 故障应急处置程序不完善

现有的车辆应急处置程序主要根据生产厂家提供的建议并结合运营生产实际制定,存在考虑不全面、处置不恰当的问题,会造成运营风险的发生或者风险的扩大。

3. 培训制度不完善

在检修维修领域,由于检修维护缺少自动化判断和诊断工具,在很多情况下需要依靠人力来完成,包括日常目视检查等的检修维护质量与人员的素质和能力息息相关。因此,维修人员的工作经验和技术水平非常重要。

然而,一方面与传统交通行业相比,城市轨道交通行业发展时间较短,对于城市轨道交通车辆检修和维护方面的经验较少,由于新开通城市和新开通线路的迅速增加,有多年工作经验的维保人员通过工作变更、人员流通等方式迅速分散。另一方面,目前我国针对维修人员的专业培训力量不足,很多企业采用的师徒制培养方式,导致人才培养速度慢、成才难,人员经验被摊薄,成为了保障城市轨道交通安全运行的风险和隐患。

第二节　风险辨识评估

结合车辆系统结构、功能、控制逻辑、运营场景，充分评估车辆运营技术状态，根据车辆设备特点及风险管控基本原则，分类开展车辆系统风险辨识，根据风险评估程序、风险分级及评估方法科学评估车辆系统不同风险的等级，评估可能引发的运营突发事件类型和危害程度。

一、车辆系统风险辨识及分类

根据车辆设备特点及风险管控基本原则，分类开展车辆系统风险辨识，主要分为车辆风险、子系统风险和部件风险三类风险。

（1）车辆风险表示车辆系统整体性潜在风险，如车辆撞击、脱轨等。

（2）子系统风险表示车辆各子系统潜在风险，包括但不限于走行部风险、空调风险、车门风险、制动系统风险、牵引系统风险、辅助电气风险、受流系统风险、列车控制和监控系统风险、车体风险、内装风险、车钩风险、附属设施风险等。

（3）部件风险表示车辆子系统关键部件潜在风险，如运营过程中空调系统通风机不出风、轮对卡死等。

走行部关键部件风险包括但不限于构架裂纹、轮对异常磨耗、二系弹簧断裂、转向架部件脱落、齿轮箱吊杆断裂、接地装置异常、一系弹簧老化、损伤等。

空调系统关键部件风险包括但不限于空调机组异常振动、部件脱落、空调停机、紧急通风不畅等。

车门关键部件风险包括但不限于门扇卡滞、车门无法正常开闭、车门无法机械解锁、车门状态无法显示判别等。

制动系统关键部件风险包括但不限于制动风缸漏风或阻塞、干燥器失效、防滑功能失效、空压机压力开关失效等。

牵引系统关键部件风险包括但不限于电抗器滤波电容鼓包或爆炸、高压母线烧损、隔离开关未闭合等。

辅助电气关键部件风险包括但不限于蓄电池漏液或自燃、电气部件绝缘失效或短路、车间电气连接器脱落等。

受流系统关键部件风险包括但不限于受电弓裂纹或断裂、受电弓无法升降、受流器脱落等。

车体关键部件风险包括但不限于部件脱落导致侵限、剐蹭轨行区设备等。

内装关键部件风险包括但不限于部件脱落等风险。

车钩关键部件风险包括但不限于车钩缓冲器裂纹或变形失效、车钩紧固件丢失等。

附属设施关键部件风险包括但不限于座椅侧挡玻璃爆裂、烟雾报警系统缺失或失效、疏散门失效、安全标示缺损、应急照明失效等。

二、风险分级及评估方法

根据风险评估程序科学评估车辆系统不同风险的等级，评估可能引发的运营突发事件类型和危害程度。

（一）风险分级

可按照风险源发生可能性和后果的严重程度等，将风险划分为 4 级。

重大风险：指对风险缺乏有效的防控措施前，不能投入运营或进行作业的风险。

较大风险：指从企业运营成本效益和安全管理角度考虑，必须降低的风险。

一般风险：指在制定了足够可行的防控措施情况下，后果程度可容忍的风险。

较小风险：沿用已有的规章制度、控制措施，可不采取进一步防控措施的风险。

车辆系统常见风险参考表详见附表 1。

车辆系统运营风险等级划分标准如表 5-1（表中风险值大小参照半定量分析法确定）所示。

表 5-1　风险类别及管控基本原则

风险等级值（D）	风险等级	管控基本原则
55＜D≤100	重大风险	1. 停止作业，撤出人员。 2. 整改过程中定期对风险等级进行评估，风险等级降低后才能开始或继续工作。 3. 针对风险研究制定技术整改方案。 4. 如无有效的整改控制措施，将高风险列为重大隐患并组织整改，未整改前该风险停止运营或禁止工作
20＜D≤55	较大风险	1. 较高风险涉及正在进行中的工作时，应立即采取应急措施确保人员安全。 2. 针对风险研究制定技术整改方案。 3. 整改过程中定期对风险等级进行评估，风险等级降低后才能开始或继续工作
5＜D≤20	一般风险	1. 基于现有技术和成本，强化风险过程管控，维持或降低现有的风险等级，避免风险等级升高。 2. 针对风险研究制定技术整改方案。 3. 定期开展风险再辨识，结合风险管控情况对风险描述、等级、措施等要素进行评估
0＜D≤5	较小风险	1. 利用现有的管理制度作为管控措施，无需另外制定防控措施；如确有安全需要可另外制定防控措施。 2. 针对风险研究制定技术整改方案。 3. 定期开展风险再辨识，将风险控制在现有水平或消除，避免风险等级升高

（二）风险评估方法

风险评估方法分为是非判断法和半定量分析法。

1. 是非判断法

所要评估的风险源对象符合以下 3 种情况之一者，可直接定为较大及以上级别的风险源。

（1）不符合职业安全健康法律、法规、标准。

（2）直接观察到潜在的重大风险（火灾、爆炸等）。

（3）曾发生过事故，尚无合理有效的控制措施。

2. 半定量分析法（$L\times C=D$）

此评价方法首先是对辨识出来的风险源，预测评估其事故后果发生的可能性或概率（L 值）和事故后果的严重程度（C 值）。风险源的 L 和 C 的取值，由运营单位参照附表 2 和附表 3，并结合实际情况制定。

风险源的事故后果发生的可能性或概率（L）、事故后果的严重程度（C）确定后，按照"$L\times C=D$"的定量规则确定风险源风险等级 D 值的大小。

每年对所辖线路开展一次车辆系统风险全面辨识，持续发现未知安全风险。运营单位发现新的车辆系统风险或已有风险发生变化，导致发生可能性或后果严重程度显著变化时，应及时开展风险再评估，并根据评估结果修订风险等级。

第三节　风险管控技术

城市轨道交通采取车辆维保管理、更新改造及大中修、智能检测系统检测和应急保障等多种技术手段进行车辆系统设备风险管控，保障运营安全。

一、车辆维保管理

成都地铁在保证车辆质量、满足列车上线率的同时，持续探索适用线网车辆日常维保的组织模式，主要从车辆专业修程修制、生产组织、机制建设等方面开展维保管理工作，通过各维度检修措施，提高设备质量，降低车辆各部件安全风险发生概率，保证车辆运行安全。

（一）修程修制

为不断探索更符合成都地铁车辆的专业检修模式，车辆修程修制设置及优化以提升安全、效益、效率为原则，定期组织对车辆维修情况进行总结，对存在的风险隐患进行辨识排查，及时对修程修制调整优化，并按照调研、评估、试行、局部试点、全面实施流程推广新的修程修制，保证了车辆修程修制在维保工作中的指导作用。

随着线网运营规模扩大和运营里程的增加，车辆上线率不断提高，为满足实际运营需求，车辆专业通过实际情况分析、行业调研、试修等方式，最终开启了车辆新修程修制之路。在 1 号线开通之初，根据厂家对地铁车辆维修保养的要求，借鉴其他地铁维修经验，制定了"日检+双周检+三月检+定修"的传统检修模式，实现了作业全覆盖及作业量均分，一定程度上满足地铁维护要求。在 3 号线开通后，成都地铁"米"字形线网运营初步形成，对列车上线运营效率的要求进一步提高，原有的"日检+双周检+三月检+定修"已逐渐无法适应线网形势下的需求。车辆专业通过对故障、人员、成本等分析，对原有的维修模式进行整合，形成"列检+月修"的检修模式，将修程划分为 12 个月修，每个修程的侧重点不一样，减少了列车扣停时间，提高了车辆利用率。同时对日常维保中发现的风险点从管理、人员、环境、物等方面进行管控，将管控措施一并纳入相关修程修制中，确保各项维修项目和技术标准满足运营需求，保证车辆运行安全。

在车辆修程修制不断优化的过程中，对车辆部分部件、系统状态已逐步掌握，同时研究出合适的检修周期，为车辆状态修积累了大量的基础数据。依据车辆走行公里、时间周期及车辆质量状态，有计划地安排车辆定期检修，包括列检、月检、架修和大修。目前线网已全面实现"列检+月修"维修模式，并正在积极探索开展大架修均衡维修研究、市域快线专项维修研究等，适应线网维保管理的需求，车辆修程和维修间隔符合表 5-2 所示。

表 5-2 车辆修程与维修间隔对照表

序号	修程	维修间隔
1	列检	≤7 天
2	月检	≤1 个月
3	架修	60 万～80 万公里
4	大修	120 万～160 万公里

备注：各线路根据车辆实际运营里程选择合理的里程间隔，匹配制动系统等关键橡胶件寿命时间不超过 6 年，无法匹配地开展专项修或纳入日常维保进行检修。

列检：对车辆行车安全相关部件例行检查，故障处理，对部分关键部件如受电弓按规定的周期进行检测，确保车辆技术质量状态正常。每条线车辆每日运行里程不同，检修周期结合线路实际情况设置。检修停时原则上为 90 min，可根据各条线实际情况进行调整。

月修：对重要部件进行检查、调整和检测，部件清洁润滑，确保修程间基本技术要求和尺寸限度的衔接，更换磨耗易损件，确保车辆技术质量状态正常。其检修周期为运行时间（30±5）天。检修停时原则上为 1 天，可根据各条线实际情况进行调整。

注：架修和大修内容在本节更新改造及大架修内容中说明。

在既有修程开展的同时，为贯彻车辆专业全寿命周期维保管理理念，确保线网运营下车辆设备安全可靠、平稳运行，车辆专业每年结合实际运营情况及季节变化情况，开展了春检、秋鉴、冬检工作。

春检将防汛问题、季节性启停设备状态、上一年秋鉴和冬检遗留问题整改闭环等作为重点开展工作，车辆春检主要针对车辆空调系统、车辆防雷设备、场段防汛设施、车辆段工艺设备等开展专项检查，发现的问题同步安排进行整改，保证设备安全度夏。

秋鉴是对设备维护工作进行综合评定的主要手段，是制定设备大修、中修、维修计划和专项整治的重要依据。车辆专业秋鉴工作重点是对冬季即将投入使用的设备，如电加热相关设备进行全面检查，为保证冬季制暖做好充分准备，通过车辆秋季鉴定工作，提前处理线网部分常见故障，降低了车辆故障率，从而保证了车辆设备稳定运行。

为确保冬季低温天气下车辆专业设备运行稳定可靠，车辆专业根据历年冬季车辆设备故障情况，围绕电客车、车辆段工艺设备历史故障高发系统、季节性启用/停用设备、消防及用电检查等开展冬检工作，针对冬季检查发现的问题，组织落实整改措施并开展整改工作。

（二）生产组织

车辆维保过程中，合理的生产管理才能保证车辆维保工作顺利开展，目前车辆生产管理主要包括生产计划管理、检修管理等方面的内容，在维保工作过程中结合运营用车、检修、演练及培训等需求合理编制检修计划，并按计划落实，确保车辆检修任务按时完成。

在生产组织管理方面，主要包括生产计划管理、检修管理等内容。从1号线运营之初，采用人工方式制定生产计划，再到后来采用系统与人工结合方式使用资产管理系统（EAM），到目前全面应用运营生产管理系统（PMS）和施工管理系统制定生产计划，每次新的系统工具的应用，在车辆维保过程中，对生产计划的排产都发挥了至关重要作用，使生产计划和检修任务得以圆满完成，实现了车辆上线可用率和扣修率保持行业领先水平。

车辆作为运营载客的直接工具，其维保质量与检修管理息息相关，从1号线开通之时，车辆专业一直坚持从车间到班组的每日生产交班会制度，对故障处理情况、重点工作交接、安全生产事项等方面内容进行安排，在早交班会不定期组织开展车辆专业风险辨识和隐患排查学习，对辨识的风险点如车体内装和车钩等关键部位的紧固件可能导致脱落，要求班组成员在日常检修过程中从人员、物、管理、环境等方面进行检查，避免因检修不到位造成的较大事件发生。同时为保证生产安全和维保质量，车辆检修单位对安全管理、员工技能培养、故障处理流程等方面进行规范，对关键重要操作，制定单项工艺指导文件或安全规章，并在生产现场制作操作流程卡片。涉及重要安全生产环节的，制定双人甚至多人确认制度，不断完善管理制度，夯实生产现场基础管理，保证安全生产、维保质量和各项生产任务有效落实。

针对在维保生产过程中出现的各种安全问题、质量问题，总结经验教训，制定满足实际需求的切实可行的整改措施。对于重要操作，各线路车间制作工艺指导文件、安全规章、风险辨识台账等文件展板，明确每一步操作步骤、注意事项，涉及安全的进行双人甚至多人确认操作，不断完善管理要求，规范生产现场安全质量管理，确保安全可靠完成检修任务。

同时，为进一步规范车辆专业风险分级管控和隐患排查治理工作，结合日常生产、运营风险管控实际需求，车辆专业每年开展一次风险源辨识工作，同步更新并完成《运营公司通用运营安全风险数据库》编制，明确安全风险等级划分、辨识范围与要求，夯实安全管理基础，强化安全生产源头管理。

（三）制度建设

按照"制度化、标准化、规范化、人性化"的管理思路，从单线单一的车辆维保管理制度到线网运营多样化管理制度，车辆维保质量管理体系不断完善，对车辆维保质量要求也越高。

1. 分级开展车辆维保质量管理

车辆专业为有效贯彻和执行各项维保工作，分层分级开展车辆维保质量、供应商履约考评，从车辆正线运营表现、产品质量、问题整改推进情况等方面对进行客观评价，通过督办、约谈、考核等形式不断规范车辆维保质量管理工作。同时，建立《车辆质量管理办法》《车辆维保管理办法》《车辆技术管理办法》等适应车辆专业日常维保开展的各类管理制度，规范日常作业，提高车辆质量，降低安全风险发生。

2. 密切跟踪车辆运营质量

以"分级管控、结果导向"为原则，科学制定车辆维保质量目标，根据故障影响进行分级管控。针对指标故障、典型问题等组织技术力量进行攻关研究，从源头上杜绝故障重复发生，确保运营安全，同时对典型故障且无法规避的，纳入运营公司通用运营安全风险数据库统一管控。

3. 定期开展质量监督检查

紧紧围绕公司安全生产总体部署，切实提高对一线作业现场的安全质量管控，加强日常监督检查与常态化全覆盖专项监督检查，全面掌控车辆专业安全生产秩序。对日常作业过程中，可能造成的高坠、烫伤、磕碰等场段各设施设备维护工作单元，制定专项针对性的整改方案，限期完成，确保生产人员作业过程中人身安全。

地铁车辆是直接关系行车安全的核心设备，它的状态直接关系到地铁系统的运营安全和服务品质，车辆维保管理是"设备保安全"的重要管理体系，车辆专业在持续做好车辆维保管理同时，始终坚持"全生命周期"管理理念，并贯穿于车辆建设、运营全过程。在车辆生产过程中实施全程监造，狠抓源头质量管理，着力提升车辆制造品质，运营中实施"精细化管理"提升能效，始终坚持"求真务实"的管理方式，在专业管理、模块管理上不断做细做深。

通过严格的制度控制、规范的检修流程管理，持续优化修程修制，不断提高车辆维保质量，车辆系统故障率、有责清客频率、5 min 及以上列车服务可靠度等关键车辆指标处于国内第一方阵。

二、更新改造及大中修

随着运营时间增加，车辆系统设备陆续出现因线路、设备老化等多方面问题，通过大中修或更新改造对车辆系统设备全面进行维修、调整机械和操作系统、配齐必要附件等，能够使设备性能和精度达到或接近车辆设备出厂时的各项技术指标。因此，更新改造及架大修成为保障车辆安全运营，减少风险隐患的重要技术手段。

（一）制度建立

在更新改造、大中修项目实施过程始终以"设备保安全"为指导宗旨，不断完善项目管理制度和标准，对项目进行全程管控，保证项目依法依规、安全可靠地开展。结合多年的实践经验，逐步形成了符合质量标准、管理标准的业务技术管理制度体系。

（二）更新改造

技术改造是根据运营生产需要对既有轨道交通设备设施进行的技术性改造，旨在解决整体性老旧、能力或容量不足、存在的功能和性能缺陷、安全或故障隐患，具体包括：

（1）为消除既有设备设施缺陷和隐患，提高性能和质量进行的技术改造和采取的技术措施；

（2）为提升维修便利性、劳动安全进行的技术改造；

（3）为提高经济效益，降低成本、节约能耗、加强资源综合利用进行的技术性改造；

（4）为提高电气化、机械化、自动化、信息化水平，采用先进适用的新技术、新工艺、新设备、新材料等对设备设施进行的技术性改造或整体替换性改造；

（5）设备主要功能性能落后、能力或容量不足，不能满足运营使用要求，需要进行整体升级换代；

（6）设计建造标准低造成能耗高或是维修投入大、不具备维修价值，或设备寿命到期、停产淘汰，或无法保证备品备件供应，需要进行整体升级换代。

（三）大中修

大中修是设备管理单位对既有轨道交通设备设施按维修规程规定开展的维修类项目，旨在恢复设备性能状态。大中修项目包括大修项目、架修项目和专项修项目3种类型。

1. 大修

对设备设施的全部或大部分单元进行解体，对各单元进行清洗、检查、分解、修理、更换或修复不合格的零部件；大范围修复和调整设备的机械、电气及液、气动系统，修复设备的附件以及翻新外观等；通过对设施进行大面积修复、翻新，全面消除修前存在的缺陷，恢复设施的设计功能和精度；对设备部件进行更新、改造、升级换代可结合设备大修，纳入大修项目实施；对运行公里数或运行时间达到规定数值的地铁车辆进行全面分解检查、清洁、润滑及整修翻新，结合技术改造对部分系统进行全面更换，对车辆进行全面检测、调试及试验等。

2. 架修

对运行公里数或运行时间达到规定数值的地铁车辆主要部件进行分解、检查、修理、清洁，对寿命到限部件进行更换，对车辆进行相应检测、调试及试验等，恢复良好状态。架修属于中修范畴。

3. 专项修

根据设备状态，以质量评定结果或对单个设备进行解体拆解分析结果，根据设备故障原因分析结果或设备主要零部件使用寿命清单，当某一批次设备、某一部位、特定零部件或机构寿命到期或出现批量性问题时（例如磨耗超标、老化、存在缺陷或隐患），对该批设备出问题的部位、特定零部件或机构进行批量维修、更换，恢复良好状态。专项修属于中修范畴。

（四）技术改造及大中修项目管理程序

目前，车辆大架修均采用委外维修模式实施。成都地区车辆维修资源丰富，委外维修能充分利用成都本地车辆厂及配套系统厂家的优势，降低维修的质量安全风险。

1. 项目储备

项目实施前开展开工前维修能力评审，从"人、机、料、环、法"等各维度进行全面审查，及时补齐筹备阶段短板，确保项目顺利推进。

2. 项目立项审批

（1）立项基本原则。

技术改造项目立项应本着系统性、前瞻性、集约化的原则，切实提高设备设施运行质量，从而保障运营安全、改善服务品质。

① 系统性原则：同一类型项目原则上应一次性申报，不得分年、分线或责任主体分别立项。

② 前瞻性原则：立项项目应具有一定前瞻性，合理利用新技术、新材料、新工艺、新设备及科研项目成果。

③ 集约化原则：新增立项应充分考虑并利用既有系统、平台和资源，体现集约、可持续发展管控目标。

（2）项目申报基本条件。

① 设备运行存在重大安全隐患或缺陷，危害人身安全及健康。

② 有助于提升设备技术性能或生产效率、提高设备经济效益。

③ 设备经过多次修理，损耗严重，修复后技术性能不能达到工艺要求和无法保证产品质量。

④ 治理"三废"和环境污染，满足节能降耗要求。

⑤ 改善劳动条件及劳动保护措施。

⑥ 提高设备设施的自动化、信息化等技术水平。

⑦ 提升管理自动化、信息化水平。

⑧ 延长设备设施运行和使用寿命。

（3）立项准备。

① 设备管理单位每年根据大中修规程和设备设施实际状况对其进行评估/鉴定，以评估/鉴定结果为依据，编制年度技术改造及大中修项目清单，提出下一年度拟实施的项目建议。

② 对于拟实施的技术改造和大中修项目，设备管理单位应组织现场踏

勘、实地调研或测试，摸清实际情况，对项目实施的必要性、可行性、实施方案、实施效果、费用估算和进度计划等进行初步研究，编制项目建议书。项目建议书应说明项目概况、维修对象、维修内容、现状及评估结果、与规程匹配情况、建议方案、工期计划和估算费用。

（4）可行性研究。

① 涉及运营安全、影响范围广、接口复杂、实施难度大的技术改造项目，设备管理单位应委托专业单位进行可行性研究。

② 设备管理单位应做好各类设备设施修前调查和可行性研究，充分论证技术改造及大中修项目实施的必要性、可行性、经济性，并进行效果预评价。

③ 项目可行性研究报告（项目建议书）原则上应通过审查，并经内部审批通过。

（5）项目命名规则。

技术改造及中大修项目名称应精准体现实施内容，不刻意放大或缩小范围。

（6）项目实施方式。

设备设施技术改造及中大修项目实施方式包括：自主实施、委外实施、物资采购自主实施和物资采购委外实施4种方式。

（7）项目立项审批。

① 设备管理单位完成设备设施技术改造及大中修项目立项准备和可行性研究后，将年度项目清单和项目建议书报归口部门。

② 设备管理单位根据初审意见修订完善申报材料。

③ 审查通过后完成立项审批。

3. 项目招投标

需要委外实施的技术改造和大中修项目，项目建设管理单位应按照招投标及合约管理制度开展项目招投标工作，需采购技术改造和大中修所需物资的项目，按采购管理相关规定，组织物资采购。

4. 项目实施

（1）设计和监理。

涉及运营安全、影响范围广、接口复杂、实施难度大的技术改造项目，项目建设管理单位可委托设计单位进行设计、委托监理单位对项目实施进行监理。

（2）试修、试点。

① 项目建设管理单位对设备设施内部状况不完全掌握、需验证维修改造工艺和维修改造效果的技术改造和大中修项目，应先安排试修或试点；

② 设备管理单位应对试修拆解和试点情况进行写实和总结分析，掌握设备实际状况、需维修的部件和内容，验证维修工艺和技术标准的适用性、改造方案的可行性，评估维修改造效果，核算维修工时和成本，为批量安排维修改造积累经验，创造条件。

（3）项目进度控制。

① 项目立项审批通过后，项目建设管理单位（设备管理单位）负责组织实施，编制实施计划。

② 项目建设管理单位按照项目（含新增项目）年度实施计划推进项目实施，不得随意变更，确保按计划节点完成。

③ 项目建设管理单位应健全管理机构，明确职责和工作流程，对安全、质量、进度和投资目标进行有效控制，确保按计划完成工作任务，取得预期效果。

（4）项目安全质量控制。

① 项目建设管理单位应从项目施工质量过程卡控要求、验收标准以及安全风险防范要点等方面梳理设备设施技术改造和大中修项目安全质量卡控要点，要求简明扼要、易于落实执行。

② 项目建设管理单位按照施工管理相关规章开展施工组织设计和施工方案审批、安全协议签订、施工计划申报等，项目施工单位应做好"人、机、料"等相关进场施工准备工作，经项目建设管理单位开工验收合格后下达"开工进场令"，未取得"开工进场令"不得开展现场施工作业。

③ 项目建设管理单位严格按照相关规范和公司规章制度要求做好项目主要原材料和施工机具、设备进场检验和验收，检验和验收不合格的材料严禁进场使用。

④ 项目建设管理单位制定细则、严格落实项目过程安全质量控制，对于过程中检查发现的问题应签发"项目安全（质量）整改通知单"并形成整改闭环。情节严重的应下发"项目暂停施工令"，经整改合格后签发"项

目恢复施工令"。

（5）项目变更管理。

项目执行过程中需要进行变更（包括项目变更、技术变更、合同变更）时，按公司项目变更相关管理办法执行。

5. 项目验收及归档

（1）项目验收。

① 项目建设管理单位应按照国家、行业、地方相关规范和标准划分为检验批、分项、分部验收、单位项目预验收、单位项目实体质量验收、单位项目竣工验收，上一工序验收不合格，严禁进入下一道工序。

② 技术改造、大中修项目按合同要求全部完工、实现合同约定的各项功能后以每个合同为单位组织一次竣工验收。

③ 项目验收严格按照公司验收管理制度执行。

（2）项目投用。

① 项目投用前，设备管理单位应对设备设施运行使用情况、投用条件进行审查，明确投用时间和相关注意事项；

② 部分项目分阶段投入使用的，设备管理单位和项目建设管理单位应对拟投入的部分项目进行阶段验收，验收合格后方可投入运行；

③ 在线实施的项目，应在投入使用前进行检查测试或验收，合格后方可投入次日运营使用。

（3）文件归档。

项目建设管理单位按公司档案管理相关制度组织完成技术改造及大中修项目相关文件资料的整理和组卷移交。档案部进行监督检查、审核及接收归档。

（4）资产管理。

技术改造及大中修项目涉及新增资产、变更资产、拆除资产等资产管理事项按相关资产管理制度执行。

6. 效果后评估

项目建设管理单位组织对每个项目的总体情况、安全质量进度和投资控制、实施效果、经济效益、经验教训、存在的问题及建议措施等进行客观的总结评估，对技术标准、工艺质量标准、验收标准、维修规程的适用性进行评估，提出意见建议。

三、车辆在线监测系统

随着城市轨道交通规模的快速发展，支撑列车安全运营的生产业务需求也在不断增加，为了保证列车正线高效安全运营，目前列车均配置列车网络控制监控系统。该系统作为列车"大脑"，通过工业现场通信总线获取列车各系统主要运行状态数据，实现对列车车载实时监控，但是由于监控数据无法远程实时传输到地面，地面运营维护人员无法远程实时获取列车运营状态，当在线运行列车出现牵引等关键系统故障时，此前依靠的技术手段主要是司机现场对故障的应急判断与处理，有可能会出现司机误判列车故障等级，采取清线下客等不当故障处理方式情况，对列车正常运营影响较大。另外，由于地面列车检修维护人员缺少对线路列车设备故障有效统计及故障分析手段，目前国内检修手段大多采用日检、双周检、月检等周期性检修机制，该检修机制采用全面撒网方式，虽然能够对列车进行有效检修，但是存在维护指向性不明确，工作量大、效率不高等缺点，不利于成本控制。

结合运营发展需求，积极利用电客车 TCMS 系统在运行状态监控、故障记录及报警、车辆定位等方面的优势，搭建了车辆故障预警及健康管理系统，通过前期的试点验证与优化整改，系统具备牵引能耗数据自动记录、在线数据实时分析、变量状态监控、故障分类自动统计等功能，目前成都地铁已在 10 条运营线路上进行推广运用，同时以电客车关键系统为切入点，分析前期运行数据与运营风险，创新开发了关键部件故障诊断模型，搭建了车门、走行部等关键设备在线监测大数据平台，实现车辆关键设备状态实时监测、科学分析及预警预测，有效缩短了故障应急处置时间，提升了车辆运营服务质量。此外，通过整合电客车全寿命周期数据，积极探索电客车健康管理，搭建了列车故障预测与健康管理平台（PHM），该系统具有设备健康状态评估、故障预测与辅助决策能力，实现了电客车运维过程中的智能化管理和智能化服务，有效保障列车安全运营，提升检修运维效率，降低企业服务成本，并可助力电客车运维模式从故障维修、计划维修向预测性维修转变。

（一）系统概述

依靠列车网络控制监控系统，通过在列车上安装车载无线发送主机，将列车运行状态信息及故障信息通过无线数据传输通道发送到地面数据接收服务器，地面系统采用 B/S 架构搭建车辆故障预警及健康管理系统，通过浏览器实现对列车运行状态信息远程实时监控及故障实时提醒，同时对收集到的故障数据进行深层次的分类统计分析，牵引能耗数据自动记录和在线数据实时分析、变量状态监控、故障预测和健康管理等功能，从而为列车运行提供远程专家技术支持和远程诊断，同时帮助检修维护人员根据故障列车、列车故障系统发生频次制定重点检修维护保养计划，提高列车检修效率。目前已在 10 条地铁线路和 1 条有轨电车线路上成熟运用，并形成了线网统一的应用标准，此外已将该系统作为后续新建项目的标配系统。

以往正线故障发生第一时间主要依靠司机现场进行应急判断，报行调后转车辆技术人员分析后再处理。由于电客车各系统涉及的设备众多，故障原因不一而足，传统信息报送模式下，故障描述的准确性和及时性得不到保证，如图 5-1 所示。地面数据中心稳定运行后，正线故障处置效率进一步提高，车辆技术人员在正线故障发生的第一时间即可做出快速响应，如图 5-2 所示。

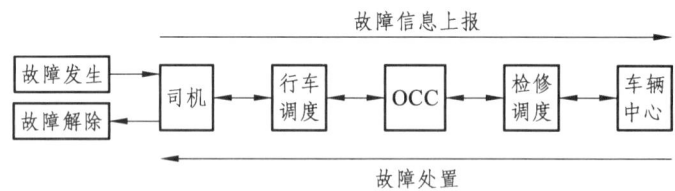

图 5-1 传统故障信息报送及故障处置流程

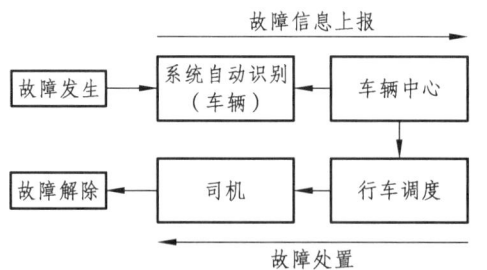

图 5-2 车辆在线监测系统运用后的故障信息报送及处置流程

（二）系统架构

TCMS 系统在线监测系统主要由车载信息采集系统、车载无线传输系统和在线监控分析平台三部分组成。通过部署车辆分布式数据采集网络，实现各系统原始数据的分布式采集、本地存储、实时数据融合、数据清洗等功能。然后将数据以规范的格式通过运营商 4G/5G/无线局域网络（WLAN）无线传输网络或者借用已有系统无线通道下传至地面系统平台，实现对子系统及关键部件状态进行状态监视、故障在线诊断、状态预警、趋势分析等功能，系统架构如图 5-3 所示。

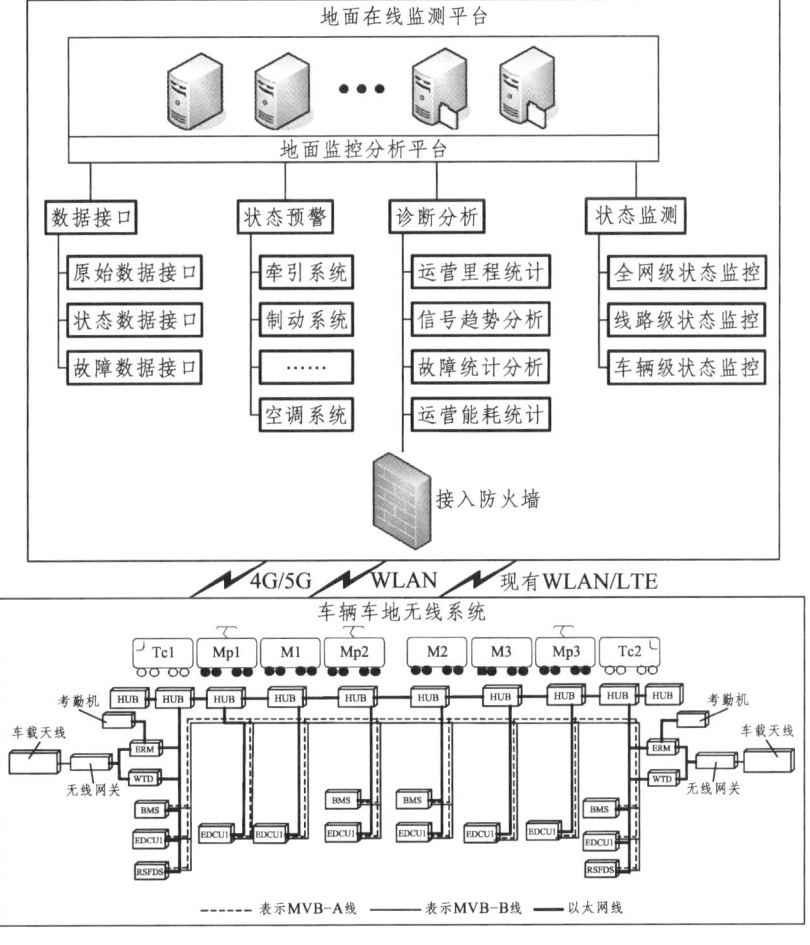

图 5-3　系统架构图

1. 车载信息采集系统

车载信息采集系统每列车配置列车数据记录与发送单元（ERM）、以太网数据收集与发送单元（WTD）、以太网交换机单元、考勤打卡机、车载无线网关、车载天线等设备，构成基于 MVB（多功能车辆总线）和以太网总线的综合信息收集网络。车载信息采集系统结构如图 5-4 所示。

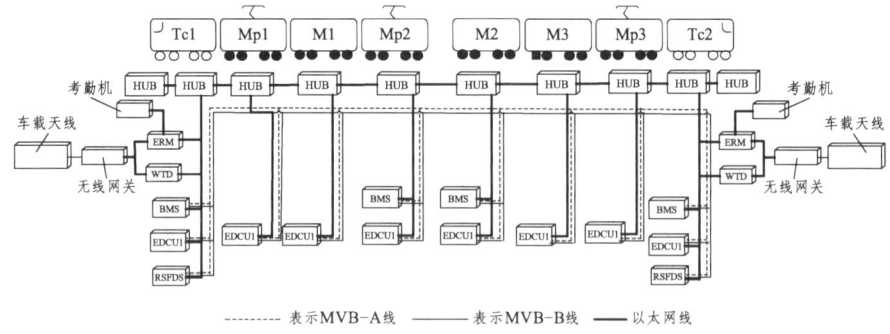

图 5-4　车载信息采集系统结构图

ERM 设备作为列车 MVB 总线数据记录与发送单元，头尾车各配置一台，分别挂载到 TCMS 网络，监听收集 MVB 总线上各子系统关键的状态及故障数据信息，并通过单独一路以太网接口连接考勤打卡机，获取驾驶司机数据信息和列车运行状态数据相结合上传到远程地面控制中心。

WTD 设备作为列车以太网总线车载数据中心单元，头尾车各配置一台，通过一路以太网接口，接入到以太网维护通信网络中，收集获取列车各子系统健康管理数据，并对收集各子系统数据进行数据融合、清洗和特征提取处理后，完成数据同步存储，同时借助 4G/5G/WLAN 等无线数据传输通道，实现数据远程无线上传。

每列车每节车厢至少配置一台 2 层 12 口百兆网管型交换机，头尾车厢至少各配置一台 3 层 12 口百兆网管交换机，构建以太网维护信息采集网络。以太网信息采集网络搭建应考虑采用冗余环网或者链路聚合搭建技术，提高以太网信息传输可靠性。

2. 车载无线传输系统

车地无线传输系统为车载信息采集系统提供车地无线传输通道，主要包括通过车载无线网关（可由 WTD 设备集成）和车载天线提供的 4G/5G/

WLAN 通道或者借用车辆已有的无线传输通道，如地面 PIS 系统的 WLAN 通道和信号系统的 LTE 通道等实现数据落地，流程图如图 5-5 所示。

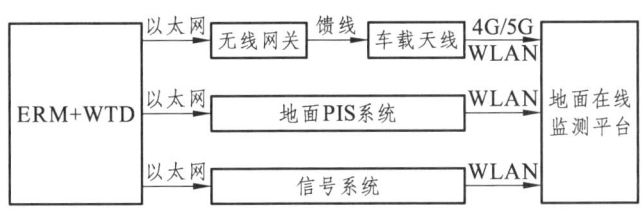

图 5-5　车地无线传输系统流程图

车载无线传输系统每列车配置列车车载无线网关（可由 WTD 设备集成）、车载天线等设备，为成都地铁车辆在线监测系统提供基于 4G/5G/WLAN 无线传输通道。

车载无线网关设备（可由 WTD 设备集成）主要负责为 ERM 设备与 WTD 设备提供统一的 4G/5G/WLAN 无线上传通道，头尾车各配置一台。ERM 与 WTD 设备各通过一路以太网接口接入到车载无线网关（可由 WTD 设备集成），借助无线网关实现 MVB 数据及以太网数据上传功能。

车顶天线连接车载无线网关（可由 WTD 设备集成），头尾车顶各配置一台，可有效增强车载网关信号收发强度。

ERM 和 WTD 也可以借助车辆已有的无线传输通道（如地面 PIS 系统的 WLAN 通道或者信号系统的 LTE 通道等）实现车辆数据落地，需要已有的无线传输系统为 ERM 和 WTD 的实时数据上传提供安全可靠的无线传输通道，并配合车辆进行车地联调工作，具体接口细节需要双方详细对接。

综合考虑各种数据传输通道的建设成本、可行性及稳定性，建议后续车辆数据（包括 MVB 网络数据、车载各子系统以太网数据、弓网数据、CCTV 数据等）统一采用运营商既有无线传输通道进行数据传输。

3．地面在线监测分析平台

地面在线监测分析平台由数据接入服务器、数据解析服务器、数据存储服务器、数据应用服务器构成的服务器集群、交换机、防火墙、终端显示设备等组成。平台分为 4 个层级，包括数据接入层、数据解析层、数据存储层与数据应用层。

数据接入层的功能主要由地面数据网关实现，数据网关接收车辆下发的车辆运维数据，结合标识解析接口将车辆数据与车辆、设备部件进行关联。数据网关包括负载均衡模块与数据网关模块两部分。通过本地软件/硬件负载均衡技术扩展现有网络设备和服务器的带宽、增加吞吐量、加强网络数据处理能力、提高网络的灵活性和可用性。

数据解析层应用构建实时数据流处理模块。流计算模型在数据流动的过程中实时地进行捕捉和处理，并根据业务需求对数据进行计算分析，最终把结果保存或者分发给需要的组件。

数据存储层采用实时数据库、分布式大数据库集群技术。实时数据库用来存储最新的车辆状态数据，为应用层的状态实时监控提供数据支持。

数据应用层提供车辆状态实时监控、故障实时提醒、历史变量分析、累计运营数据统计等功能。

（三）系统功能

系统总体功能包括列车状态监测、故障诊断、故障预警及数据分析，分别从PC端和移动端实现成都地铁车辆在线监测平台的交互展示。

1. 列车状态监测

（1）全景状态监测信息

根据车辆故障预警及健康管理系统接收到的车辆信息，系统对以下全景状态信息监测监控：列车整车状态信息，包括列车速度、供电状态、运行里程、时钟信息等；走行系统状态信息，包括轴箱、齿轮箱、电机及轮对等部件状态信息；牵引系统的状态信息，包括牵引电机、受流装置（受电弓或受流器）、牵引变流器、断路器、接触器等部件的状态信息；制动系统状态信息，包括电制动系统状态信息以及空气制动系统的制动缸、安全阀、气压状态、防滑系统等部件状态信息；辅助逆变器系统状态信息，包括辅助逆变器、接触器、充电机和蓄电池等部件状态信息；车门系统状态信息，包括开关门状态、驱动电机状态、门控器状态等信息；空调系统状态信息，包括冷凝风机、通风机、压缩机、温度传感器等部件状态信息；其他部件状态信息，包括关键元器件状态、与乘客安全相关信息等。

（2）线路级状态监控显示。

线路状态监控模块查看地铁线路的所有列车运行状态信息显示，包括：

列车号、网压、速度、运行模式、当前站、故障状态等信息，显示列车处于严重、中等、轻微故障状态以及严重、中等、轻微预警状态。可对当前线路的在线列车、离线列车、故障列车、预警列车进行统计，并能根据列车正线/库内状态、故障等级、预警等级等进行筛选显示。能够展示当前线路所有列车实时故障信息及预警信息，线路总览页面如图 5-6 所示。

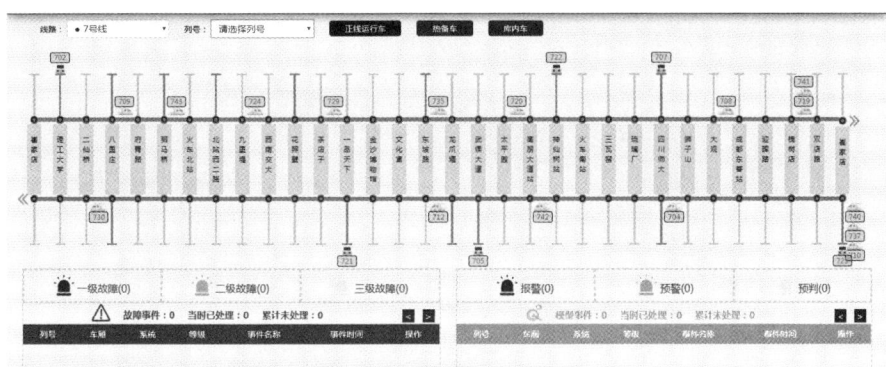

图 5-6　线路总览页面

（3）车辆级状态监控。

车辆级状态监控模块对某条线路的某一列车状态参数进行实时监控及展示，查看当前列车所处的当前站、下一站和终点站位置信息，以及列车处于正线/库内状态、里程、能耗等信息。对速度、网压、主风压力等关键参数通过仪表盘及图表形式进行显示，以车载司机屏显示的子系统参数为参考，包括列车牵引、辅助、制动、空调、车门、走行部、蓄电池、网络、列车广播系统（PIDS）、烟火等子系统。通过点击相应标签可切换查看列车各个子系统，各子系统的参数显示通过图标、字符串、数值等形式展示参数值。同时展示当前列车的实时故障信息和预警信息，有助于地面人员实时掌握列车运行工况以及司机的操作情况，车辆状态监控页面如图 5-7 所示。

（4）故障诊断。

根据地面在线监测分析系统能够接收到车辆信息数据，对走行系统、牵引系统、制动系统、辅助电气系统、车门系统、空调系统以及与乘客安全相关的系统进行实时故障诊断，包括电机温度超限、牵引风机故障、受电弓异常磨耗、弓网接触不良、牵引逆变器故障、电制动反馈信号异常、电制动失效、空簧压力超范围、安全阀故障、压力传感器故障、速度传感器故障、制动力不足、制动不缓解、网压过压、网压欠压、输入过电流、逆变器过电流、输出过压、输出欠压、过载故障、三相输出电流不平衡、车门未关好、车门未打开、门控器故障、冷凝风机故障、通风机故障、压缩机高压等故障。故障预警页面如图 5-8 所示。

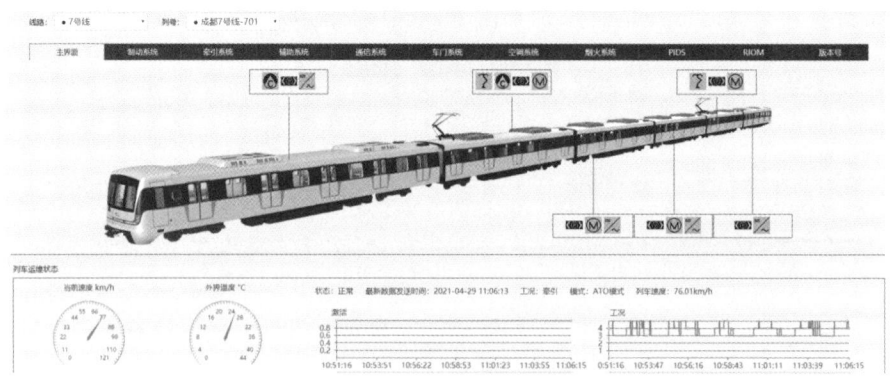

图 5-7　车辆状态监控页面

城轨PHM模型报表

开始日期：2021-02-23　显示条数：1000　模型名称：所有　合并左边相同值度行　生成报表

统计列：时间　全选

车型	列号	车厢号	速度	当前值	计算值	模型类型	告警类型	告警描述	时间
				蓄电池总线电压:117.5,蓄电池总线电流:9.2,蓄电池温度:20.79		充电机异常	充电机电压偏高-浮充电模式	充电机电压高于温度补偿曲线电压10%	2021-02-23 04:10:47
				蓄电池总线电压:117.6,蓄电池总线电流:9.0,蓄电池温度:20.78		充电机异常	充电机电压偏高-浮充电模式	充电机电压高于温度补偿曲线电压10%	2021-02-23 04:10:49
				蓄电池总线电压:117.7,蓄电池总线电流:9.6,蓄电池温度:20.72		充电机异常	充电机电压偏高-浮充电模式	充电机电压高于温度补偿曲线电压10%	2021-02-23 06:46:58
				蓄电池总线电压:117.6,蓄电池总线电流:8.4,蓄电池温度:20.66		充电机异常	充电机电压偏高-浮充电模式	充电机电压高于温度补偿曲线电压10%	2021-02-23 06:46:59
				蓄电池总线电压:117.6,蓄电池总线电流:8.7,蓄电池温度:20.68		充电机异常	充电机电压偏高-浮充电模式	充电机电压高于温度补偿曲线电压10%	2021-02-23 06:47:00
				蓄电池总线电压:117.6,蓄电池总线电流:8.4,蓄电池温度:20.63		充电机异常	充电机电压偏高-浮充电模式	充电机电压高于温度补偿曲线电压10%	2021-02-23 06:47:01
		01	0.0	蓄电池总线电压:117.6,蓄电池总线电流:9.8,蓄电池温度:20.52		充电机异常	充电机电压偏高-浮充电模式	充电机电压高于温度补偿曲线电压10%	2021-02-23 16:41:00
				蓄电池总线电压:117.6,蓄电池总线电流:9.7,蓄电池温度:20.56		充电机异常	充电机电压偏高-浮充电模式	充电机电压高于温度补偿曲线电压10%	2021-02-23 16:41:03
				蓄电池总线电压:117.6,蓄电池总线电流:9.2,蓄电池温度:20.57		充电机异常	充电机电压偏高-浮充电模式	充电机电压高于温度补偿曲线电压10%	2021-02-23 16:41:05
				蓄电池总线电压:117.6,蓄电池总线电流:9.8,蓄电池温度:20.62		充电机异常	充电机电压偏高-浮充电模式	充电机电压高于温度补偿曲线电压10%	2021-02-23 16:41:08
				蓄电池总线电压:117.6,蓄电池总线电流:9.7,蓄电池温度:20.6		充电机异常	充电机电压偏高-浮充电模式	充电机电压高于温度补偿曲线电压10%	2021-02-23 16:41:09
				蓄电池总线电压:117.6,蓄电池总线电流:9.1,蓄电池温度:20.59		充电机异常	充电机电压偏高-浮充电模式	充电机电压高于温度补偿曲线电压10%	2021-02-23 16:41:10
	00507-732			蓄电池总线电压:117.5,蓄电池总线电流:8.9,蓄电池温度:20.74		充电机异常	充电机电压偏高-浮充电模式	充电机电压高于温度补偿曲线电压10%	2021-02-23 04:10:57

图 5-8　故障预警页面

2. 数据分析

（1）变量分析。

变量分析功能能够查看列车关键参数的历史数据变化曲线，辅助查询故障原因。选择所要查询的线路和列车号，并通过模糊匹配的方式查询列车参数，选择历史时间点，查看相应参数的最近 5 min 变化曲线、最近 15 min 变化曲线、最近 1 h 变化曲线与最近 1 天的变化曲线或自定义时间段的曲线。历史数据变化曲线图中能够根据列车不同的站点位置区分数据段。在查询多个变量时,能够对多个曲线合并或分离显示,并能进行单标尺/多标尺的显示。变量分析页面如图 5-9 所示。

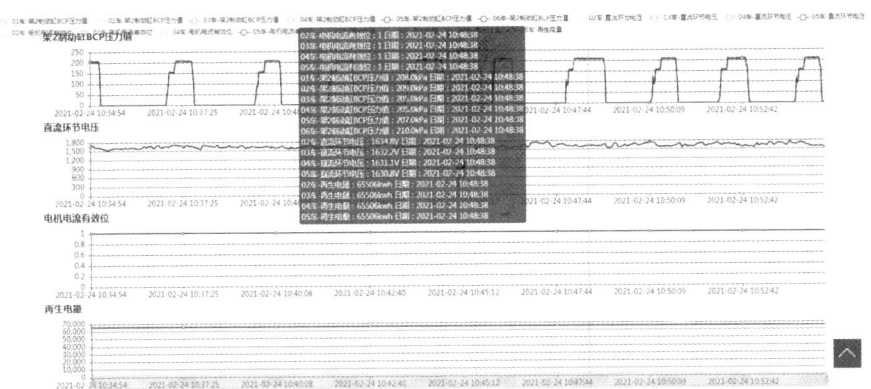

图 5-9　变量分析页面

(2)故障统计分析。

故障统计分析模块能够对列车运营过程中产生的故障记录进行统计分析,运营人员可从多个维度进行选择,包括线路、车型、车号、故障所属系统、故障等级、故障解除状态、故障发生位置以及起始时间段,从这些维度查找相应的故障记录并进行统计,以列表、饼状图或柱状图的形式进行显示,可从所属系统、故障等级等多个维度进行筛选,并能以 Excel 形式导出统计结果。故障统计分析页面如图 5-10 所示。

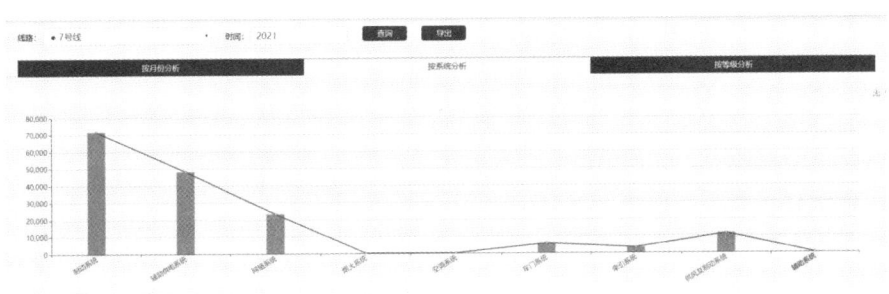

图 5-10　故障统计分析页面

历史故障的统计分析功能主要在多维度下统计故障发生情况,了解列车的整体状况,用于辅助列车的检修;针对高发故障进行深入的数据挖掘,找到故障根本原因,降低故障发生频率;对于重大故障挖掘相关变量的变化趋势，提前预警，降低故障造成的损失。

（3）运营里程统计分析。

运营里程统计分析模块能够对列车的运营里程进行统计，以柱状图的形式列出该线路下所有列车的运营里程情况，可对列车运营里程进行横向对比，并以 Excel 形式导出统计结果。

（4）运营能耗统计。

运营能耗统计模块能够对列车的运营能耗进行统计，以柱状图的形式列出该线路下所有列车的运营能耗情况，可对线路下各列车运营能耗进行横向对比，并以 Excel 形式导出统计结果，能耗统计页面如图 5-11 所示。

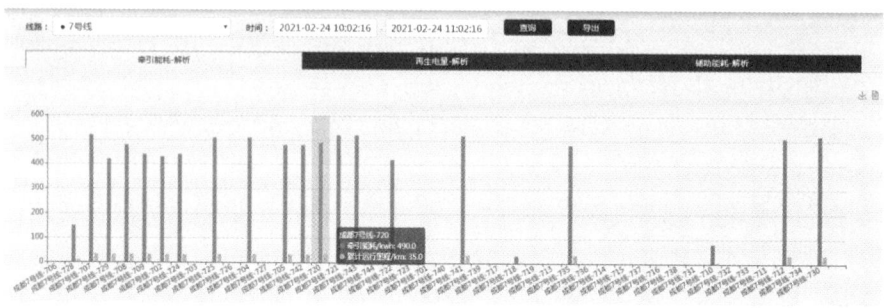

图 5-11　运营能耗统计页面

（5）健康评估。

健康评估功能模块具备结合车辆运行状态数据、履历数据及故障信息对整车的健康状态进行评估打分的功能。通过分析后的健康度评估规则，在车辆发生故障的时候进行健康分数计算，并在页面展示车辆的扣分项明细。界面总览显示当前可用且正常车辆数、运行里程总计以及当前所有车辆各自健康状态（分为健康、良好、性能下降、轻微故障、故障 5 个级别），包含所有重点关注故障分布统计和故障等级分布统计，可切换查看正线或者库内车辆健康状态。集群健康评估界面如图 5-12 所示，单列车健康评估界面如图 5-13 所示。

（6）状态预警。

状态预警功能模块能够结合根据运营经验易产生故障的工况，在大数据积累过程中，根据运营情况灵活设置模式条件及报警内容，实现对列车预警信息的灵活性配置功能，丰富故障库。当配置完成后，提前预判故障的发生，并发出提示，提醒地面监控人员重点关注，减少列车正线列车故障发生，为保证列车的正常运行提供一层保障。

图 5-12　集群健康评估界面

图 5-13　单列车健康评估界面

自定义状态预警功能模块具有图形化编辑预警条件与用户自定义故障的功能。可根据车辆状态、故障等数据，通过逻辑条件（数值、时间范围、区间范围、发生次数等）自定义预警条件与新故障诊断模型等模块。该模块功能可通过平台组件的方式实现，在组件中进行预警条件的定义，通过指定格式将定义好的预警条件发布后生效。自定义状态预警功能是对专家知识库的补充，通过不断的累积丰富完善专家知识库内容，为列车运行维护提供强大的支撑。

（7）数据接口。

可根据功能需求具备数据通信接口、原始报文转发接口、故障数据接口和车辆状态数据接口。

通过创新应用车辆故障预警及健康管理系统，有效解决了城市轨道交通在大发展时期不断快速扩张的情况下，地铁车辆正线故障难以快速处置、信息传递效率低、故障影响大等存在的实际运维问题，借助成都地铁的迅猛发展取得了较大范围的推广验证，取得了良好的实施成果。同时逐步实现了智能化的车辆主动维修决策，以及大范围、全方位、高效率的运维控制与管理，为统筹实现车辆专业智慧建设和成都地铁由高速发展向高质量发展的转变奠定了坚实的基础。

四、应急保障

根据《车辆专业通用运营安全风险数据库》中风险评估结果，针对正线常见故障、运营突发事件，通过制定车辆上下线标准、车辆常见故障应急处理指南、应急预案等方式做好应急保障工作。

1. 制定车辆上下线标准

运营单位制定适用于普通地铁线路、市域快线、全自动运行线路的车辆上下线标准，对禁止客车出库投入运营、运营列车须就近站清客下线、维持运行至本列次计划终点站下线等情况进行梳理分析，明确车辆出库及正线运营质量标准，确保车辆安全。如《电客车上下线标准（普通地铁线路）》中对出现车辆未检修完毕、蓄电池不能正常投入、蓄电池温度异常（任一组超过 50 ℃）、受电弓及高压电路故障影响行车、高压主辅电路保护装置不良、牵引制动电路故障影响行车、牵引逆变器故障、辅助电路故障影响行车等禁止客车出库投入运营的情况或故障进行了明确。

2. 制定车辆常见故障应急处理指南

运营单位制定车辆常见故障应急处理指南等制度，为车辆正线故障处理提供操作指引，提高车门、牵引、制动、辅助、受流、列车控制和监控等系统的常见故障处置效率，降低故障对正线运营的影响，提高运营服务质量。如《成都地铁 6 号线电客车常见故障应急处理指南》中对车门系统的常见故障"司机室侧门关好后状态显示异常的故障"的判断处理方法进行了详细说明，如表 5-3 所示。

表 5-3　电客车常见故障应急处理指南示意

类型	序号	常见故障	判断和处理方法	说明
	1	司机室侧门关好后状态显示异常	判断：司机室侧门关好后 HMI 上对应司机室侧门显示非绿色	
			（1）尝试按压司机室门开、关门按钮 1~2 次	司机台、侧墙各 1 次，每次按压持续时间 1 s 以上。若第 1 次回复，则不进行第 2 次操作
			（2）确认车门关闭到位、锁闭良好后动车维持运行	行车过程中加强监护

3. 制定专项应急预案

运营单位应针对运营情况下车辆系统各类预警及突发事件的预防、处置、善后恢复等工作，完善应急处置机制，编制专项应急预案。同时，根据线路运营实际，区别制定全自动驾驶线路、市域快线、有轨电车线路及普通地铁线路专项应急预案，提高防范及应对安全风险、安全事件能力。如《行车突发事件专项应急预案（普通地铁线路）》中就对事故风险进行了分析、细化，行车突发事件按照发生的地点不同主要分为正线行车突发事件、车辆基地行车突发事件，造成原因涉及人为误操作、违章操作、设备故障等，各类行车突发事件可能造成列车延误、行车中断、设备损坏、人员伤亡等后果。预案对风险进行了分类，如表 5-4 所示。

表 5-4　行车事故风险分析

分类	风险点	诱发因素	后果（可能导致的事故）
正线行车突发事件	列车故障救援	列车故障	行车中断、列车延误
	工程车故障救援	工程车故障	行车中断、列车延误

续表

分类	风险点	诱发因素	后果（可能导致的事故）
正线行车突发事件	列车冒进信号	司机违章操作、信号系统故障、车辆制动系统故障等	挤岔、脱轨、列车冲突以及列车延误、行车中断、设备损坏、人员伤亡等
	列车挤岔	错办进路、司机违章操作、冒进信号等	列车延误、行车中断、设备损坏等
	列车脱轨	错办进路、司机违章操作、冒进信号、超速等	列车延误、行车中断、设备损坏、人员伤亡等
	列车倾覆	错办进路、司机违章操作、冒进信号、超速等	列车延误、行车中断、设备损坏、人员伤亡等
	列车冲突	错办进路、司机违章操作、冒进信号、超速等	列车延误、行车中断、设备损坏、人员伤亡等
	列车车厢脱钩	车钩故障等	列车延误、行车中断、设备损坏、人员伤亡等
	连挂列车脱钩	违章操作、车钩故障等	列车延误、行车中断、设备损坏、人员伤亡等
	列车溜逸	司机违章操作、车辆或信号系统故障等	列车延误、行车中断、设备损坏、人员伤亡等
	乘客紧急按钮报警	紧急情况下乘客操作等	列车延误等
	站台门或车门夹人、夹物	司机和站务联控确认不到位、乘客抢上抢下等	列车延误、行车中断、设备损坏、人员伤亡等
	列车在站错开车门	司机误操作、设备故障等	列车延误、行车中断、人员伤亡等
	客室车门被解锁	乘客误操作等	列车延误、人员伤亡等
	人员擅入轨行区	轨行区封闭不严、轨行区管理不到位等	列车延误、人员伤亡等
	列车撞人	人员擅入轨行区等	列车延误、行车中断、人员伤亡等
	轨行区异物	施工遗留等	列车延误、行车中断、设备损坏、人员伤亡等

续表

分类	风险点	诱发因素	后果（可能导致的事故）
车辆基地/定修段行车突发事件	列车挤岔	错办进路、司机违章操作、冒进信号等	列车延误、设备损坏等
	列车脱轨	错办进路、司机违章操作、冒进信号、超速等	列车延误、设备损坏、人员伤亡等
	列车倾覆	错办进路、司机违章操作、冒进信号、超速等	列车延误、设备损坏、人员伤亡等
	列车冲突	错办进路、司机违章操作、冒进信号、超速等	列车延误、设备损坏、人员伤亡等
	连挂列车脱钩	违章操作、车钩故障等	设备损坏、人员伤亡等
	列车进入无电区	错办进路等	列车延误等
	列车撞人	人员擅入轨行区等	列车延误、人员伤亡等
	轨行区异物	施工遗留等	列车延误、设备损坏等

预案中还对正线列车故障救援突发事件的启动条件、处置原则、处置措施等进行了细化、明确。

4. 制定现场处置方案（车辆专业）

运营下属单位车辆专业结合专项应急预案，制定了《车辆专业现场处置方案》，现场处置方案是运营单位在专项应急预案的基础上，针对车辆系统较大故障、运营突发事件制定的现场应急处置措施。如制定电客车和工程车现场处置方案，主要运用于正线，其中电客车包含冲突、倾覆、脱钩、脱轨、轮对卡死、弓网卡死、大部件脱落、车辆基地内涝等；工程车包含倾覆、轮对卡死、弓网卡死、大部件脱落、司机室起火冒烟、列车区间起火冒烟、列车站台起火冒烟、列车出站时起火冒烟等。

5. 建设三级应急响应力量

按车站级—值守点级（专业应急值守点、区域应急值守点）—基地级（线路应急基地、线网应急基地）建设三级应急响应力量。目前，全线网设置400余个专业应急值守点、14个区域值守点、9个线网应急基地、11个线路应急基地。同时，按照"东、南1、南2、南3、南4、西1、西2、北

1、北 2、中"10 个区域划分组建 31 支区域抢险队,以及车辆、接触网、工务 3 支运营公司级专业应急抢险队伍。区域应急抢险队伍 550 人,其中车辆专业队伍 55 人,在区域应急抢险队伍占比为 10%；专业应急抢险队伍 193 人,其中车辆专业队伍 63 人,在专业应急抢险队伍中占比为 32.6%。

6. 动态调整应急车辆及物资

按车站—站区应急库—基地应急库建设三级应急物资支援体系,完成 35 个站区应急库、20 个基地应急库打造,实现重要专业、重要应急物资的集约化管理。优化调整远郊救援汽车配置数量和司机,提升长大远郊线路的应急响应效率。

7. 推进应急信息化建设

(1) 通过运营生产管理系统(PMS)实现对应急预案、抢险队伍、应急值守点、应急物资、应急演练、周边应急资源、防汛隐患风险的在线动态更新与管控。

(2) 在抢险车上配置 GPS,将救援设备清单及抢险车信息接入在线追踪平台,实时掌握应急救援车辆情况,提高车辆应急救援信息化水平。

(3) 通过企业微信平台开发"应急处置看板",解决突发事件信息传送不及时、现场组织不明确、部门联动不清楚等问题。

第四节 车辆系统风险管控应用及实践

现以成都地铁 1 号线增加应急电动升弓泵更新改造、1 号线塞拉门旋转立柱整改和断轨救援演练为例,介绍车辆系统风险管控实践的具体应用成效。

一、1 号线增加应急电动升弓泵更新改造案例

电客车应急升弓泵(电动泵和脚踏泵)作为车辆总风压低于受电弓升起风压下限值时的应急措施,在实际运维过程中作用重大。通过对地铁 1 号线一期及南延线工程电客车脚踏升弓泵实施技术改造,降低车辆风险隐患发生概率。

（一）项目概况

地铁列车上配置应急升弓装置，当列车总风压力不满足受电弓的升弓要求时，可通过该装置进行升弓。1 号线前 20 列车每列车配置的 2 个应急升弓装置中均为脚踏升弓泵，未配置电动升弓泵。在风险辨识过程中，发现当使用脚踏升弓泵进行应急升弓时，人工操作时可能会存在受电弓气路保压不良，导致升起的受电弓缓慢降下，与接触网处于虚接状态，造成弓网离线拉弧现象，严重时将造成接触网过热熔软断线的风险。

为降低此故障发生概率，同时简化应急升弓流程，提升应急升弓时的作业安全，对 1 号线 10101～10120 列（合计 20 列）配置的脚踏升弓泵进行技术改造，增加电动应急升弓泵。

（二）设备运行情况

1 号线前 20 列车自投入使用至今已有 10 年之久，受电弓管路的气密性逐渐降低。使用脚踏升弓泵进行应急升弓时，受电弓气路压力下降较快，若不及时补风，将会造成管路气压不足以维持受电弓与接触网的接触，存在极大安全隐患。此外，1 号线 10121～10173 列配置了电动升弓泵，其控制是根据压力开关检测的风压变化而自动启停。当压力开关检测风压低于 450 kPa 时，电动升弓泵工作，当风压大于 700 kPa 时，电动升弓泵停止工作。因此，电动升弓泵可保证受电弓具备充足的供风，避免了因气压不足而导致的弓网离线等危险。采用电动升弓泵应急升弓明显优于使用脚踏升弓泵应急升弓。

（三）更新改造必要性

1. 作业操作方面

使用脚踏升弓泵进行应急升弓时，至少需要 2 名作业人员，而电动升弓泵进行应急升弓则只需 1 人即可完成作业，有效减少作业人员配置。

此外，脚踏升弓泵应急升弓时，作业人员需先后截断塞门、持续踩脚踏升弓泵、气压表确认、恢复塞门等，操作复杂，流程繁琐，脚踏升弓泵流程图如 5-14 所示。而电动升弓泵应急升弓时只需在司机室即可完成，简化操作流程，且提高安全性，电动升弓泵流程图如 5-15 所示。

2. 作业安全方面

使用脚踏升弓泵应急升弓时，需操作人员不断踩踏脚踏泵向受电弓补风，否则受电弓将因气压不足而缓慢脱离接触网，弓网关系变差，影响取流，发生过热或燃弧等，严重者熔断接触网线。而采用电动泵可根据风压变化自动启停，确保受电弓风压充足。

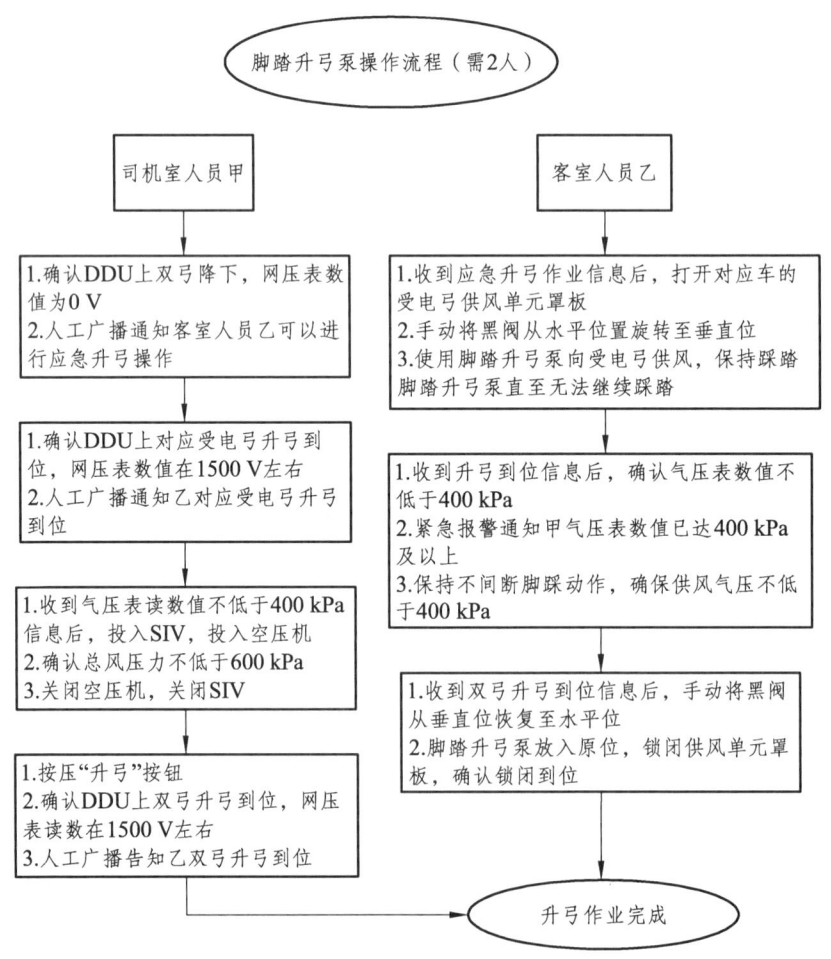

图 5-14　脚踏升弓泵应急升弓操作流程

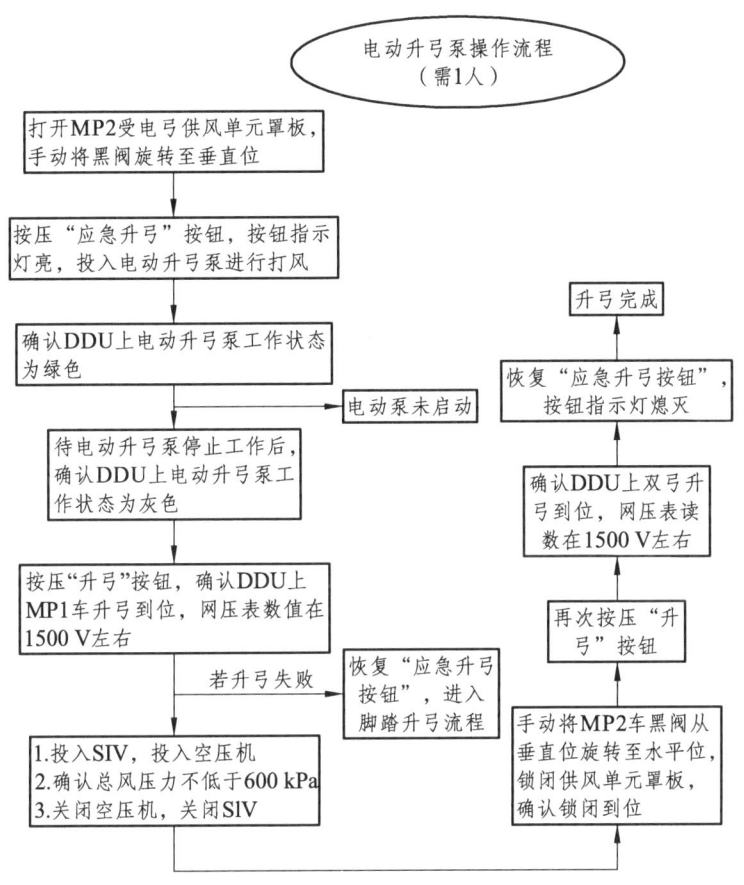

图 5-15 电动升弓泵应急升弓操作流程

（四）更新改造可行性

1. 电气方面

（1）在既有的司机室操作台面板上增加应急升弓按钮，同时通过现车备用的贯穿线将两端司机室应急升弓按钮进行连接。

（2）借助既有的"DC 110 V 备用"空开，作为电动升弓泵电源空开。

（3）客室电气柜内增加电动升弓泵接触器，安装位置为 RIO 模块右侧，既有车的空置空间尺寸 15 cm（L）×14 cm（W）×20 cm（H），电动升弓泵接触器尺寸为 8 cm（L）×11 cm（W）×12.5 cm（H），满足接触器的安装。

（4）1 号线前 20 列车客室 CF-DI16 模块有备用接口，具备电动升弓泵工作状态接入 TMS 系统的条件。

2. 机械方面

（1）1 号线前 20 列车脚踏升弓泵安装空间与三期车的安装空间基本一致，满足空间需求。

（2）供风单元与气阀箱及车下总风的气路接口保持不变，具备改造可行性。

综合电气连接、设备布置、气路连接等方面考虑，应急升弓泵改造为电动升弓泵具备可行性。

（五）改造方案

此次改造保持现车受电弓供风单元与车下总风及车顶气阀箱的连接不变，将 MP1 车脚踏升弓泵更换为电动升弓泵，MP2 车保持脚踏升弓泵不变。改造时具体方案参照 1 号线三期车受电弓供风单元进行更换，并增加相应的控制器件及线路和电动升弓泵的储风风缸。

（六）改造过程及效果

1. 改造过程

对内装部分、车下部分和电气部分进行了改造，具体改造过程如表 5-5 所示。

表 5-5　改造过程

	改造前	改造后
	内装部分	
1		

续表

	改造前	改造后
2	车下部分	
3	电气部分	

2. 效果对比

经过改造，应急升弓系统功能、作业人员数量、作业地点、作业流程、作业效率和作业安全等方面均有提升，如表 5-6 所示。

表 5-6 改造过程

项点	改造前	改造后
应急升弓系统	双脚踏升弓泵系统（10101~10120列）及脚踏升弓泵+电动升弓泵（10121列及10173列）	脚踏升弓泵+电动升弓泵（10121列及10173列）
作业人员	2 人	1 人
作业地点	司机室+客室	司机室
作业流程	复杂	简单
作业效率	低	高
作业安全	存在受电弓因气压不足而缓慢脱离接触网的风险	受电弓供风气压充足，不会出现风压不足导致的弓网离线等情况

（1）作业人员减少。应急升弓作业人员由 2 人减至 1 人。

（2）作业流程予以简化。改造后，作业流程得以简化。使用电动升弓泵进行应急升弓，只需 1 人在司机室即可完成，避免了使用脚踏升弓泵时的截断塞门、观察气压表、恢复塞门等系列繁琐操作。

（3）作业安全得以提升。电动升弓泵的控制是根据其压力开关检测到的风压值自动启停，能够确保受电弓的供风风压充足，避免受电弓因气压不足而缓慢脱离接触网，造成弓网关系变差，影响取流，发生过热或燃弧等危险。

通过此次更新改造，消除了车辆在日常维保过程中应急升弓产生的安全隐患，在减少风险的同时也降低了人力成本。

二、成都地铁 1 号线塞拉门旋转立柱整改

（一）事件背景

成都地铁 1 号线前 29 列电客车（车号：101~129）配置博得客室塞拉

门。其通过旋转立柱滚轮在滑道内动作，引导车门运动，若该处滚轮松动、脱落，则可能导致车门在正线动作卡滞，严重时可能导致车门无法关闭而导致正线清客。1号线客室塞拉门旋转立柱上导向臂导轮安装座采用焊接结构，焊缝采用非满焊结构，承受往复循环的交变应力作用后可能出现疲劳断裂。同时，导轮安装轴设计轴径较小，在受力过程中易产生疲劳断裂。以上两类情况可能会造成客室塞拉门机械卡滞无法关闭故障，导致列车清客下线。导轮及安装座结构如图5-16所示。

图 5-16　导轮及安装座

（二）旋转立柱优化方案

结合客室塞拉门旋转立柱导轮安装座及导轮日常故障情况，针对旋转立柱导向臂导轮安装座及导轮轴问题，开展对旋转立柱上导向臂组成优化整改。为解决旋转立柱可能出现滚轮碎裂、导轮轴断裂和转臂焊接位置断裂等问题，通过讨论和验证，计划将原深沟球轴承加钢套式滚轮更换成为内部双排滚珠能够承受较大轴向力的一体式滚轮，转臂组件由焊接结构升级为一体式锻造结构。同时对一体式滚轮再次优化，将滚轮安装螺纹优化成 M10 螺纹（原为 M8 螺纹），螺纹旋入深度由 7 mm 改为 8 mm，导向臂结构如图 5-17 和图 5-18 所示。

结构改进特点：

（1）上摆臂部分采用一体锻造零件，环状套在旋转立柱上转轴上，环形焊接；上摆臂环形焊接在上连接轴上可减小因焊接缺陷造成摆臂脱落问题。上摆臂滚轮安装孔螺纹向上加深，上部增加沉孔，下摆臂滚轮根部取消退刀槽，增加滚轮轴强度。上摆臂部分如图 5-19 所示。

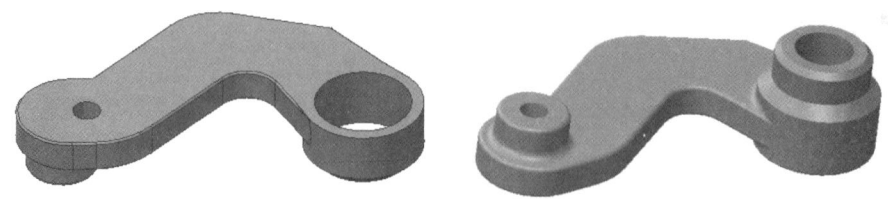

图 5-17　上/下导向臂

图 5-18　导向臂（左旧右新）

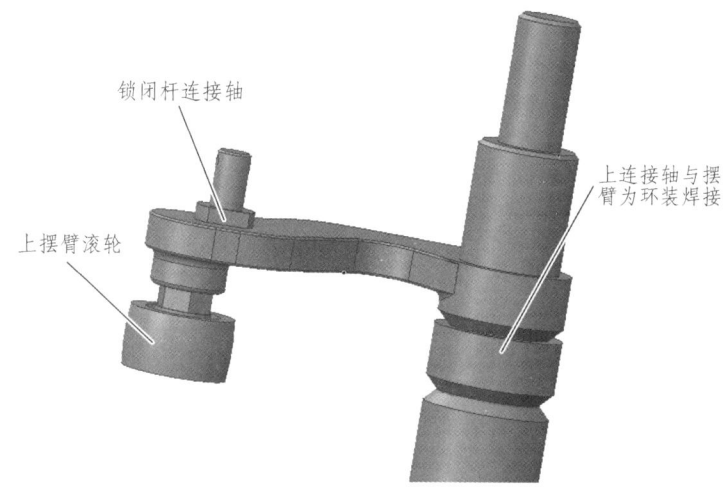

图 5-19　上摆臂部分示意图

（2）优化锁闭杆连接轴安装孔加工方式，保证螺纹深度，能够使锁闭杆连接轴安装到位；加高锁闭杆连接轴开口销安装孔位置，给与锁闭弯杆一定的窜动量，避免因驱动机构与旋转立柱高低不匹配，造成的锁闭转杆与锁闭弯杆连接开口销的磨损，旋转立柱优化前后如图 5-20 和图 5-21 所示。

（3）对 1 号线客室塞拉门旋转立柱结构分析，旋转立柱如图 5-22 所示，下摆臂部分改进成一体零件，再与转轴管焊接，下摆臂部分如图 5-23 所示。

下摆臂滚轮安装孔处增加沉孔，下摆臂滚轮根部取消退刀槽，增加滚轮强度。

图 5-20　原旋转立柱

图 5-21　优化旋转立柱

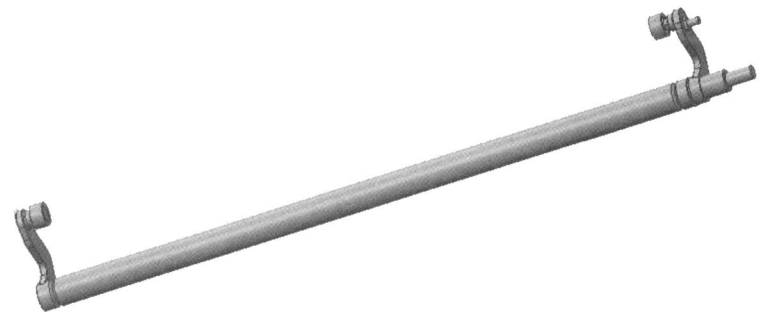

图 5-22　旋转立柱示意图

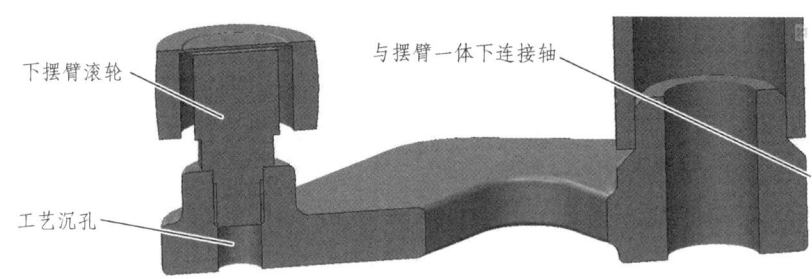

图 5-23 下摆臂部分示意图

（三）整改结果

更换完旋转立柱后进行 153 500 次开关门实验，验证无异常，成都地铁已在 2020 年年底完成全部列车整改。同时为验证整改方案的可靠性，利用车门试验台，持续开展开关门实验，进行疲劳试验，目前已进行 60 万次，无异常问题。通过本次技术改造，结合对关键部件连接方式可靠性分析，有效降低了车门在正线故障的风险。

三、成都地铁应急救援演练案例

（一）事件背景

2020 年 9 月 17 日 15 时 00 分，17 号线 801 次列车运行至黄石站—金星站上行区间疏散楼梯通道处时（K53+600），司机发现前方钢轨断轨，立即采取紧急制动措施，但因制动距离不足，列车轧过断轨点，导致第一节车厢第一转向架第一轮对脱轨，同时造成车内 1 名乘客受伤。公司立即启动Ⅰ级突发事件应急响应及相关应急预案，组织列车转运区间乘客、车辆起复救援、轨道快速修复等，同时调整行车、客运组织，并请求"120"、乘客接驳等支援。

（二）过程记录

15:11，司机上报行调："行调，801 次运行至金星站至黄石站上行区间 K53+600，发现钢轨断轨，已采取紧急制动措施，现列车轧过断轨点，列车发生剧烈抖动并产生 EB，迫停于区间"。行调通知司机做好乘客广播安抚并确认现场情况，同时报值班主任、OCC 各调及运营调度。

15:12，司机申请列车降弓并下线路确认列车抖动原因；行调及时扣停邻线列车 802 次在金星站下行站线、后续 803 次在黄石站上行站线开门待令后，同意司机下线路确认列车状态，将该故障信息通报正线车辆值守人员及检调。同时，跟车保安报司机车上有 1 名乘客受伤，并现场做好乘客安抚。

15:13，801 次司机确认现场情况后报："K53+600 m 处钢轨断轨，列车运行方向第一节车厢第一转向架第一轮对脱轨，车体向轨行区外侧倾斜，暂不影响邻线行车，车上有 1 名乘客受伤"，行调通知司机原地待令，做好乘客安抚广播，同时将该信息续报值班主任、OCC 各调及运营调度。

值班主任收到信息后，立即向 COCC 申请启动Ⅰ级突发事件应急响应，COCC 经请示运营公司总经理同意后，启动Ⅰ级突发事件应急响应，并发布微博、PIS、乘客 App 信息。同时立即成立应急指挥中心于新苗 OCC，由新苗 OCC 管理人员担任副总指挥。

15:14，COCC 立即开展信息对内对外通报。

15:14，生产调度室收到Ⅰ级突发事件应急响应的通知后，立即成立应急响应中心，指定指挥长、应急资源组组长、信息报送组组长；通知西区区域应急抢险队赶赴现场支援。同时，维调通知各专业生产调度启动Ⅰ级应急响应，并发布抢修命令，任命车辆专业为主抢专业，各专业抢修人员将 800M 手持通信台切换至"17 动车调试组"分组，同时出动区域抢险队。行调与电调确认黄石至金星上行区间接触网供电状态显示正常。

15:15，检调收到通知后，通知车辆专业救援队队长、救援车司机、救援队员立即赶往永义车辆段转运楼 DCC 大门口集合出发，任命车辆专业张立学为设备抢修负责人。同时，行调将故障信息告知两端车站，通知黄石做好上行列车清客小交路运行准备，金星做好下行列车清客准备，安排人员添乘金星下行 802 次列车配合做好区间转运乘客准备，并通知金星站及时拨打"120"接应受伤乘客。

15:16，行调组织全线列车转 CM 模式限速 60 km/h 运行，前方站各多停 1 min，待令列车继续原地待令，向全线发布 10 min 列车延误信息。同时，值班主任预计行车间隔将大于 30 min，申请金星站下行 802 次空车前往故障区域进行乘客转运，接驳完毕后，退回至金星站，经批准后执行。

生产调度完成通知各专业应急值守人员及应急抢险队赶赴现场协助处置。

15:17，行调通知金星站对下行 802 次执行清客程序，安排人员添乘 802 次配合区间乘客转运，并向 802 次司机发布列车区间转运命令："802 次担任转运列车，司机以 CM 模式运行至 K53+600 m 处对上行迫停列车对标停车执行乘客转运，乘客全部转运完毕，司机换端后联系行调"，同时行调向全线车站发布 15 分钟列车延误信息。

15:17，信息调度发布信息：15:13，801 次（车底 06）在黄石至金星上行 K53+600 m 处发现钢轨断轨，司机采取紧停措施后轧过断轨点后停车，经司机确认，列车运行方向第一节车厢第一转向架第一轮对发生脱轨；现启动运营公司Ⅰ级应急响应及启动区间转运程序。

15:18，801 次在金星清客完毕，准备前往事发地进行乘客转运。

15:18，行调通知黄石至金星上行区间 801 次司机已启动列车区间乘客转运程序，司机做好准备工作，来车方向金星下行。

15:18，行调向值班主任申请变更全线运行交路为黄石至机投桥小交路运行，金星至黄石启动公交接驳；值班主任申请同意后通知行调执行。

15:19，行调向全线车站发布交路变更命令：自发令时起，全线交路变更为黄石至机投桥小交路运行，金星至黄石启动公交接驳。相关车站收到通知后，立即做好乘客服务工作，摆放公交接驳告示牌，小交路折返站组织做好到站列车清客工作。

15:20，行调将交路变更命令通知全线各次列车司机，并通知司机在黄石以 CM 模式限速 25 km/h 折返，运行过程加强瞭望。同时，信息调度发布信息：行调变更全线交路为机投桥至黄石小交路运行，黄石至金星启动公交接驳。

15:21，行调解锁相关道岔，更改小交路区域内各次列车目的地码，通知司机做好广播监听。

15:21，"120"到达金星站 B 口。

15:21，802 次到达现场，与 801 次故障位置对标停稳，立即组织人员转运。

15:22—15:26，行调监控小交路列车运行及专业人员到位情况跟进。

15:23，站区管理人员携带现场指挥部备品到达区间疏散楼梯处，立即成立现场指挥部，做好指挥区域隔离，站区管理人员担任现场指挥，并指定专人担任联络人，将相关信息报送应急指挥中心总指挥。

15:26，801 次乘客已全部转运到 802 次上，车门关闭到位，司机换端完毕后上报行调。

15:27，行调排列黄石至金星下行方向进路后通知司机凭信号显示退行至金星下行执行清客。

15:28，行调通知金星站、黄石站 802 次反向运行至金星下行站线。金星站收到通知后，安排人员做好列车清客及接车工作，做好受伤乘客接应准备。

15:29，行调确认 802 次列车出清故障区域后，同意现场各专业抢险人员进入轨行区，并通知站务人员做好现场卡控。

15:30，公交接驳车到达黄石站，黄石方向 1 辆公交接驳车搭载 48 名乘客出发至金星站。同时，17 号线车辆、工建、接触网专业抢修人员携带抢修所需工器具及材料陆续到达区间疏散楼梯处，列队于指定区域，设备抢修负责人及各专业负责人向现场指挥报到本专业人员到达情况，并带领本专业队伍至疏散楼梯处待令。各专业设置联络人穿戴袖标，立岗与现场指挥部，经行调同意后，携带备品陆续进入轨行区。现场指挥将人员到位情况上报副总指挥。

15:31，经各专业现场确认钢轨断缝约为 25 mm，列车脱轨但无需解编，轮对无擦伤，现场具备起复条件，首先由供变电专业配合停电、挂地线，然后由工建专业通过给轨道断轨处上夹板加固可临时恢复运行，最后由车辆专业开展列车脱轨起复。

15:32，802 次金星下行清客完毕后，行调组织该车运行至金星折返线Ⅰ道换端待令。

15:32，供电专业人员向调度申请 17B1a 分区停电。

15:33，维调通报 OCC 各调度，经现场专业人员确认，列车具备起复条件，需要黄石至金星上行区间停电配合挂地线。

15:34，行调与电调确认黄石至金星上行区间停电影响范围后组织受影响区域列车运行至前方站线降弓待令。

15:35，行调确认停电区域列车降弓完毕，向值班主任申请停电同意后，通知电调立即对黄石至金星上行区间进行停电。

15:35，"120"将受伤乘客接走。

15:36,电调完成黄石至金星上行区间17B1a停电,行调知会维调,维调通知现场专业人员;信息调度发布信息:应专业人员要求,电调完成黄石至金星上行(不含黄石站线)、永义车辆段入段线接触网停电。

15:37,现场断轨钢轨完成上夹板加固,现场已具备列车25 km/h通过条件,设备抢修负责人上报维调。

15:38,供电专业完成金星—黄石上行区间106~120号支柱地线已接好,红闪灯设置,报设备抢修负责人。

15:38,车辆专业救援设备全部搬运至脱轨列车处,组装起复装置设备。

15:43,车辆专业救援设备已组装完毕,进行起复作业。

15:55,脱轨列车801次已起复完毕,行调通知维调确认现场人员出清情况及送电条件;信息调度发布信息:801次起复完毕。

15:55,供电专业拆除地线。

16:00,车辆专业完成起复设备拆除。

16:05,现场抢修人员及工器具已出清轨行区,地线已拆除,具备接触网送电条件。

16:06,现场经各专业确认,轨道已临时恢复通行,限速25 km/h,车辆可依靠自身动力动车,其余设备均正常。同时,行调与站务人员确认线路出清,报值班主任同意后通知电调对黄石至金星上行区间17B1a进行送电。

16:09,电调完成17B1a区接触网送电。

16:10,行调组织801次升弓确认网压正常,并与检调确认脱轨列车801次可凭自身动力限速25 km/h运行后,通知司机凭地面信号显示运行至金星上行经入段线回永义车辆段。

16:12,行调发布交路变更命令:自发令起,取消金星至黄石公交接驳,全线恢复正常交路运行;信息调度发布信息:专业人员确认线路具备运营条件,电调完成黄石至金星上行(不含黄石站线)、永义车辆段入段线接触网送电;应专业人员要求,行调组织801次(车底06)回永义车辆段,组织全线恢复正常运营;现结束运营公司Ⅰ级应急响应。

此次演练针对17号线市域快线、高架长大区间等特点,以轨道断裂导致列车脱轨为背景,包括三级应急救援指挥体系运作、乘客区间列车转运疏散、车辆起复救援、轨道快速修复、行车客运调整、乘客公交接驳、信息报送及舆情监控引导等多个版块。本次演练参演人员超过 400 人，选题及场景设计切合 17 号线运营实际，练兵效果明显，指挥决策层级清晰，行车组织高效合理，信息报送及时准确，整个演练过程组织有序、应急处置紧凑高效，得到各级观摩领导的一致认可，增强了地铁公司与外部救援力量的协同作战能力。

四、车辆作业现场防高坠案例

为消除车辆专业作业现场安全隐患，保障员工人身安全，根据运营公司车辆专业各车间对所管辖场段作业现场安全隐患排查情况，对成都地铁各线路车辆专业作业现场防高坠安全隐患问题进行工程整治。

整治包含人行走道台阶增加防护护栏、不落轮镟床基坑防坠网安装、受电弓检测棚增设盖板、爬梯增设扶手、固定式架车机基坑二层钢结构平台边缘加装踢脚板、中层平台蓄电池检修口内凹缺口加装护栏、洗车机检修平台出入口安装活动门等项目。

（一）人行走道台阶增加防护护栏

红花堰车辆段库内 L1 道、L4 道、L15 道人行走道台阶无防护护栏，检修人员在台阶上行走不注意，存在意外跌落受伤安全隐患。对人行走道台阶增加防护护栏。防护护栏增加前后状态如图 5-24 和图 5-25 所示。

图 5-24　人行走道台阶防护护栏加装前

图 5-25　人行走道台阶防护护栏加装后

（二）出库端登顶增设防护网

红花堰车辆段库内 L3 道、L4 道出库端机车顶部防护栏未完全遮挡防护，车顶检修作业时，存在人员跌落风险，需将原有登顶防护网进行延长，使防护网覆盖到 TC1 车顶作业的全部区域。加改的防护网按照既有防护网尺寸制作，防护网加装前后状态如图 5-26 和图 5-27 所示。

图 5-26　出库端登顶防护网加装前　　图 5-27　出库端登顶防护网加装后

（三）中层平台蓄电池检修口内凹缺口处加装护栏

红花堰车辆段 L1 道、L2 道、L4 道，回龙停车场库内 L18 道、L19 道、L20 道，大丰停车场 L29 道、L30 道、L31 道、L32 道，元华车辆段 L2 道、L3 道、L4 道、L5 道等中层平台蓄电池检修口内凹缺口处与车门之间无任何护栏以及防护措施，检修人员在检修车门过程中脚底打滑，存在意外跌落受伤安全隐患，需加装护栏。护栏加装前后状态如图 5-28 和图 5-29 所示。

图 5-28　内凹缺口处护栏加装前　　图 5-29　内凹缺口处护栏加装后

（四）对不落轮镟床基坑安装防坠网

红花堰车辆段、红星路停车场、元华车辆段、大丰停车场不落轮镟床基坑深度均大于 2 m，基坑四周设护栏可防止无关人员误入，但护栏内基坑除镟床安装所占空间外，其余空间上部无盖板或防坠网等防坠措施，存在不落轮镟床检修人员从镟床上跌落基坑的隐患，需对空余位置增加安全防坠网，安全防坠网加装前后状态如图 5-30 和图 5-31 所示。

图 5-30　不落轮镟床基坑防坠网加装前　　图 5-31　不落轮镟床基坑防坠网加装后

第五节　司机行为风险管控及应用

本节主要描述了司机作业过程中存在的行为风险，提出了对司机岗前状态检测和行为分析的通用性标准，介绍了成都地铁在司机作业分析方面的实际应用情况。

一、司机行为风险要点

司机在行车工作中扮演着"守门员"的角色,把守着安全最后一道防线,其精神状态是否良好、作业流程是否标准、操作行为是否规范直接影响着行车安全。司机在出勤作业、整备作业、正常行车作业、非正常行车作业、调车作业以及调试作业等环节都存在着行为风险要点。

1. 出勤作业

出勤作业是指司机在上岗前需进行酒精测试,抄写继续有效的调度命令、出勤传达、轮乘交路及当日行车安全注意事项,了解正线电客车(车辆、线路)的技术状况、故障情况等,做好行车预想。由派班调度确认司机的精神状态及仪容仪表等符合上岗要求,司机领取相关行车备品完成出勤。

存在的主要风险:司机未充分休息或酒后出勤上岗可能导致违规操作危及行车安全。

2. 整备作业

整备作业是指司机对列车进行静动检试验,确认列车外观及性能良好,满足上线运营的条件。

存在的主要风险:司机未按规定进行列车整备作业可能导致列车带病上线运行,从而影响正常的行车秩序。

3. 正常行车作业

正常行车作业包括列车因运营组织需要按计划出入场段、正线载客运行、站台作业、折返作业等。

存在的主要风险是:

(1)司机调度命令或安全注意事项交接错误可能导致行车事故。

(2)司机驾驶列车时监控、瞭望不到位可能导致列车剐碰、脱轨。

(3)司机驾驶列车时牵引制动操作不规范,可能导致列车运行不平稳,乘客摔倒。

(4)司机离开司机室时未将手柄拉到制动区可能导致列车无人操控状态下行驶。

(5)司机未确认站台门和车门间隙安全即动车可能导致夹人事故。

（6）司机错开非站台侧车门可能导致乘客受伤或跌落轨行区。全部车门未关好动车可能导致夹人、乘客跌落轨行区。

4．非正常行车作业

非正常行车作业是指列车发生故障需要应急处置或者其他原因导致列车不能按计划运行，需要改变正常的行车方式的情况。

存在的主要风险：

（1）司机在处理列车故障时，故障判断不到位，处置流程错误或处理超过规定时间，可能导致延误事件或行车事故。

（2）区间限速、扣车、越站运行、清客、反向运行、列车退行等调度命令司机交接、执行错误可能导致行车事故。

（3）采用人工闭塞法时司机未确认闭塞区域安全，可能导致行车事故。

（4）接触网（轨）故障情况下司机未按调度命令执行可能导致客伤、行车事故。司机离开司机室时未将手柄拉到制动区可能导致列车无人操控状态下行驶。

（5）司机未按规定一度停车联挂、联挂超速或联挂完成后未进行试拉可能导致联挂列车相撞或溜车，严重时人身伤亡。

（6）雨雪天气地面和高架线路司机未按规定手动驾驶列车、未按限速运行或未做好瞭望等可能导致列车冲突、脱轨。

（7）人员非法进入轨行区时司机未及时报告行调，行调未发布限速命令或停电措施，可能导致人车冲突。

（8）列车发生脱钩、脱轨、冲突时，司机未及时报告行调，行调未根据实际情况变更行车交路，可能导致行车事故。

（9）区间疏散时司机未按规定开展应急预案工作，可能导致人身伤亡、设备损毁。

（10）遇危及行车安全情况时，司机未及时限速或停车可能导致行车事故。

5．调车作业

调车作业是指除列车在车站的到达、出发、通过以及在区间内运行外，凡机车车辆进行的一切有目的的移动统称为调车。

存在的主要风险：司机在场段、正线等限速区域超速运行或司机在无法瞭望信号、信号中断、联络中断或认为有异常情况时，未立即停车可能导致列车冲突、脱轨。

6. 调试作业

调试作业是指对列车车辆系统、信号系统等进行功能实验，确认其性能完好，保证整列车功能状态良好，能安全可靠地投入正式运营的作业。

存在的主要风险：司机未按要求执行调试安全卡控措施可能导致人员伤亡或设备损坏。

总之，要有效降低司机作业过程中的行为风险，除了制定科学高效的规章制度和作业标准、加强人员业务技能培训以及建立日常监督检查机制以外，还应通过运用多种技术手段来避免人为失误带来的风险，真正地将司机在作业前、作业中的行为风险控制在可控范围之内。

二、司机风险管控技术

1. 司机状态检测

为保障司机上岗前的精神与身体状态，应搭建完善的司机状态检测系统，具备司机身份校验与精神仪表检验、出勤酒精测试以及安全操作答题功能。同时，应配备指纹识别器、高清摄像头、酒精检测仪等硬件设备，以及数据接收存储设备。司机通过司机状态检测系统的测试后方可进行驾驶作业。系统一般应包括如下功能：

（1）身份校验与精神仪表检验功能。通过预先录入系统的乘务人员指纹信息或面部信息，识别出勤人员。使用图像识别技术，捕捉出勤人员的实时精神面貌、仪表仪态等，实现与指纹、出勤信息一一对应。

（2）出勤酒精测试功能。使用配置的酒精检查硬件设备，检测司机呼气酒精质量浓度，检测中伴有语音提示饮酒与否并记录信息。

（3）安全操作答题功能。预先录入司机状态检测系统安全操作题库，在司机出勤时，随机抽选一题或多题作答，设置合理正确率要求，并记录汇总答题情况，检测司机业务水平。

2. 司机操作行为监控分析

司机在进行整备作业、驾驶作业、调车作业以及故障处置时，可利用车辆运行监控设备记录司机操作行为。根据司机操作行为监控分析结果形成分析报告，至少包括司机工号、线路编号、列车编号、司机违规操作内容及操作时间、处理方式等。司机操作行为监控系统可与列车控制和管理系统等进行功能整合。

司机操作行为监控分析应具备以下功能：

（1）记录日期及车号。

（2）作业前检查、试验、确认等操作监控分析要求共 6 项，包括记录和分析库内检车时间等，如表 5-7 所示。

表 5-7　操作监控分析要求

序号	基本要求
1	记录和分析库内检车时间
2	记录和分析开关门实验次数
3	记录和分析强制缓解试验次数
4	记录和分析紧急试验使用制动量及次数
5	记录和分析牵引试验次数
6	记录和分析出库至一度停车最高速度

（3）司机在驾驶作业监控分析要求包括记录车站到站时刻等，如表 5-8 所示。

表 5-8　操作监控分析要求

序号	基本要求
1	记录车站到站时刻
2	记录开车门及关车门时刻
3	记录站停时间
4	记录进站速度
5	记录进站制动力
6	记录紧急停车次数
7	记录区间运行时间
8	记录驾驶模式
9	记录司机精神状态监测数据
10	记录司机佩戴的具备录音功能和身体状态监测功能的手环等设备数据

三、司机风险管控应用

1. 总体情况

为了对司机作业进行有效的监督和管理，提升乘务专业客运服务质量，完成司机操纵数据分析软件开发，实现对列车运行状态、停站时间、开关门作业等情况的全过程记录。在实际运用过程中，通过软件可以快速、准确地分析并查找出行车过程中存在的问题，对司机作业水准进行较为科学、客观的评估。下图是成都地铁 1 号线列车运行曲线图，运行区间为四河站到升仙湖站，上线时间为 5:20—19:48，运行时长为 14 h 28 min，显示了 101661 车的运行状况及司机作业情况，如图 5-32 和图 5-33 所示。

2. 整备作业评估

整备作业评估结果如图 5-34 所示，主要评估内容为：开关门试验，规定两端且左、右侧开、关门各不少于 1 次；强制缓解试验，规定两端各不少于 1 次；紧急制动试验，规定两端使用常用制动且制动量大于 95%，各不少于 5 次；牵引试验，规定两端各不少于 1 次；出库至一度停车，规定速度不得超过 25 km/h。

日期	车号	转储时间	开始时间	结束时间	运行时分
2018-12-28	101011	2019-01-03 22:27:03	2018-12-28 06:14:40	2018-12-28 10:03:44	03:49:00
2018-12-29	101011	2019-01-03 22:27:03	2018-12-29 04:44:11	2018-12-29 10:04:30	05:20:00
2018-12-29	101011	2019-01-03 22:27:03	2018-12-29 12:56:42	2018-12-30 01:21:02	12:24:00
2019-01-02	101011	2019-01-03 22:27:03	2019-01-02 04:05:33	2019-01-02 10:07:45	06:02:00
2019-01-02	101011	2019-01-03 22:27:03	2019-01-02 16:56:03	2019-01-03 00:45:45	07:49:00
2019-01-03	101011	2019-01-03 22:27:03	2019-01-03 04:11:06	2019-01-03 20:18:47	16:07:00
2019-06-16	101411	2019-06-21 13:30:21	2019-06-16 08:38:49	2019-06-17 00:33:54	15:55:00
2019-06-17	101411	2019-06-21 13:30:21	2019-06-17 06:20:45	2019-06-17 10:45:23	04:24:00
2019-06-17	101411	2019-06-21 13:30:21	2019-06-17 15:35:29	2019-06-18 00:05:59	08:30:00
2019-06-18	101411	2019-06-21 13:30:21	2019-06-18 05:09:54	2019-06-19 00:55:33	19:45:00
2019-06-19	101411	2019-06-21 13:30:21	2019-06-19 04:47:42	2019-06-19 09:34:17	04:46:00
2019-06-19	101411	2019-06-21 13:30:21	2019-06-19 17:22:37	2019-06-20 00:53:19	07:30:00
2019-06-20	101411	2019-06-21 13:30:21	2019-06-20 05:11:12	2019-06-20 14:39:09	09:27:00
2019-06-21	101411	2019-06-21 13:30:21	2019-06-21 05:26:44	2019-06-21 11:01:34	05:34:00
2019-07-05	101661	2019-07-09 19:45:09	2019-07-05 10:57:35	2019-07-05 14:31:30	03:33:00
2019-07-05	101661	2019-07-09 19:45:09	2019-07-05 17:18:00	2019-07-06 01:10:24	07:52:00
2019-07-06	101661	2019-07-09 19:45:09	2019-07-06 06:17:40	2019-07-07 00:58:46	18:41:00
2019-07-07	101661	2019-07-09 19:45:09	2019-07-07 06:06:10	2019-07-08 00:30:15	18:24:00
2019-07-08	101661	2019-07-09 19:45:09	2019-07-08 05:25:18	2019-07-08 00:55:56	18:30:00
2019-07-09	101661	2019-07-09 19:45:09	2019-07-09 05:20:10	2019-07-09 19:48:33	14:28:00

图 5-32　成都地铁 1 号线 101661 车司机操纵数据分析软件主界面

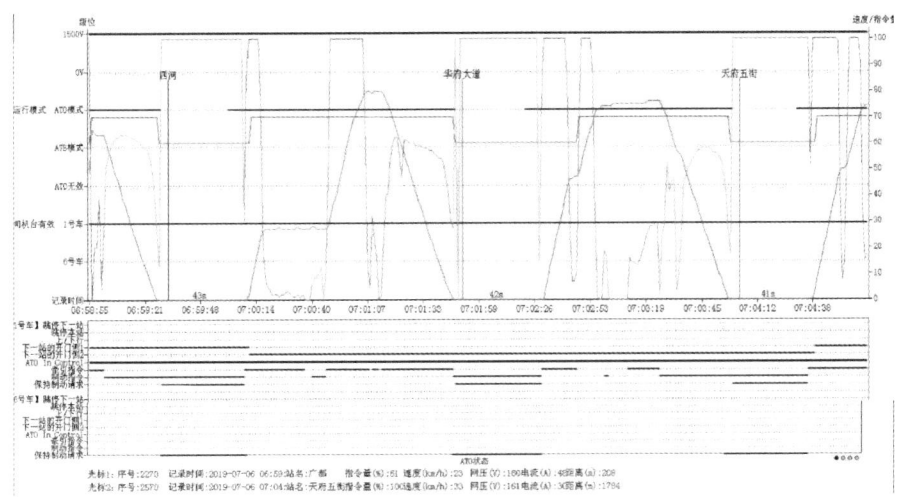

图 5-33　列车操纵曲线

分析结果	
日期：2019-07-09	车号：101661
√ 库内检车时间：规定(15分钟，实际(18分钟)	
× 开关门实验：规定两端且左右侧开关门各不少于1次	
实际开/关门(1车左[1/0;右1/1]，6车左[1/1;右1/0]	
√ 强制缓解试验：规定两端各不少于1次，实际(1车2次，6车2次)	
√ 紧急试验：规定两端使用常用制动且制动量大于95%各不少于5次	
实际(1车11次，6车10次)	
√ 牵引试验：规定两端各不少于1次，实际(1车11次，6车2次)	
司机台控制投入时间：05:20:54，电制动投入时间：05:21:52	
√ 出库至一度停车：规定速度不得超过25km/h，实际最高速度17km/h	
√ NRM模式1次	
时间：18:50:21-18:52:24，世纪城-世纪城	
√ RM模式1次	
时间：05:38:39-05:42:28，-	
√ ATP模式8次	
时间：05:43:11-05:48:21，-广都	
时间：14:44:51-15:17:11，-	
时间：18:49:22-18:49:50，世纪城-世纪城	
时间：18:52:31-18:53:10，世纪城-	
时间：18:56:24-18:56:32，-	
时间：18:56:48-18:56:54，-	
时间：19:00:14-19:00:15，金融城-金融城	
时间：19:00:18-19:00:22，金融城-金融城	
√ IATP模式7次	
时间：18:49:50-18:52:22，世纪城-世纪城	
时间：18:56:32-18:56:33，-	
时间：18:57:03-18:57:06，-	
时间：18:57:16-18:59:57，-	
时间：19:00:00-19:00:06，-	
时间：19:00:10-19:00:11，金融城-金融城	
时间：19:00:22-19:28:43，金融城-	
√ 受电弓失电为"0" 0次	

图 5-34　整备作业评估结果

从上图可以看出，开关门试验规定两端且左、右侧开关门各不少于 1 次，实际上 1 号车左侧进行了 0 次开门试验，右侧进行了 1 次；6 号车左侧进行了 1 次，右侧进行了 0 次开门试验，司机整备作业不符合规范要求。

3. 列车运行作业评估

列车正线运行作业评估结果如图 5-35 所示，主要评估内容为：RM 模式次数和时间段、ATP 模式次数和时间段、受电弓失电次数和时间段、开关门次数和时间段、紧急制动次数、进出站速度、二次动车次数、司机控制权转换次数、终到站至始发站发车折返次数等。

✓ 开关门361次
- 时间：05:48:05，，开-关98秒，停-开14秒，站停139秒
- 时间：05:51:35，四河，开-关10秒，停-开6秒，站停44秒
- 时间：05:53:57，华府大道，开-关10秒，停-开7秒，站停42秒
- 时间：05:56:04，华府大道，开-关12秒，停-开5秒，站停43秒
- 时间：05:58:03，天府三街，开-关10秒，停-开6秒，站停41秒
- 时间：05:59:56，世纪城，开-关12秒，停-开5秒，站停43秒
- 时间：06:02:18，海洋公园，开-关10秒，停-开6秒，站停42秒
- 时间：06:04:08，孵化园，开-关11秒，停-开6秒，站停43秒
- 时间：06:05:56，金融城，开-关10秒，停-开6秒，站停41秒
- 时间：06:08:07，高新站，开-关11秒，停-开5秒，站停42秒
- 时间：06:10:26，火车南站，开-关38秒，停-开6秒，站停69秒
- 时间：06:12:56，桐梓林，开-关10秒，停-开5秒，站停40秒
- 时间：06:14:54，倪家桥，开-关11秒，停-开5秒，站停40秒
- 时间：06:16:47，省体育馆，开-关11秒，停-开6秒，站停41秒
- 时间：06:18:43，华西坝，开-关11秒，停-开6秒，站停41秒
- 时间：06:20:27，锦江宾馆，开-关11秒，停-开5秒，站停42秒
- 时间：06:22:14，天府广场，开-关26秒，停-开5秒，站停65秒
- 时间：06:24:36，骡马市，开-关11秒，停-开6秒，站停42秒
- 时间：06:26:28，文殊院，开-关10秒，停-开5秒，站停40秒
- 时间：06:28:38，人民北路，开-关10秒，停-开6秒，站停41秒
- 时间：06:30:40，火车北站，开-关11秒，停-开5秒，站停41秒
- 时间：06:33:13，升仙湖，开-关10秒，停-开6秒，站停40秒
- 时间：06:35:34，，开-关44秒，停-开6秒，站停78秒
- 时间：06:38:16，，开-关93秒，停-开7秒，站停128秒
- 时间：06:42:04，升仙湖，开-关9秒，停-开6秒，站停41秒
- 时间：06:44:35，火车北站，开-关10秒，停-开6秒，站停39秒

✗ 四河站上行出站45秒内，超过限速25km/h，6次	✗ NRM模式区间运行速度高于59km/h，1次
时间：05:52:15，四河	时间：18:51:10-18:51:49，世纪城-世纪城
时间：07:42:17，四河	✗ NRM模式一般进站速度高于49km/h，1次
时间：10:07:21，四河	时间：18:50:46-18:51:57，世纪城-世纪城
时间：12:40:11，四河	✓ NRM模式终点站进站速度高于29km/h，0次
时间：16:57:04，四河	✓ ATP/iATP/NRM模式进站时制动力小于40%，0次
时间：18:39:31，四河	✓ ATP/iATP/NRM模式进站时制动力大于90%，0次
✗ 四河站下行进站降至25km后速度超过25km/h，6次	✗ ATP/iATP/NRM模式停稳后常用制动力小于95%，17次
时间：07:23:22，华府大道	时间：14:44:59-14:45:00，-
时间：09:15:13，华府大道	时间：14:47:05-14:47:06，-
时间：11:39:55，华府大道	时间：14:49:37-14:49:39，-
时间：14:11:00，华府大道	时间：14:51:59-14:52:00，-
时间：16:41:10，华府大道	时间：14:53:21-14:53:22，-
时间：18:26:33，华府大道	时间：14:55:34-14:55:35，-
✓ 终到站至始发站发车折返0次	时间：14:58:31-14:58:32，-
✗ 司机控制权转换15次	时间：15:00:03-15:00:05，-
时间：06:38:11-06:38:13，2秒，	时间：15:02:52-15:02:53，-
时间：07:30:59-07:31:00，1秒，	时间：15:05:25-15:05:26，-
时间：08:29:54-08:29:55，1秒，	时间：15:10:03-15:10:04，-
时间：08:30:11-08:30:13，2秒，	时间：15:14:25-15:14:26，-
时间：09:42:04-09:42:05，1秒，广都	时间：15:16:29-15:16:30，-
时间：09:42:23-09:42:25，2秒，	时间：18:52:18-18:52:19，世纪城-世纪城
时间：10:53:52-10:53:53，1秒，	时间：18:56:50-18:56:51，-
时间：12:07:50-12:07:51，1秒，	时间：19:00:20-19:00:21，金融城-金融城
时间：12:08:05-12:08:06，1秒，	时间：19:07:56-19:07:57，-
时间：13:26:18-13:26:20，2秒，	✗ 二次动车17次
时间：14:38:29-14:38:30，1秒，	时间：06:37:25-06:37:36，-

图 5-35 列车运行评价结果

上图显示列车进出站速度超速 6 次，司机控制权转换 15 次，二次动车 17 次，可以从中看出司机存在不良的驾驶习惯，驾驶水平较差。

第六节 小 结

一方面，在城市轨道交通车辆系统设备风险管控过程中，根据车辆设备特点、生产维保等实际情况，依据风险辨识评估程序科学评估车辆系统设备风险等级及危害程序，有针对性地采取维保管理、更新改造及大中修、车辆在线监测系统和应急保障等技术手段管控车辆系统设备风险，保障车辆运营安全。

另一方面，通过对司机作业的全过程数据进行分析评估，针对性制定整改措施，规范司机作业行为、优化司机作业流程，进而有效避免错误操作、减少故障处置时间，从而提升作业效率，保障行车安全。同时，随着全自动驾驶等新技术的推广和应用，将大幅降低人为失误带来的风险，进一步提升轨道交通运营服务质量。

第六章 总　结

本书是在成都轨道集团近几年科研实践成果基础上，结合成都轨道交通建设运营成就，研究提炼形成的。围绕城市轨道交通运营组织与风险防控研究及实践工作，主要围绕国内外技术进展、网络化运营组织、客运组织和风险防控、车辆维修维护以及列车驾驶风险防控等内容，详细介绍了技术应用情况、适用条件及应用建议等内容。

1. 注重应用研究与工程验证相结合

实地考察了北京、上海、广州、青岛等地铁公司，就网络化运营、车辆在线监测、故障诊断模型、健康管理与维修、大客流管理等进行专题调研和交流，还与四方厂和长客厂建立了定期交流制度，实地考察了时速250 km 以上高速动车组的在线监测和维修管理平台。此外，还借助国内外行业协会和网络资源，对国内 20 多家轨道交通企业以及东京、新加坡、巴黎、纽约、香港、台北等城市和地区的相关经验和做法进行了调研，为示范应用效果论证和推广应用提供了良好条件。

在网络化运营组织领域，研究提出《城市轨道交通网络化运营组织技术指南》，并进行了单线不均衡、网络不均衡等多种场景技术验证，证实提出的技术指南可行。该指南包括客流预测及分析、运输能力设置及匹配、运营图编制以及网络化行车组织技术。

在客运组织与风险防控领域，研究取得《城市轨道交通客流风险管控规范》并进行了技术验证和示范应用。研究提出的客流风险辨识技术主要包括静态能力分析和动态能力分析；研究提出客流风险动态分级技术，给出具体分级方式及定义，并进行了示范验证；研究提出站控、线控和网控互相联动的客流风险管控措施。另外，还建设了一套线网运营信息分析系统，对线网客流数据进行较为精准的实时采集和短时预测，并进行了技术验证。

在车辆维修维护领域，研究取得《城市轨道交通车辆系统风险管控技术指南》并在成都地铁 3、4、7 号线进行了技术验证；研发车辆全生命周期信息化管理系统并进行示范应用，建立车辆集群健康评估和单列车健康评估。依托车辆健康评估平台研发设计了 13 个故障预测模型，并进行了数据验证。

在列车驾驶风险防控领域，研究取得《城市轨道交通司机规范化操作指南》并在 1 号线进行了技术验证。在日常作业程序、行为标准、故障应急等方面要求司机严格遵守，达到提升作业效率、减少故障处置时间、提高人工驾驶平稳行驶、提示乘务专业客运服务质量，从而有效避免人为失误带来的风险。

2. 注重应用成果转化为技术标准

在研究成果及应用基础上，注重将研究成果提升为运营需求，转化为技术标准，通过规范相关作业技术标准，从源头规范和提升城市轨道交通运营组织与风险防控工作。

《网络条件下城市轨道交通运营组织技术指南》提出了行车组织的基本原则，对线路间换乘衔接匹配、共线运营、快慢车组织、运输能力设置、运营图编制等技术进行规范，明确了 Y 字形交路行车组织、大站空车组织、快慢车组织、首班车多点发车组织等行车组织方式的适用条件，适用于城市轨道交通地铁系统网络化行车组织和运营安排。

《城市轨道交通客流风险管控规范》明确了城市轨道交通客流管控的术语和定义、基本要求、风险要素、风险动态分级类型、风险评估方法及风险管控措施，适用于城市轨道交通客流风险要素辨识、风险动态分级、风险评估判定以及运营管控，在成都地铁线网进行了技术验证和示范应用。

《城市轨道交通车辆系统风险管控技术指南》规定了地铁车辆系统风险辨识、风险分级、风险评估、风险管控等内容，适用于运营单位对于车辆系统的风险管理，指导车辆风险管理工作的组织和开展。研究提出车辆系统主要风险点以及列车状态监测模块基本功能要求，并在成都地铁 3、4、7 号线进行了技术验证。

《城市轨道交通司机规范化操作指南》规定了列车司机的职责、培训标准、常见作业风险、行为监控、规范性操作和特殊操作要求等,适用于城市轨道交通司机的规范化操作和风险防控。同时,还规范了客车试验程序、内容标准以及常规操作和非正常情况下的操作标准、风险识别以及管控技术要点,并在 1 号线进行了技术验证。

上述标准于 2021 年 8 月 2 日发布为四川省地方标准(标准号:DB51/T 2801—2021、DB51/T 2802—2021、DB51/T 2803—2021、DB51/T 2804—2021),自 2021 年 9 月 1 日实施。

3. 展望

本书讨论的相关问题是针对成都轨道交通发展实际研究提出的,对于正在进行新线建设和计划开通新线运营的城市,具有一定的参考价值。另外,我国城市轨道交通建设仍处于快速建设阶段,干线铁路、城际铁路、市域(郊)铁路以及城市轨道交通"四网"融合等新问题还在进行广泛研究和实践应用,将来会有更多更新的成果不断涌现,编写组将密切跟踪相关领域的最近技术进展和实践应用,不断完善相关成果。

2021 年是"十四五"开局之年,"十四五"期间我国城市轨道交通仍将保持快速发展态势,车辆、信号等专业也正在进行巨大的技术进步和变革,目前正在进行的虚拟列车技术、全自动运行技术、虚拟轨道技术、磁悬浮技术等,都给城市轨道交通网络的运营组织和风险防控带来挑战。今后,编写组还将持续研究和关注该领域的技术进展和应用情况。

附表 1　城市轨道交通车辆系统常见风险点表

车辆系统	主要风险点	风险评价		风险等级
		可能性（L）	严重程度（C）	
车体、内装	内装紧固件松动可能导致部件脱落	0.5	3	较小
车钩	车钩缓冲器裂纹、变形、失效可能造成缓冲器不能正常吸收冲击动能	0.5	5	较小
	车钩紧固件丢失、钩座裂纹或断裂、卡环螺栓断裂可能导致列车连挂脱钩	0.5	5	较小
走行部	构架裂纹、齿轮箱座裂纹、电机吊座裂纹可能导致转向架断裂、部件脱落	0.5	10	较小
	轮对异常磨耗、损伤、失圆、超限等可能导致列车异常振动、脱轨	0.5	10	较小
	轴箱轴承、齿轮箱轴承、电机轴承温升超标，齿轮箱断齿可能导致抱轴、燃轴	0.5	3	较小
	一系弹簧、二系弹簧老化、损伤、变形、剥离、断裂、坍塌可能导致列车运行不平稳、部件脱落	0.5	5	较小
	齿轮箱吊杆断裂可能导致列车失去动力	0.5	5	较小
	接地装置异常可能导致列车接地不良或失效	0.5	2	较小
	排障器裂纹可能导致断裂、脱落	0.5	10	较小
空调系统	空调机组紧固件松动可能导致异常振动、噪音、部件脱落	0.5	5	较小
	环境温度过高、运行过载可能导致空调故障短路、停机	0.5	1	较小
	紧急通风逆变器失效可能导致紧急通风不畅	0.5	3	较小
车门	车门机构紧固件松动、行程开关触点烧损、门扇卡滞、驱动电机故障可能造成车门无法正常开闭、隔离	7	1	一般

续附表

车辆系统	主要风险点	风险评价 可能性（L）	风险评价 严重程度（C）	风险等级
车门	车门锁闭机构失效可能造成列车行驶中车门异常打开	0.5	5	较小
车门	门控器失效可能造成车门指令无法施加、状态无法显示判别	7	1	一般
车门	紧急解锁装置失效可能造成紧急情况下车门无法机械解锁	1	5	较小
附属设施	座椅侧挡玻璃爆裂、扶手环（杆）断裂可能划伤乘客	7	3	较大
附属设施	烟雾报警系统缺失或失效可能导致无法火灾报警	0.5	2	较小
附属设施	疏散门失效可能导致紧急情况下无法开启	0.5	1	较小
附属设施	安全标识缺损可能影响安全装置的使用和乘客紧急疏散	3	1	较小
附属设施	乘客紧急报警与对讲装置失效可能造成乘客无法正常反映紧急事件	1	2	较小
附属设施	应急照明失效可能造成紧急情况下无法正常启动或者持续时间不达标	0.5	3	较小
制动系统	制动风缸和管路漏风或阻塞，阀类腐蚀、损坏可能造成制动无法正常施加	0.5	1	较小
制动系统	制动截断塞门漏风、失效可能导致不能切除车辆空气制动	0.5	1	较小
制动系统	空压机状态无法正常显示、压力开关失效可能导致清客或救援	0.5	3	较小
制动系统	制动系统干燥器失效可能导致管路、阀件锈蚀，制动无法正常施加	0.5	3	较小
制动系统	制动系统对列车防滑控制功能失效可能会造成滑行时擦伤、损伤轨面	0.5	1	较小

续附表

车辆系统	主要风险点	风险评价 可能性（L）	风险评价 严重程度（C）	风险等级
牵引系统与辅助电源	牵引系统、辅助电源滤波电抗器、滤波电容鼓包、温升、爆炸等故障可能造成单车失去动力	3	1	较小
	滤波电抗器因雨雪、毛絮粉尘侵入可能造成绝缘降低导致接地或者匝间绝缘降低	0.5	1	较小
	牵引系统、辅助电源断路器触头烧蚀粘连可能造成脱扣，单车失去动力	3	1	较小
	牵引系统、辅助电源熔断器失效可能造成单车失去动力	0.5	1	较小
	牵引系统隔离开关闭合不当或未闭合可能造成单车无高压	0.5	3	较小
	高压母线局部绝缘老化可能造成受热后线缆烧损或拉弧高压接地	0.5	3	较小
	蓄电池老化、变形、漏液可能导致电池容量及电压不足，严重时可能导致应急照明缺失	0.5	3	较小
	蓄电池温度异常、过热可能导致自燃、起火烧损	0.5	7	较小
	电气箱体防尘、防水不良或失效可能导致电气部件绝缘失效、短路、接地	1	3	较小
	车间电气连接器脱落可能导致侵限、刮蹭轨行区设备	0.5	7	较小
受流系统	受电弓裂纹、断裂可能脱落，造成列车失电	0.5	7	较小
	碳滑板磨耗异常可能造成供电接触不良	3	1	较小
	受电弓上下臂杆连接失效可能造成无法升降弓	0.5	1	较小
	受流器安装紧固力矩、接触压力不满足要求可能造成受流器脱落、受电不良	0.5	3	较小

附表2　风险发生的可能性、概率（L）的分级标准表

序号	可能性级别	取值分数	判断标准
1	极高	10	1.已经发生过类似事故或事件，且没有采取防护措施或采取现有防护措施后依然发生类似事故或事件； 2.其他企业多次发生过类似的事故或事件，而本企业也明显存在导致该类事故事件发生的条件的； 3.明显违反国家有关安全操作、设备设施安全性能要求等强制性标准； 4.设备设施的定期检测结果严重不符合国家法律法规的安全要求或行业标准，且在规定的时间间隔内没有进行整改的； 5.操作规章未建立； 6.人员无证上岗； 7.设备设施严重超负荷运转； 8.设备设施没有经过专业检查
2	高	7	1.安全操作规程培训不到位； 2.经常出现违反安全操作规程的行为，但没有发生事故； 3.设备设施有时出现超负荷运转，但不是严重超负荷运转； 4.设备设施的定期检测结果不符合国家法律法规的安全要求或行业标准，且在规定的时间间隔内没有进行整改的； 5.使用超期没有经过检查的设备； 6.1年内可能发生多次
3	中等	5	1.有时会出现违章行为； 2.导致事故发生的触发因素容易被发现； 3.过去曾经发生类似事故或事件； 4.1年内可能发生一次
4	低	3	1.已有控制措施，但员工安全意识不是很高； 2.3年内可能发生一次

续附表

序号	可能性级别	取值分数	判断标准
5	较低	1	1.有充分、有效的控制措施，偶尔出现措施没有严格执行的情况； 2.设备安全条件较好，但员工安全卫生意识不是很高； 3.5年内可能发生一次
6	极低	0.5	1.危险因素一旦发生能及时发现，并定期进行监测； 2.风险的发生需要多个条件，而这几个条件发生的可能性都较小； 3.10年内可能发生一次

附表3 后果严重程度（C）分级取值表

序号	后果严重程度等级	后果严重程度总体判断标准	取值
1	非常严重	**1.人身伤害及经济损失类** （1）可能导致人员重伤或8人以上轻伤。 （2）可能导致200万元以上直接经济损失。 **2.行车安全类** （3）可能导致地铁单条运营线路正线单向中断运营30 min以上。 （4）可能导致有轨电车正线单向中断运营2 h以上。 （5）可能导致载客列车挤岔。 （6）可能导致非载客列车脱轨、冲突、分离。 （7）可能导致列车溜逸，或者机车车辆溜走并进入正线。 （8）可能导致改变列车运行方向。 （9）可能导致载客列车错开车门、开门行车。 （10）可能导致地铁信号升级显示。 （11）可能导致地铁未办或错办闭塞区域发出列车。 （12）可能导致运营时段正线冒进信号。 **3.消防防汛类** （13）可能导致运营线路、站点及列车发生火情。 （14）可能导致地铁运营车站进水、设施浸泡，临时关闭两个及以上出入口的。 **4.公共安全类** （15）因设备设施故障、现场组织不善、消防、防汛等问题，可能导致5人以上踩踏。 **5.负面影响类** （16）安全质量、环境保护、文明施工及信访维稳等方面的负面问题可能导致被市级分管领导签批，或被省级行政主管部门、应急管理部门约谈、挂牌督办。 （17）安全质量、环境保护、文明施工及信访维稳等方面出现负面舆情可能导致被市级主要官方媒体报道，给集团公司造成不良社会影响	10

续附表

序号	后果严重程度等级	后果严重程度总体判断标准	取值
2	严重	**1.人身伤害及财产损失类** （1）可能导致造成 5 人以上 8 人以下轻伤。 （2）可能导致 100 万元以上 200 万元以下直接经济损失。 **2.行车安全类** （3）可能导致地铁行车晚点 20 min 以上 30 min 以下。 （4）可能导致有轨电车正线单向中断运营 1 h 以上 2 h 以下。 （5）可能导致非载客列车挤岔。 （6）可能导致车辆段内列车溜逸或误动作，但未进入正线。 （7）可能导致运行中列车超过规定的限制速度运行。 （8）可能导致列车运行中擅自切除车载信号设备，甩开信号安全防护。 （9）可能导致运营时段正线未准备好进路接、发列车。 **3.设备故障类** （10）可能导致列车客室内或车站的设备、设施、器材松动脱落等异常情况，造成人身伤害的。 （11）可能导致列车运行中列车大部件、设备设施、器材、物资、装载货物、装载加固材料（或装置）超限或在轨行区坠落。 （12）可能导致正线范围内接触网断线、倒杆、塌网。 （13）可能导致运营期间，行车、调度等关键指挥通讯有线和无线系统同时中断通讯 60 min 以上。 （14）可能导致运营期间，单个地铁车站照明全部熄灭 60 min 以上。 （15）可能导致正线钢轨由轨顶到轨底贯通断裂。 （16）因设备故障或人为操作失误可能导致车站关闭。 **4.操作禁令类** （17）可能未经许可擅自进行影响行车或行车设备的施工。 （18）可能未经许可擅自超范围施工耽误列车。 （19）可能未经许可擅自维修作业耽误列车。	7

续附表

序号	后果严重程度等级	后果严重程度总体判断标准	取值
2	严重	（20）可能列车带电违规进入停电区或无电区。 （21）可能供电操作中发生错送电、漏停电。 （22）可能错挂、漏挂、错撤、漏撤接地线。 （23）可能未办理请点手续擅自进入正线轨行区。 **5.消防防汛类** （24）可能导致控制中心、车辆段、主变电所等非公共区域发生一定火情但未造成人身伤害。 （25）可能导致地铁运营车站进水、设施浸泡，导致临时关闭一个出入口。 **6.公共安全类** （26）因设备设施故障、现场组织不善、消防、防汛等问题，可能导致5人以下跌倒的踩踏事件。 **7.负面影响类** （27）安全质量、环境保护、文明施工及信访维稳等方面的负面问题可能导致被区（市）县主要领导签批，或被市级行政主管部门、应急管理部门约谈、挂牌督办。 （28）安全质量、环境保护、文明施工及信访维稳等方面出现负面舆情可能导致被自媒体曝光、大量传播，且对运营公司造成负面影响	
3	较严重	**1.人身伤害及财产损失类** （1）可能导致5人以下轻伤。 （2）可能导致50万元以上100万元以下直接经济损失。 **2.行车安全类** （3）可能导致地铁行车晚点15 min以上20 min以下。 （4）可能导致错发、错传、漏发、漏传调度命令，耽误列车运行。 （5）可能导致未经允许列车载客进入非运营线。 （6）可能导致未撤出防溜措施动车。 （7）可能导致非运营时段或非正线冒进信号。	

续附表

序号	后果严重程度等级	后果严重程度总体判断标准	取值
3	较严重	（8）可能导致运营时段正线列车擅自退行。 **3.设备故障类** （9）可能导致场段内接触网断线、倒杆、塌网。 （10）可能导致因设备故障或人为操作失误造成列车越站通行。 （11）可能导致车辆段钢轨由轨顶到轨底贯通断裂。 （12）可能导致列车救援。 （13）可能导致行车指挥的无线通信系统和有线通讯系统同时中断 20 min 以上 60 min 以下。 （14）可能导致运营期间，单个车站照明全部熄灭 30 min 以上，或者正常照明全部熄灭 60 min 以上。 （15）空调季节，单个车站环控系统故障可能导致无法通风供冷连续时间超过 48 h。 （16）空调季节，集中冷站一次设备故障可能导致不能供冷连续时间超过 24 h。 **4.操作禁令类** （17）轨行区内应撤除、锁闭、固定的设施、设备、物料、标志不符合要求可能导致耽误列车。 **5.消防防汛类** （18）可能导致出现明火、冒烟需要扑救并影响客服或造成不良社会影响。 （19）可能导致气体误喷。 （20）可能导致轨行区积水漫过轨面 15cm，处置时间超过 30 min。 **6.公共安全类** （21）因安防、护卫工作不到位可能导致较大安全隐患，严重危及运营、人身、财产安全或大范围社会负面影响。 （22）可能导致录音录像、台账等原始记录丢失，影响事故（事件）调查取证的。	3

续附表

序号	后果严重程度等级	后果严重程度总体判断标准	取值
4	一般严重	**1.人身伤害及财产损失类** （1）可能导致 1 万元以上 50 万元以下直接经济损失。 **2.行车安全类** （2）可能导致地铁行车晚点 5 min 以上 10 min 以下。 **3.设备故障类** （3）可能导致影响行车安全或客服质量但未达到 B 类一般事件的设备故障	2
5	不严重	**1.人身伤害及财产损失类** （1）可能导致 1 万元以下直接经济损失。 **2.行车安全类** （2）可能导致地铁行车晚点 5 min 以下。 **3.设备故障类** （3）可能导致不影响行车安全或客服质量的设备故障	1

附 图

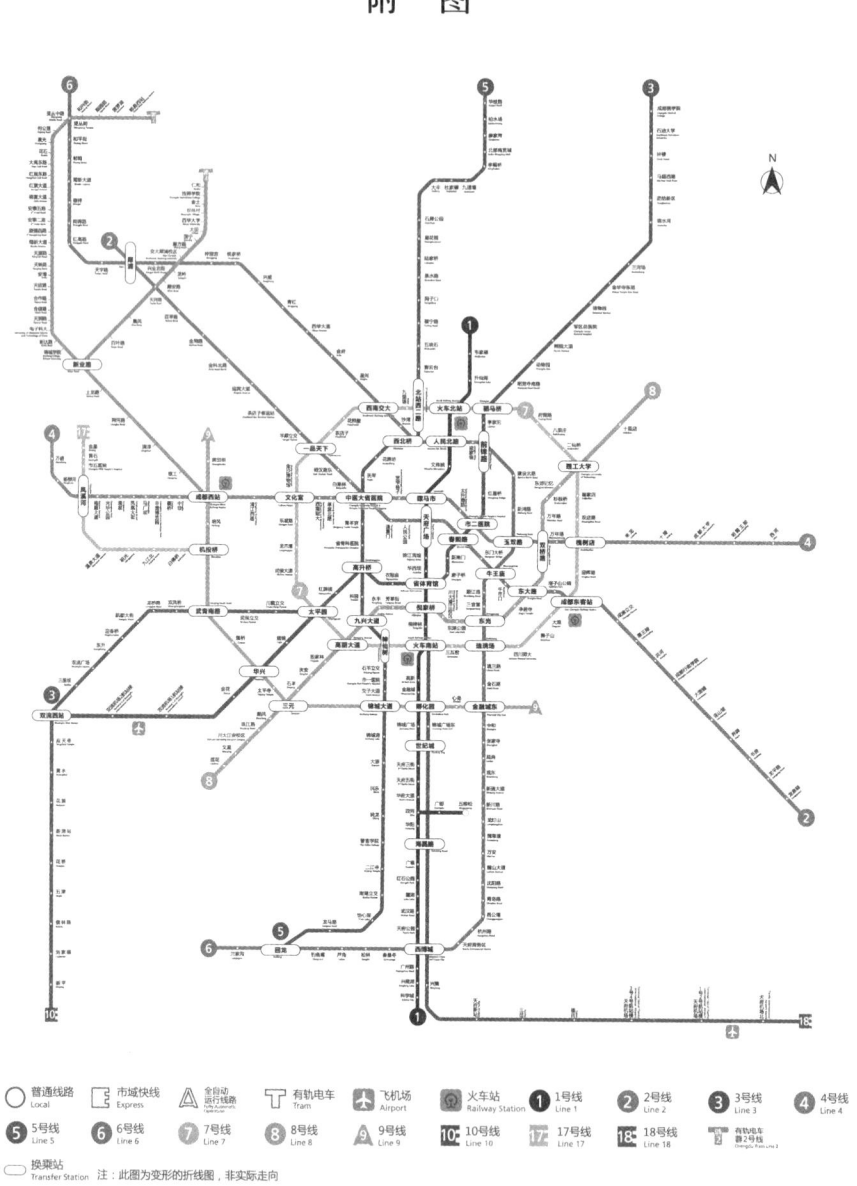

附图 1　成都轨道交通线网图

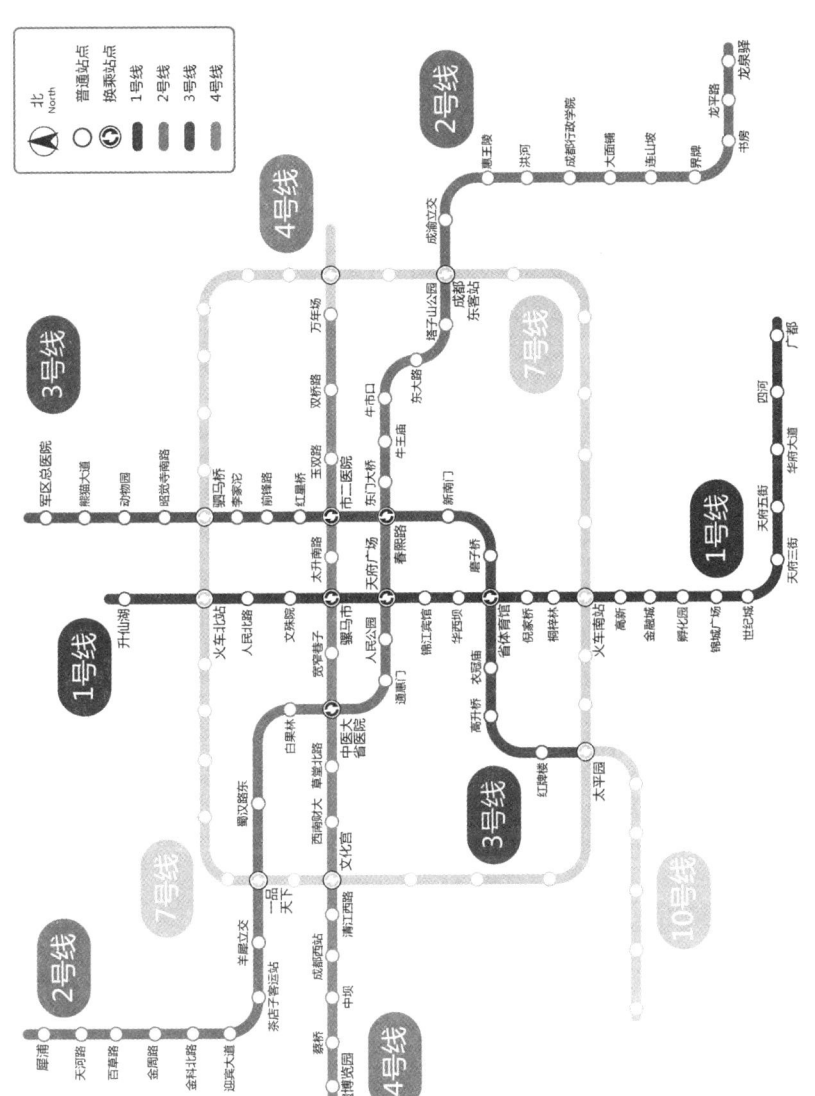

附图 2 成都轨道交通线网图（2016 年 12 月 31 日）

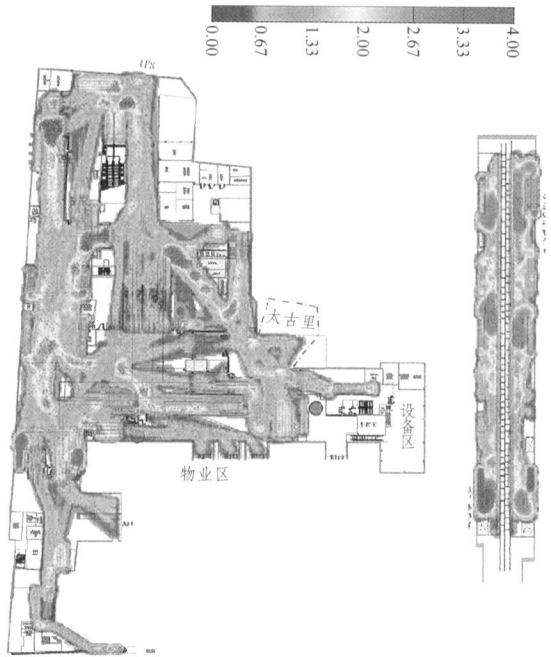

附图3　元旦节期间出站超高峰时段客流仿真

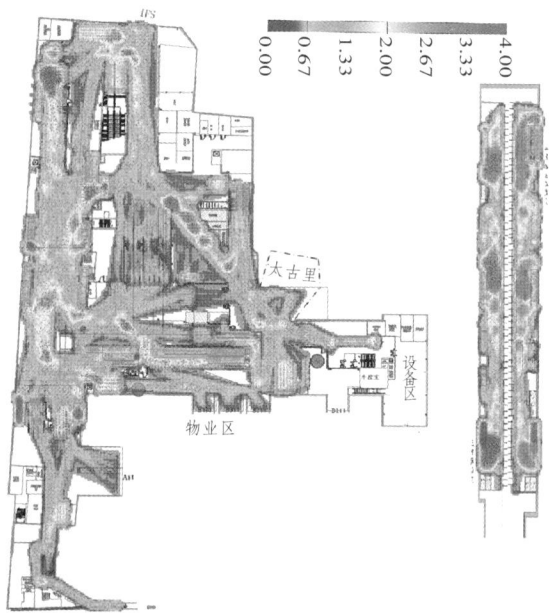

附图4　3号线站厅压力分析（当日行车间隔4 min 15 s）

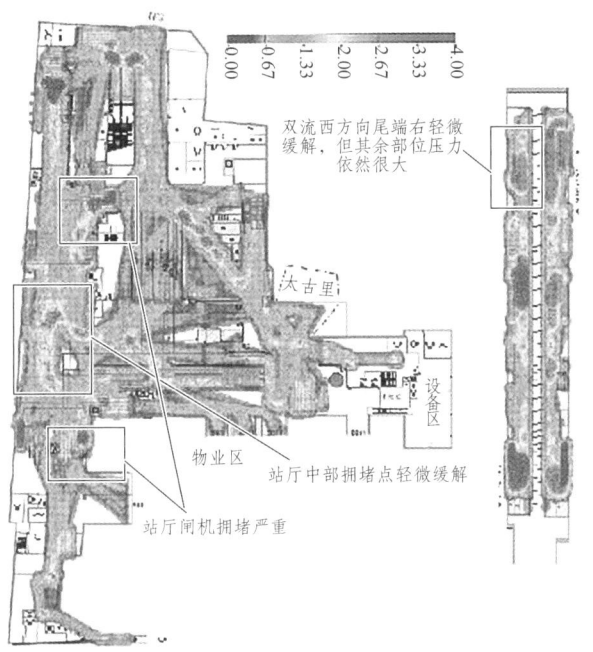

附图 5　3 号线站厅压力分析（调整后行车间隔 3 min 55 s）

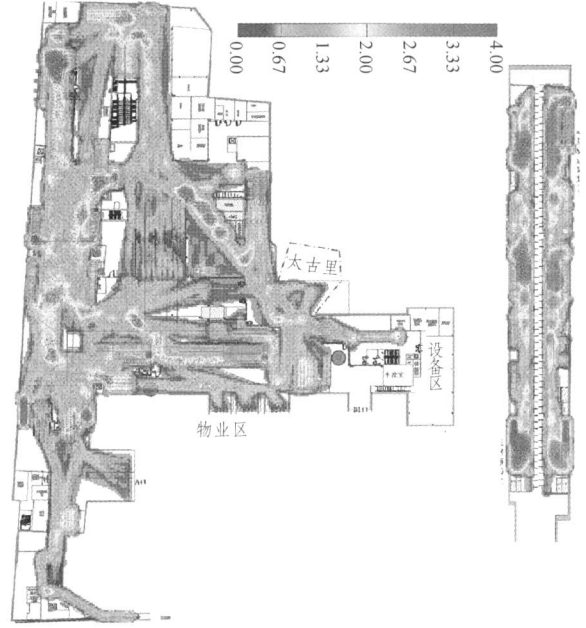

附图 6　3 号线站台压力分析（既有停站时间为 50 s）

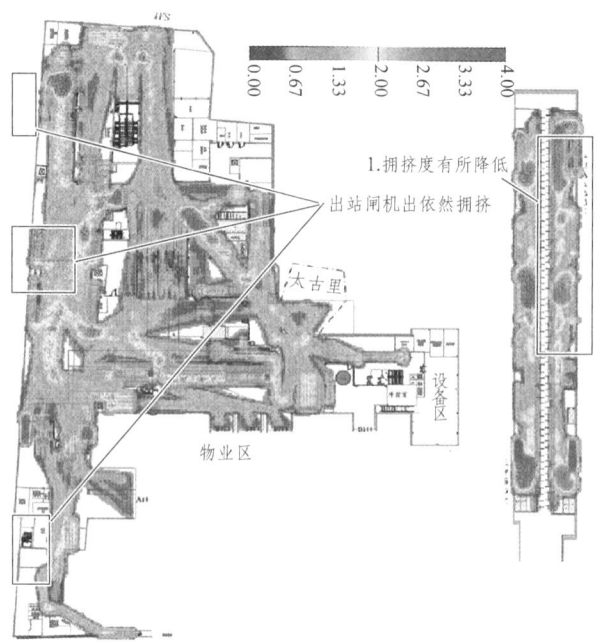

附图7 3号线站台压力分析（调整停站时间为60 s）

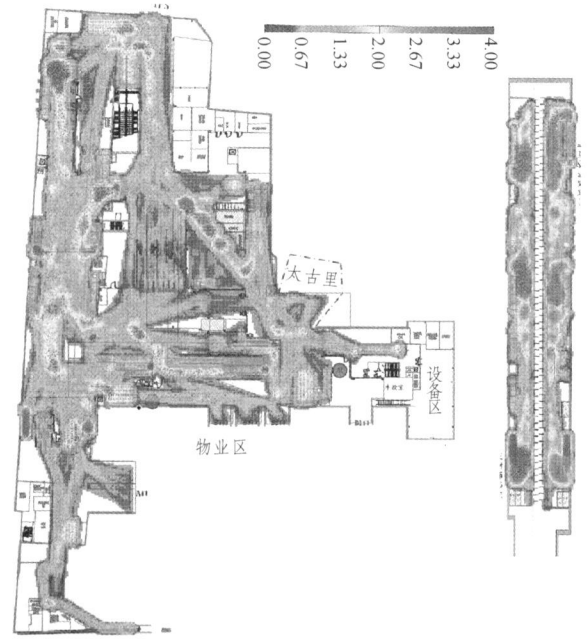

附图8 3号线既有楼梯压力分析

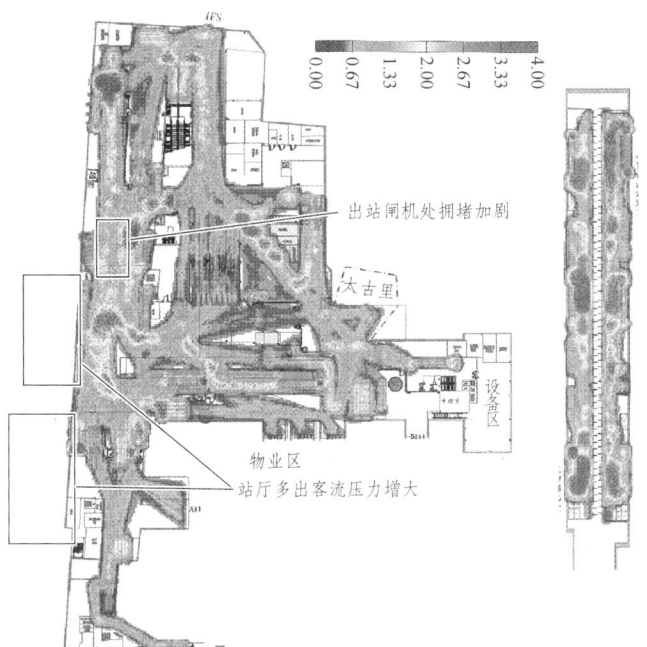

附图 9　3 号线楼梯扩容 50%后压力分析

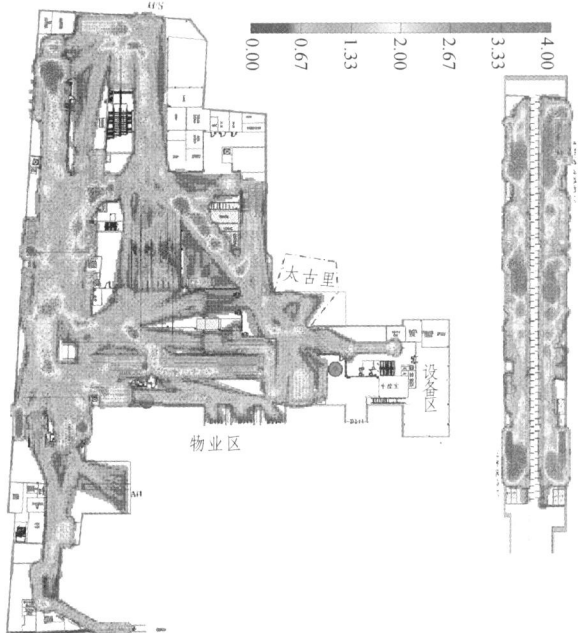

附图 10　双流西方向头端步梯进出混行

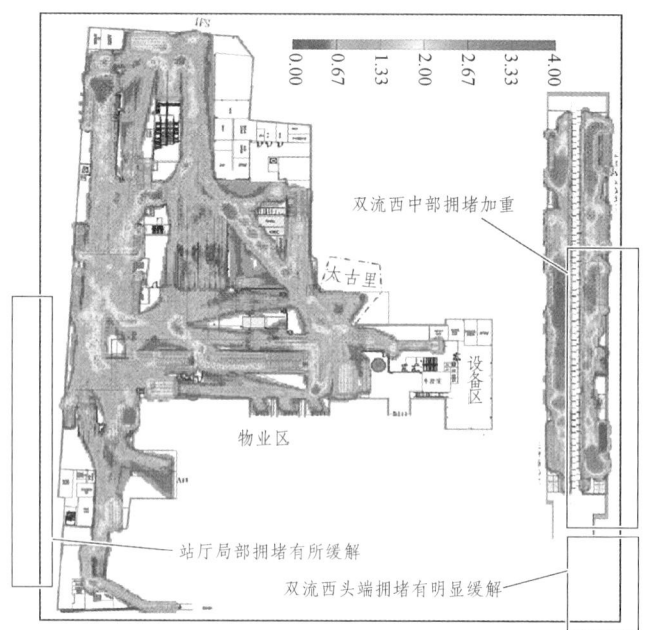

附图 11　双流西方向头端步梯只进不出

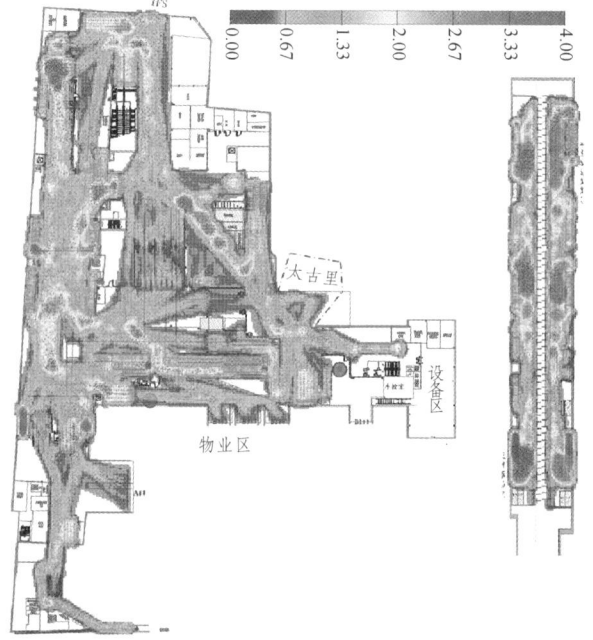

附图 12　既有出站能力

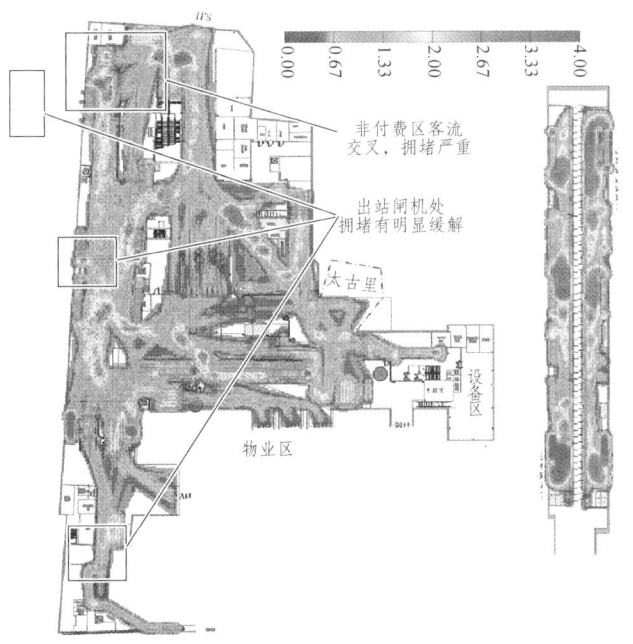

附图 13　提升出站能力后仿真

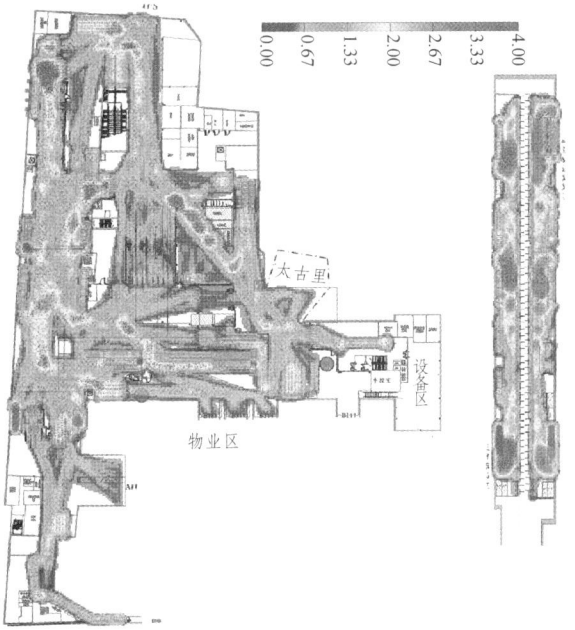

附图 14　既有售票能力仿真

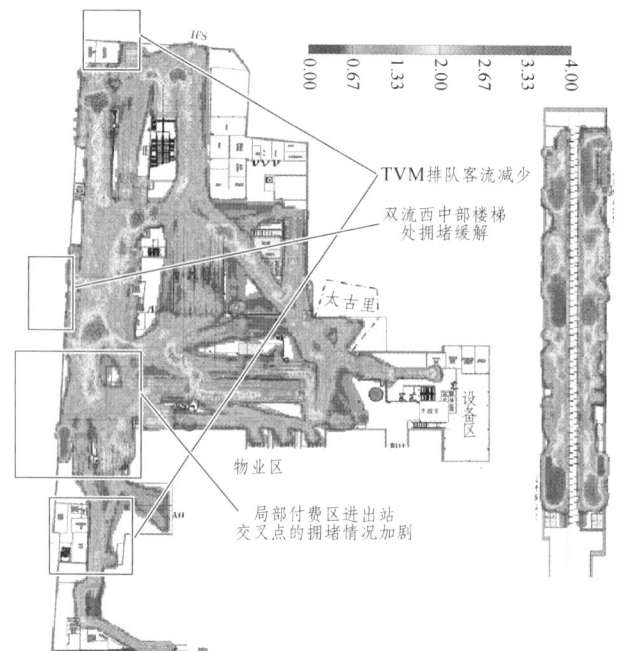

附图15 提升售票能力后仿真

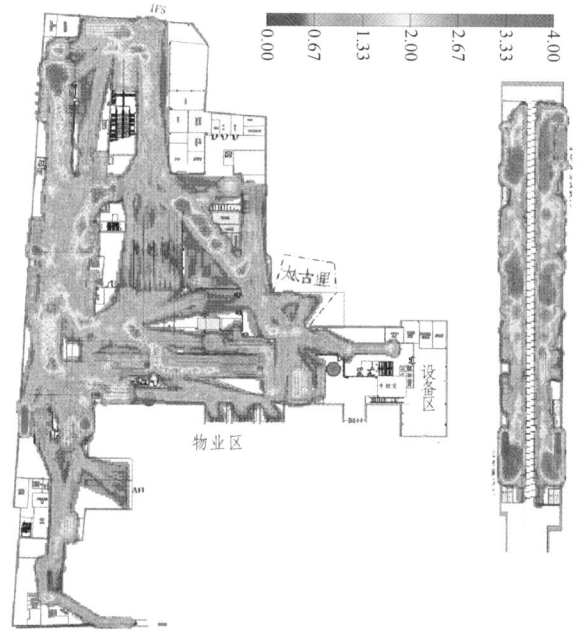

附图16 优化前站台客流仿真

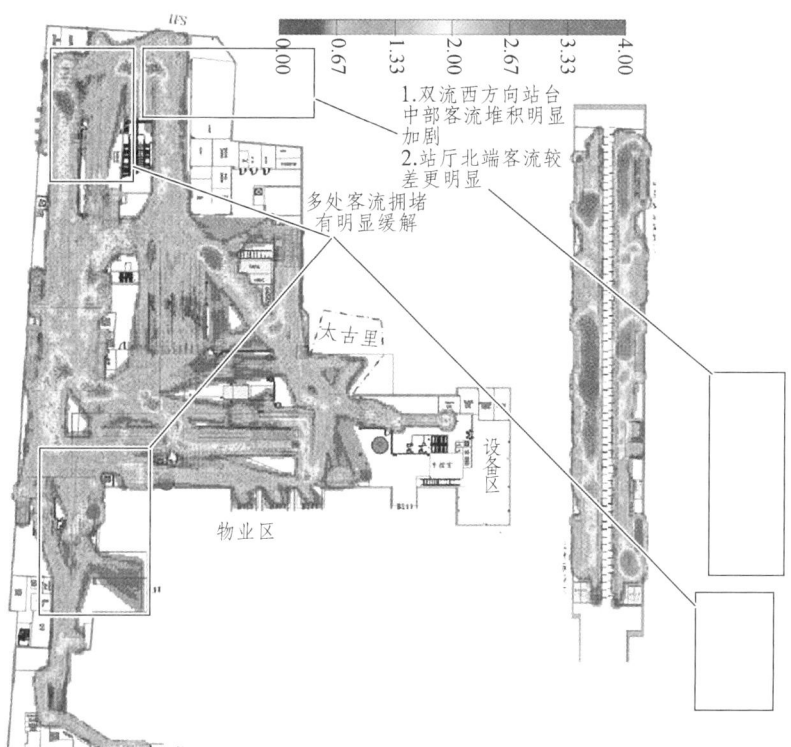

附图 17 优化后站台客流仿真

参考文献

[1] A. bourne. System Engineering in London Underground[C]//Iee Seminar on on the Right Lines - Systems Engineering for the Railway Industry, 2004: 24-46.

[2] Kumar S, Gupta S, Ghodrati B, et al. An Approach for Risk Assessment of Rail Defects[J]. International Journal of Reliability, Quality and Safety Engineering, 2010, 17 (4): 291-311.

[3] Mohamed-habib mazouni, Dominique bied-charreton, Jean-francois aubry. Proposal of a generic methodology to harmonize Preliminary Hazard Analyses for guided transport[C]//2007 IEEE International Conference on System of Systems Engineering, IEEE, 1-6.

[4] D. patel, G. neil. Passenger Information Systems on London Underground Limited Rolling Stock[C]//Iee Colloquium on Passenger Information (trains and Trackside) (digest No.030), 1991: 3-3.

[5] 王志华. 地铁车站运营安全风险评价研究[D]. 北京：北京交通大学，2012.

[6] 徐田坤. 城市轨道交通网络运营安全风险评估理论与方法研究[D]. 北京：北京交通大学，2012.

[7] 张智媛. 高速铁路列车运行冲突风险管理理论与方法研究[D]. 成都：西南交通大学，2012.

[8] 曹静波. 风险管理在铁路劳动安全管理中的应用研究[D]. 成都：西南交通大学，2013.

[9] 闻千. 网络化运营条件下城市轨道交通应急指挥管理评价方法研究[D]. 成都：西南交通大学，2013.

[10] 王富章. 铁路灾害风险评估与应急救援策略研究[D]. 北京：北京交通

大学，2013.

[11] 肖雪梅. 城市轨道交通网络化运营风险与安全评估[D]. 北京：北京交通大学，2014.

[12] 邓璟慧. 等候在公共服务与设施设计中的应用研究[D]. 北京：北京理工大学，2015.

[13] 卞兆洋. 城市轨道交通网络化运营组织协调优化[D]. 成都：西南交通大学，2015.

[14] 李莉. 城市轨道交通网络化运营条件下末班车衔接与可达路径研究[D]. 成都：西南交通大学，2015.

[15] 朱华特. 应急事件驱动下城市轨道交通网络化运营协调性研究[D]. 成都：西南交通大学，2014.

[16] 乔珂. 城市轨道交通网络化运营特征及列车运行调整研究[D]. 北京：北京交通大学，2015.

[17] 王家琦. 城市轨道交通共线运营实施条件及运行方案研究[D]. 北京：北京交通大学，2015.

[18] 付翠翠. 城市轨道交通网络化运营组织关键技术研究[D]. 大连：大连交通大学，2015.

[19] 任飞. 基于互联互通的城轨网络化运营列车运行计划研究[D]. 北京：北京交通大学，2016.

[20] 孙宇星. 轨道交通网络换乘路径选择方法研究[D]. 北京：北京交通大学，2015.

[21] 邢进. 网络化运营条件下城轨列车车底运用优化研究[D]. 兰州：兰州交通大学，2016.

[22] 邓勇亮. 城市地铁网络系统物理脆弱性的评价及控制研究[D]. 南京：东南大学，2016.

[23] 宫剑. 基于区域划分的地铁网络脆弱性评价方法[D]. 武汉：华中科技大学，2016.

[24] 何建华. 铁路车务行车安全风险管理研究[D]. 北京：中国铁道科学研究院，2017.

[25] 张志科. 安全风险管理在铁路客运系统应用研究[D]. 北京：中国铁道科学研究院，2017.

[26] 佘振国. 铁路安全风险预警信息系统及关键技术研究[D]. 北京：中国铁道科学研究院，2017.

[27] 李科. 成都地铁线网运营车辆维保管理研究[D]. 成都：西南交通大学，2016.

[28] 刘梦佳. 突发中断下城市地铁网络脆弱性研究[D]. 成都：西南交通大学，2017.

[29] 张洁斐. 网络化运营状态下城市轨道交通乘客路径选择行为分析及建模[D]. 西安：长安大学，2017.

[30] 方一凡. 地铁司机人因失误分析与预防控制研究[D]. 北京：北京交通大学，2018.

[31] 张天宇. 动态客流需求下基于公平与效率的城市轨道交通列车时刻表优化模型与算法[D]. 北京：北京交通大学，2018.

[32] 黄荣祖. 基于风险矩阵的深圳地铁运营风险评估[D]. 北京：北京交通大学，2018.

[33] 马同舟. 西安地铁网络化运营管理问题及对策[D]. 西安：长安大学，2017.

[34] 张琳. 基于深度神经网络的地铁客流预测系统研究[D]. 北京：北京交通大学，2019.

[35] 戈翼. 城市轨道交通Y形线路列车交路方案研究[D]. 北京：北京交通大学，2019.

[36] 刘乐乐. 基于重要车站失效的城市轨道交通网络结构与功能抗毁性分析[D]. 北京：北京交通大学，2019.

[37] 刘涓琰. 城市轨道交通网络快慢车运营组织方案研究[D]. 北京：北京交通大学，2019.

[38] 刘源. 基于AFC数据的城市轨道交通客流分配方法研究[D]. 北京：北京交通大学，2019.

[39] 韦子文. 城市轨道交通Y形交路列车开行方案优化研究[D]. 兰州：兰州交通大学，2019.

[40] 王彬. 城市复杂地铁网络级联失效抗毁性分析[D]. 衡阳：南华大学，2019.

[41] 陈星. 网络化动态客流导向下城市轨道交通运行计划协同编制方法研

究[D]. 北京：北京交通大学，2019.

[42] 关士托. 城市轨道交通网络脆弱性及运营组织策略研究[D]. 上海：上海交通大学，2017.

[43] 王玉珠. 城市轨道交通共线运营开行方案优化研究[D]. 成都：西南交通大学，2019.

[44] 杨兴宇. 基于模糊ISM模型和FMICMAC模型的地铁运营风险评估[D]. 成都：西南交通大学，2019.

[45] 马小薇. 基于复杂网络的地铁事故致因机理研究[D]. 成都：西南交通大学，2019.

[46] 邹德龙. 基于系统动力学的地铁客流分析与仿真[D]. 大连：大连交通大学，2019.

[47] 叶鹏君. 基于图像识别的列车司机驾驶行为监测及关键技术研究[Z]. 北京：北京交通大学，2020：.

[48] 张梦琦. 全自动运行条件下乘务司机技能衰退分析及应对策略研究[D]. 北京：北京交通大学，2020.

[49] 郑丽杰. 都市圈轨道交通互联互通实施条件及开行方案研究[D]. 北京：北京交通大学，2020.

[50] 王新栋. 面向人机协同的地铁行车调度模型研究[D]. 北京：北京交通大学，2020.

[51] 尹永昊. 城市轨道交通列车运行计划与客流控制策略优化研究[D]. 北京：北京交通大学，2020.

[52] 李青. 多层网络耦合视角下城市地铁网络脆弱性动态演化研究[D]. 西安：西安理工大学，2020.

[53] W. li, X. yan, X. li, et al. Estimate Passengers' Walking and Waiting Time in Metro Station Using Smart Card Data (scd)[J]. Ieee Access, 2020, 8: 11074-11083.

[54] Muttram R. Railway Safety's Safety Risk Model[J]. Proceedings of the Institution of Mechanical Engineers Part F-journal of Rail and Rapid Transit-Proc Inst Mech Eng F-j Rail R, 2002, 216: 71-79.

[55] D. chen, J. zhang, S. jiang. Forecasting the Short-term Metro Ridership with Seasonal and Trend Decomposition Using Loess and Lstm Neural

Networks[J]. Ieee Access, 2020, 8: 91181-91187.

[56] X. yang, A. chen, B. ning, et al. Measuring Route Diversity for Urban Rail Transit Networks: a Case Study of the Beijing Metro Network[J]. Ieee Transactions on Intelligent Transportation Systems, 2017, 18 (2): 259-268.

[57] 黄荣. 城市轨道交通网络化运营的组织方法及实施技术研究[D]. 北京：北京交通大学，2010.

[58] Rams Program for Electromechanical Systems of Railway Applications[J]. Iet Conference Proceedings, 2007: 200-205.

[59] S. corlett. Metro Data Management[C] //Iee Railway Information Systems, 2004: 5.

[60] A. odlyzko. Paris Metro Pricing: the Minimalist Differentiated Services Solution[C] //1999 Seventh International Workshop on Quality of Service. Iwqos'99. (cat. No.98ex354), 1999: 159-161.

[61] Jae han yoon, Jae-chon lee, Tae-hyun kim, 等. An Integrated Process Model for the Systems Development Requiring Simultaneous Consideration of the SE Process and Safety Requirements[C] //2008 2nd Annual IEEE Systems Conference, IEEE, 1-8.

[62] J. yang, X. dong, S. jin. Metro Passenger Flow Prediction Model Using Attention-based Neural Network[J]. Ieee Access, 2020, 8: 30953-30959.

[63] K. gkiotsalitis, O. cats. Timetable Recovery After Disturbances in Metro Operations: an Exact and Efficient Solution[J]. Ieee Transactions on Intelligent Transportation Systems, 2020: 1-11.

[64] J. h. aston, R. p. freire, J. l. ferreira, 等. An Ergonomic Study and Analysis for the Porto Metro Driver Cabin Area[Z]. 2019.

[65] Jeffcott S, Pidgeon N, Weyman A, et al. Risk, Trust, and Safety Culture in U.k. Train Operating Companies[J]. Risk Analysis: an Official Publication of the Society for Risk Analysis, 2006, 26(5): 1105-1121.

[66] M. park, S. kim, D. woo, et al. Traffic Regulation Algorithm for Metro Lines with Time Interval Deviations[C] //2015 12th International Conference on Fuzzy Systems and Knowledge Discovery (fskd), 2015: 2395-2399.

[67] T. koseki,S. miyoshi,T. mizuma, et al. Technical Efforts for Energy-saving Operation of Linear Metros in Japan[C] //2019 12th International Symposium on Linear Drives for Industry Applications (ldia), 2019: 1-5.

[68] G. r. cichy. Its Application to Fixed Rail Transit (its Metro)[C] //Vehicle Navigation and Information Systems Conference, 1996: 205-214.

[69] Haile JP. Quantified Risk Assessment in Railway System Design and Operation[J]. Quality and Reliability Engineering International, 1995, 11(6): 439-443.

[70] Y. bai,Y. cao,Z. yu, et al. Cooperative Control of Metro Trains to Minimize Net Energy Consumption[J]. Ieee Transactions on Intelligent Transportation Systems, 2020, 21(5): 2063-2077.

[71] J. e. cury,F. a. c. gomide,M. j. mendes. A Methodology for Generation of Optimal Schedules for an Underground Railway System[C]//1979 18th Ieee Conference on Decision and Control Including the Symposium on Adaptive Processes, 1979: 897-902.

[72] Aleksandrs rjabovs,Roberto palacin. Investigation into Effects of System Design on Metro Drivers' Safety-Related Performance: An Eye-Tracking Study[Z]. 2019: 267-271.

[73] J. cury,F. gomide,M. mendes. A Methodology for Generation of Optimal Schedules for an Underground Railway System[J]. Ieee Transactions on Automatic Control, 1980, 25(2): 217-222.

[74] Kyriakidis M,Hirsch R,Majumdar A. Metro Railway Safety: an Analysis of Accident Precursors[J]. Safety Science, 2012, 50.

[75] X. xu,Y. lu,Y. wang, et al. Improving Service Quality of Metro Systems—a Case Study in the Beijing Metro[J]. Ieee Access, 2020, 8: 12573-12591.

[76] Xiaoling zhang,Yongliang deng,Qiming li, et al. An Incident Database for Improving Metro Safety: the Case of Shanghai[J]. Safety Science, 2016, 84: 88-96.

[77] Seyed alireza samerei,Kayvan aghabayk,Mohamad hosein akbarzade. Underground Metro Drivers: Occupational Problems and Job Satisfaction[Z]. 2020: 171-174.

[78] P. kádár,Z. m. temesvári,I. szén. Innovative Solutions in the 125 Years' Old Budapest Metro No.1[C] //2020 Ieee 3rd International Conference and Workshop in óbuda on Electrical and Power Engineering (cando-epe), 2020: 223-228.

[79] Chi Y,Ferreira L,Ho T, et al. Evaluation of Maintenance Schedules on Railway Traction Power Systems[J]. Proceedings of the Institution of Mechanical Engineers Part F Journal of Rail and Rapid Transit, 2006, 220(2): 91-102.

[80] Kartikeya tripathi,Hervé borrion. Safe, secure or punctual? A simulator study of train driver response to reports of explosives on a metro train[Z]. 2016: 87-88.

[81] 张晋，梁青槐，贺晓彤. 北京市地铁网络拓扑结构复杂性研究[J]. 北京交通大学学报，2013，37（6）：78-84.

[82] 齐书志. 北京地铁网络化条件下的安全运营风险与防控对策[J]. 北京市经济管理干部学院学报，2008，81（2）：8-9，36.

[83] 陈艳艳，陈兴斌，吴克寒，等. 基于IC卡数据的轨道站点候车时间特征分析[J]. 重庆交通大学学报（自然科学版），2019，38（1）：102-107.

[84] 张军. 重庆轨道从单线运营到网络化运营的变化特征[J]. 城市轨道交通，2017，No.18（4）：19-23.

[85] 方思源. 广州地铁网络化运营可靠性输出实践与思考[J]. 城市轨道交通，2017，No.18（4）：24-27.

[86] 盛乃宁，刘亚丽，程涛. 西安地铁网络化运营初期客流规律及运营启示[J]. 城市轨道交通，2017，No.18（4）：36-39.

[87] 曾鹏. 浅谈武汉轨道交通从单线运营至网络化运营的变化特征[J]. 城市轨道交通，2017，No.18（4）：44-47.

[88] 杨婧，李彬. 重庆轨道交通10号线快慢车运营组织方案研究[J]. 城市轨道交通，2020，54（8）：46-50.

[89] 王国成，毛永文，李华. 地铁网络化运营服务水平提升方法探讨[J]. 城市公共交通，2019，250（4）：30-33.

[90] 赵媛媛，高利华，张劭阳，等. 基于网络化运营发展的北京地铁车辆检修信息化管理系统设计[J]. 城市公共交通，2019，No.257（11）：48-51.

[91] 黎茂盛, 薛红丽, 蒋梦曦, 等. 城市地铁列车易晚点区间识别方法研究[J]. 铁道科学与工程学报, 2016, 13（8）: 1624-1629.

[92] 张锐. 城市轨道交通网络化运营的组织方法及实施技术研究[J]. 科技创新与应用, 2020, No.325（33）: 151-152.

[93] G. j. posgay. Renaissance of the oldest underground line on the European continent[Z]. Tunnelling and Underground Space Technology, 1996: 0-0.

[94] 于颖慧, 朱海燕, 朱琳, 等. 基于VTS的列车司机评估辅助系统[Z]. 智能计算机与应用, 2020.

[95] 张琳, 陆建, 雷达. 基于复杂网络和空间信息嵌入的常规公交-地铁复合网络脆弱性分析[J]. 东南大学学报（自然科学版）, 2019, 49（4）: 773-780.

[96] 周茂庆, 吴非. 城市轨道交通网络化运营管理研究[J]. 隧道与轨道交通, 2019, No.126（S2）: 148-152.

[97] 殷峻. 上海城市轨道交通网络化运营管控对策研究[J]. 隧道与轨道交通, 2019, No.126（S2）: 153-156, 160.

[98] 董文斌, 周霞. 重庆轨道交通网络化运营条件下环线客流压力分析[J]. 隧道与轨道交通, 2020, No.130（3）: 46-48, 62.

[99] 郑有业, 何霖, 叶庆辉, 等. 广州地铁运营风险管理的实践与探讨[J]. 都市快轨交通, 2007, 83（1）: 34-37.

[100] 唐锐. 莫斯科地铁应对大规模线网运营的经验启示[J]. 都市快轨交通, 2009, 22（1）: 96-100.

[101] 刘金玲. 轨道交通网络化换乘站统筹规划与对策[J]. 都市快轨交通, 2011, 24（4）: 37-40.

[102] 史海欧, 孙元广. 广州轨道交通网络化运营客流特征和问题[J]. 都市快轨交通, 2012, v.25; No.115（3）: 29-33.

[103] 张标. 天津地铁网络化运营车辆维修管理模式设计[J]. 都市快轨交通, 2012, v.25; No.116（4）: 31-34.

[104] 杨德明, 杨丽, 马爱芳. 深圳地铁网络化运营仿真研究[J]. 都市快轨交通, 2013, 26（2）: 3-7.

[105] 徐梦萍, 许红. 地铁网络化运营乘客信息需求研究[J]. 都市快轨交通, 2014, v.27; No.130（6）: 79-82.

[106] 何霖，方思源，梁强升. 城市轨道交通网络化运营的挑战与对策[J]. 都市快轨交通，2015，v.28；No.132（2）：1-5.

[107] 仲建华，梁青槐. 城市轨道交通互联互通网络化运营的思考[J]. 都市快轨交通，2015，v.28；No.135（5）：10-12，56.

[108] 董晓春. 南京地铁网络化运营集中式控制中心设计研究[J]. 都市快轨交通，2017，v.30；No.145（3）：13-16，34.

[109] 彭磊. 广州地铁网络化运营运能提升综合研究与实践[J]. 都市快轨交通，2017，v.30；No.147（5）：128-133.

[110] 周云娣. 南京地铁网络化运营条件下大客流控制的实践[J]. 都市快轨交通，2018，v.31；No.150（2）：53-57，65.

[111] 艾文伟. 城市轨道交通Y形交路应用分析与建议[J]. 都市快轨交通，2018，31（5）：117-122.

[112] 陈明利，孙芸芸，宣晶. 基于大客流的北京地铁网络化运营风险研究[J]. 都市快轨交通，2019，v.32；No.160（6）：134-141.

[113] 宋雨洁. 地铁发布晚点信息存在的问题和优化建议[J]. 都市快轨交通，2020，33（3）：157-164.

[114] 乐梅，王宁宁，杨婧，等. 城市轨道交通互联互通网络化行车组织方案初探[J]. 都市快轨交通，2020，33（4）：9-13，44.

[115] 陈琦，张冲，陈静梅. 城市轨道交通CBTC信号系统互联互通接口与调试[J]. 都市快轨交通，2020，33（4）：117-122，128.

[116] 王健，徐炜，张宁，等. 南京地铁线网指挥中心大数据平台架构[J]. 都市快轨交通，2021，34（1）：138-143.

[117] M. thaggard. Databases for reliability and probabilistic risk assessment[C]//Annual Reliability and Maintainability Symposium 1995 Proceedings, IEEE, 327-336.

[118] C. leonard, A. sheibani. Using Benchmarking to Promote Efficient Metro Asset Maintenance: Case Study From London Underground[C]//Asset Management Conference 2014, 2014: 1-5.

[119] F. nú?ez, A. cipriano. Model Predictive Control of Multi-line Metro Systems: a Distributed Approach[C] //2011 9th Ieee International Conference on Control and Automation (icca), 2011: 532-537.

[120] 全永燊. 地铁线网规划中几个值得商榷的问题[J]. 中国工程科学, 2000, (4): 75-82.

[121] 李世雄. 上海轨道交通线网的换乘[J]. 城市轨道交通研究, 2004, (3): 66-69.

[122] 梁强升. 城市轨道交通运营控制中心设置研究[J]. 城市轨道交通研究, 2008, 69 (7): 17-20, 38.

[123] 朱沪生. 上海城市轨道交通网络化运营体系的建设[J]. 城市轨道交通研究, 2008, No.72 (10): 1-5, 15.

[124] 邵伟中, 吴强. 上海城市轨道交通网络化运营特征分析[J]. 城市轨道交通研究, 2009, v.12; No.76 (2): 1-5.

[125] 宋维华, 殷位洋. 地铁运营安全的风险管理[J]. 城市轨道交通研究, 2009, 12 (2): 59-61.

[126] 贺宁. 城市轨道交通线网的规划控制问题探讨[J]. 城市轨道交通研究, 2009, 12 (10): 29-31, 44.

[127] 陈春娇. 完善上海轨道交通网络导乘系统管理的探讨[J]. 城市轨道交通研究, 2010, 13 (4): 42-45.

[128] 杜世敏, 郑宇, 江志彬. 客流数据在城市轨道交通网络化运营组织中的应用[J]. 城市轨道交通研究, 2010, v.13; No.92 (6): 71-74.

[129] 毕湘利. 基于网络化运营的城市轨道交通技术发展趋势[J]. 城市轨道交通研究, 2010, v.13; No.95 (9): 129.

[130] 张黎璋. 深圳地铁线网客流分析及与运行图匹配措施研究[J]. 城市轨道交通研究, 2012, 15 (7): 94-96.

[131] 朱沪生. 上海轨道交通网络化运营中的安全管理与风险控制[J]. 城市轨道交通研究, 2012, v.15; No.120 (10): 1-5, 16.

[132] 商金涛, 陈峰. Vissim在城市轨道交通车站客流仿真中的应用[J]. 城市轨道交通研究, 2013, 16 (1): 54-57, 99.

[133] 韩泉叶, 王晓明, 党建武. 一种地铁路网应急事件分类分级方法[J]. 城市轨道交通研究, 2013, 16 (2): 21-25.

[134] 于航, 徐道强. 天津市轨道交通网络化运营票务清分中的路径确定方法探讨[J]. 城市轨道交通研究, 2013, v.16; No.125 (2): 26-29.

[135] 孙章. 地铁网络安全评估: 网络—单线—网络[J]. 城市轨道交通研

究，2013，16（2）：8.

[136] 何霖，李红，方思源. 城市轨道交通网络化运营的组织体系[J]. 城市轨道交通研究，2014，v.17；No.137（2）：1-3，7.

[137] 蔡佳妮. 基于网络化运营的城市轨道交通控制中心设置研究[J]. 城市轨道交通研究，2014，v.17；No.137（2）：14-18.

[138] 俞光耀. 上海轨道交通网络维护保障策略与网络统筹管理的实践与思考[J]. 城市轨道交通研究，2014，17（7）：1-3，7.

[139] 冯进峰. 天津轨道交通网络化运营清分规则研究[J]. 城市轨道交通研究，2015，v.18；No.149（2）：82-85.

[140] 郭莉，谢明隆. 深圳市轨道交通网络化运营初期线路客流特征分析[J]. 城市轨道交通研究，2015，v.18；No.155（8）：14-16，21.

[141] 周竞. 上海轨道交通 3、4 号线共线运营行车组织研究[J]. 城市轨道交通研究，2017，20（1）：107-111.

[142] 田益锋. 网络化运营条件下的地铁乘务计划优化方法[J]. 城市轨道交通研究，2017，v.20；No.176（5）：112-116.

[143] 张郁. 城市轨道交通网络化运营时期关键行车设备管理若干问题研究[J]. 城市轨道交通研究，2017，v.20；No.181（10）：116-120.

[144] 罗情平，左旭涛，舒军. 青岛地铁线网管理与指挥中心系统的需求分析[J]. 城市轨道交通研究，2017，20（12）：5-9.

[145] 卢锦生. 城市轨道交通网络化运营管理实践[J]. 城市轨道交通研究，2018，v.21；No.191（8）：170-173，177.

[146] 田静. 城市轨道交通网络化运营中的信号系统互联互通方案[J]. 城市轨道交通研究，2018，v.21（S1）：28-30.

[147] 曾明华，王旭，王转敏，等. 基于模糊多态贝叶斯网络的地铁运营风险评估方法[J]. 城市轨道交通研究，2019，22（5）：28-33.

[148] 王建文，钟锐楠，谢明华，等. 城市轨道交通线网指挥中心建设方案的设计要点[J]. 城市轨道交通研究，2020，23（5）：10-14.

[149] 邓爱平. 广州地铁 14 号线及知识城支线快慢车加 Y 形交路乘务运作分析[J]. 城市轨道交通研究，2020，23（9）：162-164.

[150] 谢小星，秦凯，郭英明，等. 城市轨道交通网络化运营的多路径可达票务清分模型[J]. 城市轨道交通研究，2020，v.23；No.217（10）：

133-137.

[151] 宋嘉雯,史海欧. 城市轨道交通快慢车运营模式下故障列车停车线设计[J]. 城市轨道交通研究,2020,23(10):154-156,161.

[152] 冯浩楠,臧永立,王俊高,等. 重庆与纽约的城市轨道交通互联互通CBTC系统标准对比研究[J]. 城市轨道交通研究,2020,23(11):38-43.

[153] 孙孟毅. 地铁列车司机应急处置能力的评判标准及其应用[J]. 城市轨道交通研究,2020,23(12):143-147.

[154] 肖扬. 通信系统在上海轨道交通网络化运营调度指挥中心的发展[J]. 城市轨道交通研究,2020,v.23(S2):32-37,42.

[155] 袁志骞. 大规模网络化运营下城市轨道交通通信系统设备的运营和维护[J]. 城市轨道交通研究,2020,v.23(S2):43-46.

[156] 万勇兵,王大庆. 城市轨道交通CBTC系统互联互通测试平台的设计与实现[J]. 城市轨道交通研究,2021,24(1):149-153.

[157] 耿丹阳,郭兰兰,李博. 基于复杂网络理论的深圳和东京地铁线网系统对比分析[J]. 公路交通科技,2015,32(8):126-132.

[158] 胡宝雨,艾雨豪,程国柱. 基于地铁线路的常规公交局域网络协调调度模型[J]. 华南理工大学学报(自然科学版),2021,49(1):134-141.

[159] 韩丽东. 城市轨道交通网络化运营技术问题研究[J]. 人民交通,2019,No.372(5):90-91.

[160] 程学庆,李月,舒继承,等. 高速铁路运营安全风险管理研究[J]. 交通运输工程与信息学报,2015,13(4):23-28.

[161] 吴海涛,罗霞. 基于ISM-FCM的地铁运营风险因素演化分析与权重计算[J]. 交通运输工程与信息学报,2017,15(3):41-48.

[162] 栾文波. 南京地铁线网指挥模式研究[J]. 现代交通技术,2014,11(5):80-83.

[163] 马瑞麒,张娇娇,马艳丽,等. 地铁司机胜任力模型问卷的编制与调查[Z]. 交通企业管理,2020.

[164] 史丰收,王海荣,陈哲,等. 城轨网络化运营高密度行车条件下调度应急策略研究[J]. 交通世界,2019,No.506(20):16-18.

[165] 张科,刘明敏,邹志云. 新建轨道线路对轨道网络效率及脆弱性的影

响分析——以广州地铁 6 号线为例[J]. 交通与运输（学术版），2016，（1）：161-165，181.

[166] 陈文瑛，杜艳洋，张艺凡，等. 基于复杂网络的地铁运营风险传导规律研究[J]. 安全与环境工程，2017，24（3）：170-174.

[167] 魏秀琨，所达，魏德华，等. 机器视觉在轨道交通系统状态检测中的应用综述[J]. 控制与决策，2021，36（2）：257-282.

[168] 徐会杰. 北京地铁网络化运营安全管理实践[J]. 劳动保护，2018，No.513（3）：23-25.

[169] 李刚. 高速铁路运营安全风险管理研究[J]. 设备管理与维修，2018，431（17）：12-13.

[170] 徐向彬. 广州地铁车辆部件维修模式探讨与实践[J]. 设备管理与维修，2019，444（6）：18-20.

[171] 佘品品. 网络化运营条件下的南京地铁物资配送方案研究[J]. 物流工程与管理，2013，v.35；No.225（3）：131-132.

[172] 赵旭. 都市圈城际轨道交通互联互通研究——以深惠城际与其他城际互联互通为例[J]. 铁道标准设计，2021，65（2）：1-6.

[173] 曹长琴，李冲. 成都地铁 1 号线车辆无人驾驶改造可行性分析[J]. 铁道机车车辆，2020，40（6）：122-125.

[174] 王令朝. 对铁路安全风险管理工作的思考[J]. 铁道技术监督，2013，41（8）：34-37.

[175] 李晓宇，孙春华，郭湛. 基于风险矩阵方法的铁路线路风险评估研究[J]. 铁道技术监督，2015，43（3）：24-28.

[176] 李速明，刘敬辉，马俊琦. 铁路安全风险管理现状及发展研究[J]. 铁道技术监督，2017，45（5）：32-37.

[177] 解熙，金碧筠. 地铁工程车智能安全监控系统设计及应用[J]. 铁道技术监督，2021，49（2）：48-54.

[178] 范文博，李志纯，张殿业. 弹性需求下多方式交通网络中地铁线路规划问题研究[J]. 铁道学报，2008，144（4）：6-10.

[179] 张铭，杜世敏. 基于递阶偏好的轨道交通网络化运营换乘协调优化[J]. 铁道学报，2009，v.31；No.152（6）：9-14.

[180] 彭宇拓，刘德新. 铁路运输安全风险评估方法研究[J]. 铁道运输与经

济，2013，35（8）：6-10.

[181] 黄钢. 我国铁路安全风险管理持续发展的研究与思考[J]. 铁道运输与经济，2014，36（9）：1-6.

[182] 郑锂，肖赟，何必胜，等. 城市轨道交通网络化运营模式及特点分析[J]. 铁道运输与经济，2015，v.37；No.424（4）：69-73.

[183] 邵玉华. 铁路运输风险控制策略的研究[J]. 铁道运输与经济，2015，37（6）：39-43.

[184] 易志刚. 网络化运营条件下轨道交通线网综合运营调度系统的研究[J]. 铁道运输与经济，2016，v.38；No.445（12）：91-97.

[185] 殷瑞琴，张星臣，陈军华，等. 网络化运营条件下城市轨道交通末班车时刻表优化研究[J]. 铁道运输与经济，2017，v.39；No.456（11）：103-110.

[186] 蒋熙，徐俊，胡坤琨. 城市轨道交通网络化运营信号故障仿真研究[J]. 铁道运输与经济，2019，v.41；No.482（12）：124-129.

[187] 任飞，王伟，李腾，等. 基于互联互通的城轨网络化运营行车交路策略研究[J]. 铁路计算机应用，2016，v.25；No.230（5）：10-13，18.

[188] 罗浩，佘振国，宁静. 铁路安全风险管控方法及应用研究[J]. 铁路计算机应用，2017，26（4）：40-42，47.

[189] 刘汉英. 基于 Anylogic 的地铁车站客流仿真分析[J]. 铁路计算机应用，2020，29（9）：6-11.

[190] 叶敬贤. 地铁 Y 形线路互联互通列车运行控制方案研究[J]. 铁路通信信号工程技术，2017，14（3）：68-71，96.

[191] 袁雪源. 广州地铁一号线信号系统改造工程风险分析[J]. 铁路通信信号工程技术，2019，16（4）：58-61，69.

[192] 高岩，王德，曹宪光，等. 铁路安全风险管理及其有效实施的支撑条件[J]. 中国铁路，2012，598（4）：2-6.

[193] Claire ruggiero，徐为. 国外铁路安全风险管理方法及启示[J]. 中国铁路，2012，598（4）：7-9，24.

[194] 黄钢. 铁路安全风险评估机制建设的探索与思考[J]. 中国铁路，2012，598（4）：20-24.

[195] 庞旭青. 基于 FMEA 方法的铁路线路维修安全风险管理研究[J]. 中

国铁路，2012，600（6）：48-50.

[196] 刘敬辉，戴贤春. 高速铁路运营安全风险分析及管理方法的探讨[J]. 中国铁路，2013，609（3）：8-11.

[197] 陈燕申，陈思凯. 欧盟铁路安全目标和风险指标及评估[J]. 中国铁路，2015，632（2）：13-17.

[198] 罗芳媛，任利剑，运迎霞. 莫斯科与北京地铁网络发展特征比较与评价[J]. 现代城市研究，2020，（1）：97-103.

[199] 朱沪生. 上海城市轨道交通网络化运营管理思考[J]. 现代城市轨道交通，2007，（4）：10-13.

[200] 应名洪，钱耀忠. 上海地铁网络化运营转型与管理创新[J]. 现代城市轨道交通，2009，（6）：5，7-10.

[201] 汪波，李平，厉立，等. 北京城市轨道交通路网末班车延误调整研究[J]. 现代城市轨道交通，2010，（1）：1，41-44.

[202] 刘样平，阳连兴. 深圳地铁车辆智慧运维建设与实践[J]. 现代城市轨道交通，2020，（8）：120-124.

[203] 杨森炎，吴建平，徐彬，等. 地铁通道客流组织措施的仿真研究[J]. 系统仿真学报，2014，26（10）：2492-2496.

[204] 张建平，赵振江，任刚，等. 城市轨道交通网络化运营安全风险防控技术研发与示范[J]. 交通与运输，2017，v.33；No.193（5）：66-68.

[205] 钱七虎，戎晓力. 中国地下工程安全风险管理的现状、问题及相关建议[J]. 岩石力学与工程学报，2008，197（4）：649-655.

[206] 蒋熙，孙捷萍，张弛，等. 基于路网仿真的地铁运营协调性分析[J]. 交通运输系统工程与信息，2015，15（3）：120-126.

[207] 毛保华，张政，陈志杰，等. 城市轨道交通网络化运营组织技术研究评述[J]. 交通运输系统工程与信息，2017，v.17（6）：155-163.

[208] 张洁斐，任刚，马景峰，等. 基于韧性评估的地铁网络修复时序决策方法[J]. 交通运输系统工程与信息，2020，20（4）：14-20.

[209] 李朴，徐田坤，刘夏楠. 网络化运营模式下城市轨道交通客流分布特性[J]. 综合运输，2013，No.379（2）：73-77.

[210] 黄宏伟，叶永峰，胡群芳. 地铁运营安全风险管理现状分析[J]. 中国安全科学学报，2008，（7）：55-62.

[211] 邓勇亮，李启明，陆莹，等. 城市地铁网络系统的物理脆弱性研究[J]. 中国安全科学学报，2013，23（10）：76-81.

[212] 张艺凡，陈文瑛. 地铁运营突发事件应急响应模式的马尔科夫链分析[J]. 中国安全科学学报，2015，25（2）：165-170.

[213] 李大愚，高光锐. 城市地铁网脆弱性分析[J]. 中国安全科学学报，2016，26（3）：157-161.

[214] 邓旭东，王雪，徐文平，等. 城市地铁网络脆弱性对比分析[J]. 中国安全科学学报，2017，27（3）：152-156.

[215] 薛锋，何传磊，黄倩. 成都地铁网络的关键节点识别方法及性能分析[J]. 中国安全科学学报，2019，29（1）：93-99.

[216] 张鹏，原亮明. 铁路运营安全风险和隐患双重预防模型[J]. 中国安全科学学报，2019，29（S1）：163-167.

[217] 李硕，袁颖群. 安全风险与隐患管理对铁路安全影响研究[J]. 中国安全科学学报，2019，29（S2）：99-103.

[218] 陈爱丽，朱微维. 西安地铁设备运维管理系统研究[J]. 自动化与仪器仪表，2016，198（4）：115-117.

[219] 刘彩红. 地铁网络化运营模式下的区域化维修管理标准研究[J]. 中国标准化，2018，No.519（7）：92-95.

[220] 陈虹兵. 广州地铁快慢车运营模式研究与实践[J]. 中国标准化，2019，550（14）：225-226.

[221] 刘敬辉，戴贤春，郭湛，等. 铁路系统基于风险的定量安全评估方法[J]. 中国铁道科学，2009，30（5）：123-128.

[222] 张铭，王富章，李平. 城市轨道交通网络化运营辅助决策与应急平台[J]. 中国铁道科学，2012，v.33；No.121（1）：113-120.

[223] 郑锂，宋瑞，肖赟，等. 网络化运营下城市轨道交通列车车底运用计划编制的优化方法[J]. 中国铁道科学，2014，v.35；No.135（2）：104-110.

[224] 刘敬辉. 基于FTA-AHP的铁路安全风险综合评估方法[J]. 中国铁道科学，2017，38（2）：138-144.

[225] 李思杰，徐瑞华，江志彬. 城市轨道交通列车运行图能力与客流需求匹配度的评价方法[J]. 中国铁道科学，2017，38（3）：137-144.

[226] 代存杰，李引珍，展宗思，等. 考虑动态客流需求和大小交路模式的城市轨道交通列车开行方案优化[J]. 中国铁道科学，2018，39（2）：128-136.

[227] 黄莺，刘梦茹，魏晋果，等. 基于韧性曲线的城市地铁网络恢复策略研究[J]. 灾害学，2021，36（1）：32-36.